Chemie *plus*

Gymnasium
Klassen 9/10
Thüringen

Cornelsen

Autorinnen und Autoren: Dr. Barbara Arndt, Dr. Karin Arnold, Prof. Dr. Volkmar Dietrich, Jan Gentzen, Jörn Peters

herausgegeben von: Dr. Karin Arnold, Prof. Dr. Volkmar Dietrich

Beratung: Dr. Gabi Krause (Eisenberg)

Redaktion: Volkmar Kolleck, Dr. Claudia Seidel

Illustrationen: Wolfgang Mattern, Hans Wunderlich

Grafik: Marina Goldberg, Karin Mall

Layoutkonzept: Wolfgang Lorenz

Umschlaggestaltung: Ulrike Kuhr, Corinna Babylon

Layout: Jürgen Brinckmann, Karla Detlefsen, Marina Goldberg, Sabine Matthes

Das Buch setzt die EU-Verordnung zur Einstufung und Kennzeichnung von Chemikalien um (Globally Harmonised System of Classification and Labelling of Chemicals, GHS).

www.cornelsen.de

1. Auflage, 5. Druck 2023

Alle Drucke dieser Auflage sind inhaltlich unverändert und können im Unterricht nebeneinander verwendet werden.

© 2012 Cornelsen Verlag/Volk und Wissen Verlag, Berlin
© 2022 Cornelsen Verlag GmbH, Berlin

Druck und Bindung: Livonia Print, Riga

ISBN 978-3-06-011969-1

PEFC zertifiziert
Dieses Produkt stammt aus nachhaltig bewirtschafteten Wäldern und kontrollierten Quellen.
www.pefc.de

PEFC/12-31-006

Inhalt

Kohlenstoff und Carbonate

Die Dolomiten, das Juragebirge oder auch die Rügener Kreidefelsen bestehen zum größten Teil aus Kalkstein. Je nach Zusammensetzung des Gesteins und der Korngröße wird zwischen Kreide, Dolomit oder Marmor unterschieden.

Kalkstein besteht aus kristallinem Calciumcarbonat. Er begegnet uns auch in Form von Kalkablagerungen in der Kaffeemaschine oder im Wasserkocher.

Calciumcarbonat gehört zu den anorganischen Kohlenstoffverbindungen und entsteht bei der Reaktion von Kohlenstoffdioxid mit Calciumhydroxid.

➡ Wie entsteht Kalk auf natürliche Weise und in der Technik?

➡ Was haben so unterschiedliche Stoffe wie Diamant, Graphit, Kohlenstoffdioxid oder Kalkstein miteinander zu tun?

➡ Welche Bedeutung hat Kohlenstoff in unserer modernen Welt?

Selbst untersucht Kohlenstoff und seine Oxide

1 Prüfe die elektrische Leitfähigkeit von Graphit.

Baue eine Apparatur zur Prüfung der elektrischen Leitfähigkeit auf und untersuche einen Graphitstab. Notiere deine Beobachtungen.

Entsorgung: Stoffe einsammeln, werden wieder verwendet.

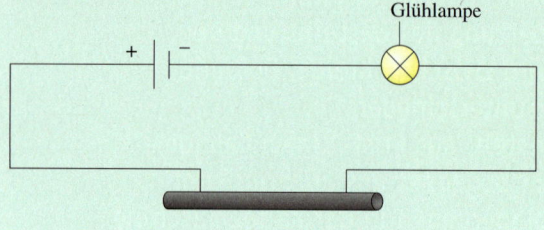

2 Prüfe verschiedene Stoffe auf ihre Härte.

Untersuche durch Abreiben auf Papier die Härte verschiedener Stoffe wie Eisen, Kupfer, Graphit, PVC, Rost und Blei.

Notiere deine Beobachtungen in einer Tabelle. Leite Schlussfolgerungen über die Verwendung der Stoffe ab.

Entsorgung: Stoffe einsammeln, werden wieder verwendet.

3 Prüfe die Brennbarkeit von Graphit.

Erhitze die Spitze eines Graphitstabes über der nichtleuchtenden Brennerflamme. Nimm nach etwa 15 s den Graphitstab vorsichtig aus der Flamme. Notiere deine Beobachtungen.

Entsorgung: Abgekühlte Graphitstäbe einsammeln, werden wieder verwendet.

4 Prüfe die Brennbarkeit von Diamanten.

Baue eine Apparatur entsprechend der Abbildung auf und gib einen Industriediamanten in ein schwer schmelzbares Reaktionsrohr. Verdunkele das Labor. Erhitze den Diamanten in schwachem Sauerstoffstrom mit der rauschenden Brennerflamme stark. Sobald der Diamant glüht, entferne den Brenner. Notiere deine Beobachtungen. Ziehe Schlussfolgerungen aus deinen Beobachtungen.

Entsorgung: Lösung in den Sammelbehälter für Abwasser. Feststoffe in den Sammelbehälter für Hausmüll.

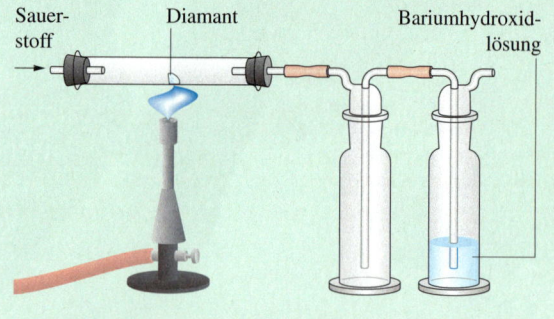

5 Weise Kohlenstoffdioxid nach.

Fülle eine Waschflasche mit Bariumhydroxidlösung. Puste danach Atemluft über ein sauberes, unbenutztes Verbindungsstück in die Lösung der Waschflasche. Beobachte die Lösung in der Waschflasche.

Notiere deine Beobachtungen.

Entsorgung: Lösung in den Sammelbehälter für Abwasser.

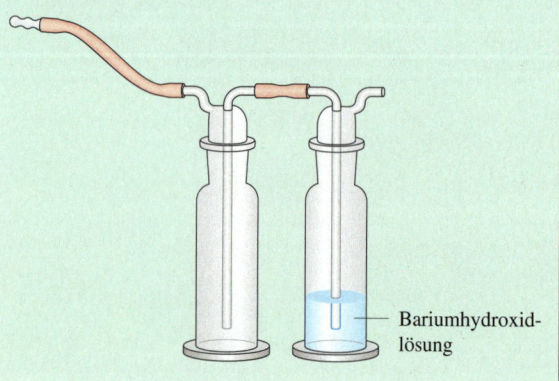

6 Stelle Kohlenstoffdioxid her und untersuche seine Eigenschaften.

Streue auf den Boden eines großen, weiten Becherglases ein Päckchen Backpulver und gib etwa 10 ml Speiseessig auf das Backpulver, sodass es gut angefeuchtet wird. Lass die Mischung aus Backpulver und Essig 2 bis 3 Minuten stehen. Notiere deine Beobachtungen.

Gieße anschließend das Gas vorsichtig in ein zweites Becherglas, auf dessen Grund ein brennendes Teelicht steht.

Beschreibe die Beobachtungen. Diskutiere die ermittelten Ergebnisse.

Entsorgung: Feststoffe in Sammelbehälter für Hausmüll.

Speise-essig

Back-pulver

7 Untersuche das Verhalten von Kohlensäure bei Temperaturerhöhung.

Fülle ein Reagenzglas zur Hälfte mit frischem Mineralwasser. Gib einige Siedesteinchen und einige Tropfen Universalindikator dazu. Erhitze das Reagenzglas vorsichtig.

Beobachte genau und erkläre deine Beobachtungen.

Entsorgung: Mineralwasserreste in Sammelbehälter für Abwasser.

8 Untersuche die Löslichkeit von Kohlenstoffdioxid in Wasser.

Gib in einen Enghalsrundkolben 20 ml destilliertes Wasser und etwa 5 Tropfen Universalindikatorlösung. Setze eine Kerze auf einen Verbrennungslöffel und zünde sie an. Fülle den Rundkolben mithilfe der brennenden Kerze mit Kohlenstoffdioxid. Verschließe den Rundkolben mit einem Stopfen und schüttle kräftig. Öffne danach den Stopfen und senke die brennende Kerze wiederum in die Öffnung.

Werte deine Beobachtungen aus.

Entsorgung: Kerze wieder verwenden. Lösungen in Sammelbehälter für Abwasser.

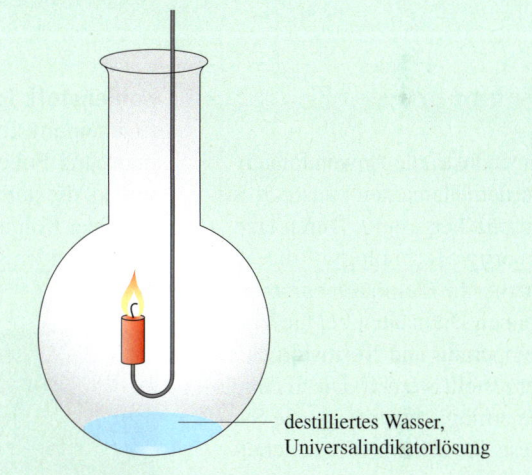

destilliertes Wasser, Universalindikatorlösung

9 Untersuche die Löslichkeit von Kohlenstoffdioxid in Wasser in Abhängigkeit vom Druck.

Schutzbrille! Fülle einen 100-ml-Rundkolben mit etwa 90 ml Mineralwasser „mit Kohlensäure". Verschließe den Rundkolben mit einem durchbohrten Stopfen, an den über einen Schlauch eine 100-ml-Kunststoffspritze angeschlossen ist. Ziehe den Kolben der Kunststoffspritze vorsichtig auf das Volumen 50 ml. Drücke den Kolben vorsichtig auf das Volumen 0 ml. Beobachte jeweils das Mineralwasser.

Erkläre die beobachteten Erscheinungen.

Entsorgung: Lösung in den Sammelbehälter für Abwasser geben.

Modifikationen des Kohlenstoffs

Schleifkontakte aus Graphit übertragen den elektrischen Strom auf den Rotor von Elektromotoren. Die in Modelleisenbahnen verwendeten Schleifkontakte aus einem Graphit-Kupfer-Gemisch haben gegenüber Schleifkontakten aus Graphit einen geringeren elektrischen Widerstand.
Welche weiteren Eigenschaften sind für Graphit charakteristisch?

1 Modelleisenbahn und bei ihr verwendete Schleifkontakte aus einem Graphit-Kupfer-Gemisch

Schon gewusst?

Für industrielle Anwendungen werden Diamanten künstlich aus Graphit hergestellt. Durch eine neuartige Technologie – die chemische Gasphasenepitaxie – können Diamanten bei niedriger Temperatur und Normaldruck hergestellt werden. Die Technologie ermöglicht erstmals die Synthese von flächigen bzw. scheibenförmigen Diamanten. Hieraus ergeben sich völlig neue Anwendungen wie Diamant-Fenster z. B. für spektroskopische Anwendungen in der Raumfahrt.

2 Diamant-Fenster für spektroskopische Anwendungen

Kohlenstoff Reiner Kohlenstoff tritt in der Natur in drei verschiedenen Erscheinungsformen, so genannten **Modifikationen** auf: Graphit, Diamant und Fullerene. Alle drei Modifikationen bestehen aus Kohlenstoffatomen, die durch Atombindung untereinander verbunden sind. Die Anordnung der Kohlenstoffatome ist jedoch unterschiedlich. Die Modifikationen unterscheiden sich in ihren Eigenschaften und somit auch in ihrer Verwendung.

3 Rohdiamanten

4 „Blei"stifte

5 Fullerenkristall

Graphit Graphit ist ein schwarzgrauer, schuppiger Stoff. Er ist von relativ weicher Beschaffenheit und außerordentlich temperaturstabil. ↑E.2,3 S.6 Außerdem besitzt Graphit eine gute elektrische Leitfähigkeit. Wie ist Graphit aufgebaut, um solche Eigenschaften vorzuweisen?

6 Schichtstruktur im Graphit

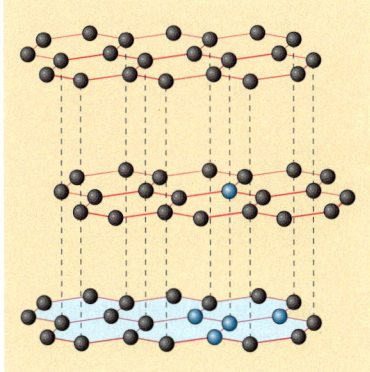

7 Modell der Anordnung der Kohlenstoffatome im Graphit

Schon gewusst?

Durch Experimentieren entwickelte der Wiener Künstler Luigi La Speranza (*1962) seine eigene Zeichentechnik, die er „Graphit" nennt. Lösungsmittel, die den Graphit verflüssigen, erlauben es, zu graphitgezeichneten auch gemalte Elemente in die Zeichnung einzubringen. Diese malerische Komponente gibt den Graphit-Zeichnungen einen eigenen Reiz.

Im Graphit sind die Kohlenstoffatome schichtweise in ebenen, regelmäßigen Sechsecken angeordnet. Die Atome einer Ebene sind ebenfalls durch Atombindung miteinander verbunden. In einer Ebene bildet der Kohlenstoff mit drei seiner vier Außenelektronen zu den benachbarten Kohlenstoffatomen eine Atombindung. Das vierte Außenelektron ist frei beweglich. Die zwischen den Ebenen frei beweglichen Außenelektronen der Kohlenstoffatome bedingen die elektrische Leitfähigkeit.
Die Kohlenstoffatome sind in Schichten angeordnet (Schichtgitter). Zwischen den Schichten wirken geringere Anziehungskräfte. Die Schichten sind dadurch gegeneinander verschiebbar. Dies erklärt das schuppige Aussehen einer Graphitstoffprobe, deren leichte Spaltbarkeit und ihre Schmierwirkung.
Da Graphit den elektrischen Strom leitet, wird er einerseits als Elektrodenmaterial in modernen Batterien, andererseits aber auch in Kohlebürsten für die Elektromotorenindustrie verwendet. ↑E.1 S.6
Graphit wird wegen seiner Weichheit und Temperaturbeständigkeit als Schmiermittel in Industriemaschinen genutzt. Im Gegensatz zu Fetten und Ölen härtet Graphit nicht aus – ein großer Vorteil gegenüber anderen Schmiermitteln auf Mineralölbasis. Er ist Hauptbestandteil von Bleistiftminen, da er infolge seiner weichen Beschaffenheit die Eigenschaft besitzt, gut haftfähig zu sein und abzufärben.

8 Kaffeebohne 2000
Graphit auf Papier 9,4×9,3 cm

Aufgaben

1 Nenne 3 charakteristische Eigenschaften von Graphit.
2 Erkläre, warum Graphit den elektrischen Strom leitet.
3 Sicherheitsschlösser sollen mit Graphit und nicht mit Öl geschmiert werden. Nenne Gründe.

4 Konstruiere mit Knete und Streichhölzern einen Modellausschnitt vom Graphitgitter. Ermittle den Winkel zwischen jeweils drei benachbarten Kohlenstoffatomen.
5 Beschreibe den Bau von Graphit anhand der Abbildung 7.

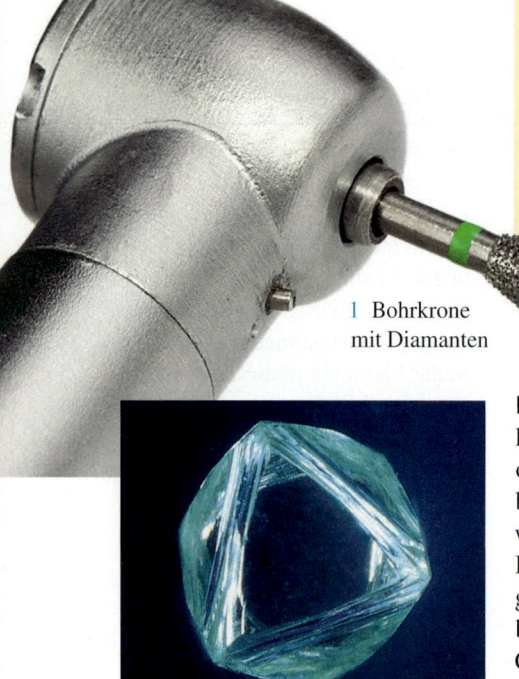

1 Bohrkrone
mit Diamanten

2 Modell der Anord-
nung der Kohlenstoff-
atome im Diamant

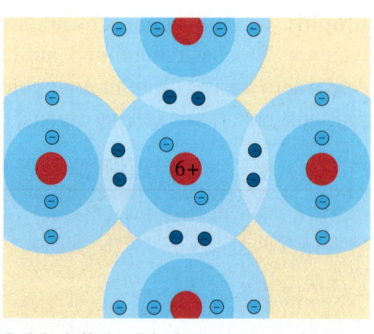

3 Modell der Bindungsverhältnisse
eines Kohlenstoffatoms im Raumgitter
des Diamant, Ausschnitt

4 Stoffprobe von Diamant

EXPERIMENT 10 [L]
**Untersuchen der elektrischen
Leitfähigkeit eines Diamanten.**
Mit spitzen Elektroden wird ein
Rohdiamant auf elektrische Leitfä-
higkeit untersucht.

Diamant Im Diamant ist jedes Kohlenstoffatom mit vier weiteren Kohlenstoffatomen verbunden. Dadurch entsteht in völlig regelmäßiger Anordnung ein „Riesenmolekül". Die Kohlenstoffatome sind durch Atombindung miteinander verbunden. Jedes Kohlenstoffatom bildet mit vier
weiteren Kohlenstoffatomen jeweils ein gemeinsames Elektronenpaar.
Die Abstände und die Anziehungskräfte zwischen den Atomen sind gleich
groß. Im Diamant bilden die Kohlenstoffatome ein regelmäßiges, sehr stabiles Raumgitter. Der feste Zusammenhalt der Kohlenstoffatome ist der
Grund für die große Härte. Diamant leitet den elektrischen Strom nicht, da
keine freien Ladungsträger, z. B. freie Elektronen, vorhanden sind.
Diamant ist der härteste in der Natur vorkommende Stoff. Man nutzt Diamant als Werkzeug zum Schleifen sehr harten Materials oder für die Herstellung besonders robuster Bohrerspitzen.↑1 Als Schmucksteine sind
reine Diamanten sehr begehrt, weil sie im geschliffenen Zustand das Licht
stark reflektieren und brechen. Diamant ist ebenso wie Graphit brennbar.

Fullerene Sie sind eine weitere kristalline Modifikation des Kohlenstoffs.
Das bekannteste Fulleren ist das Buckminsterfulleren.↑1 S.11 Es besteht
aus 60 Kohlenstoffatomen, welche in Sechsringen und Fünfringen angeordnet, eine molekulare Hohlkugel bilden. Die Kohlenstoffatome sind untereinander durch Atombindung verbunden.
Man erzeugt Fullerene auf künstliche Weise aus Graphit durch Verdampfen in einem Lichtbogen.
Die elektrischen Eigenschaften liegen bei unbehandelten Fullerenen zwischen Graphit und Diamant. Fullerene sind Halbleiter. Durch Einbau geeigneter Atome in die Hohlräume ihrer Moleküle kann die elektrische
Leitfähigkeit so stark verbessert werden, dass Fullerene metallähnlich
oder sogar supraleitend werden.
Die Kristalle dieser Modifikation sind in unpolaren Lösungsmitteln löslich.

**Die nichtmetallische Elementsubstanz Kohlenstoff kann in den Mo-
difikationen Graphit, Diamant und Fullerene auftreten. In allen Modifikationen sind die Kohlenstoffatome durch Atombindung miteinander verbunden. Die Modifikationen unterscheiden sich durch die
unterschiedliche Anordnung der Kohlenstoffatome und besitzen dadurch unterschiedliche Eigenschaften.**

Fullerene

Fullerene sind eine Modifikation des Kohlenstoffs mit fester Anzahl an Atomen pro Molekül. Jedes Molekül umschließt dabei einen Hohlraum. Das bekannteste ist das Fulleren mit 60 Kohlenstoffatomen und einem fußballähnlichen Aufbau aus Fünf- und Sechsecken, das Molekül des C_{70}-Fulleren hat etwa die Gestalt eines Rugby-Eies. Das C_{60}-Fulleren wird auch Buckminster-Fulleren genannt. Der Name wurde zu Ehren des amerikanischen Architekten RICHARD BUCKMINSTER FULLER gewählt. Er entwarf bereits in den 60er Jahren kugelförmige Gebäude, die auf dem Prinzip von miteinander verbundenen Fünf- und Sechsecken beruhen.

Fullerene wurden erstmals 1985 nachgewiesen, die gezielte Herstellung gelang 1990 im Max-Planck-Institut in Heidelberg den Physikern W. KRÄTSCHMER und D. HUFFMANN. Dabei wird Graphit im Laserstrahl oder Lichtbogen verdampft und in einer Edelgasatmosphäre bei vermindertem Druck kondensiert.

Praktische Bedeutung haben die Hohlkugelmoleküle bisher nicht. Es wird aber versucht, durch Einschluss anderer Stoffe in den Hohlraum gezielt die Eigenschaften für die medizinische Anwendung oder die Verwendung in der Computertechnik zu verändern.

1 Modell des Buckminster-Fullerens

2 Verschiedene Fullerene in Lösung

3 US-Pavillon zur Weltausstellung 1967 in Montreal von R. B. FULLER

Bauanleitung für ein Buckminster-Fulleren-Modell

1 Vergrößere die Abbildung mithilfe eines Kopierers auf maximal 500 %.

2 Schneide die Figur entlang der durchgezogenen Linien aus. Schneide auch entlang der Linien innerhalb der Figur.

3 Klebe die Sechsecke mit gleichen Buchstaben so übereinander, dass die Buchstaben genau zur Deckung kommen.

4 Zeichne die Kohlenstoffatome mit einem schwarzen Stift an den Ecken der Sechsecke ein.

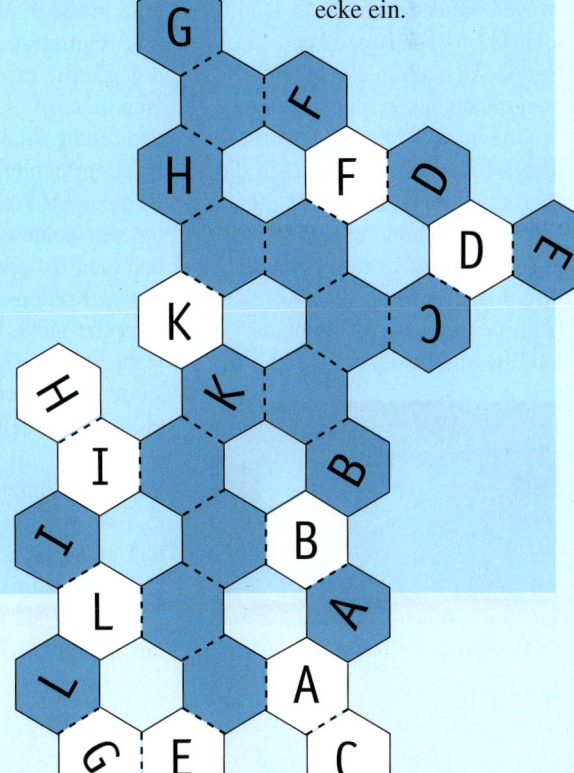

Oxide des Kohlenstoffs

An einem Grillabend wird der Grill mit Holzkohle befüllt, die dann angezündet wird. Wenn die Holzkohle richtig glüht, kann das Grillen beginnen.
Welche chemische Reaktion liefert die erforderliche Wärme für diesen Vorgang? Welche Stoffe entstehen bei der Verbrennung der Holzkohle?

1 Holzkohlegrill bei einem Grillabend

Auf natürlichem Weg bildet sich Kohlenstoffdioxid z.B. bei der Gärung. Aufgrund seiner größeren Dichte sammelt es sich am Boden von Silos, großen Gärgefäßen oder Brunnenschächten. Weil es dort die Luft verdrängt, besteht die Gefahr des Erstickens wegen Sauerstoffmangels. Durch eine brennende Kerze kann getestet werden, ob in einem Brunnenschacht ein gefährlich hoher Volumenanteil des Gases vorhanden ist. Da Kohlenstoffdioxid die Verbrennung nicht unterhält, erlischt die Flamme in Kohlenstoffdioxid. Bereits Luft mit einem Volumenanteil von 15 % Kohlenstoffdioxid erzeugt Schwindel und Bewusstlosigkeit.

2 Trockeneis sublimiert bei −79 °C.

Eigenschaften und Verwendung von Kohlenstoffdioxid Im Alltag wird unter anderem Kohle als Energieträger verwendet. Die bei der Verbrennung der Kohle entstehende Wärme grillt Würstchen oder dient zur Stromerzeugung in Kraftwerken. Als Verbrennungsgas entsteht Kohlenstoffdioxid.

$$C \ (s) \ + \ O_2 \ (g) \longrightarrow CO_2 \ (g) \mid exotherm$$

Kohlenstoffdioxid ist ein farbloses, nicht brennbares, geruchloses und ungiftiges Gas, das in Wasser löslich ist. ↑E.8,9 S.7 Kohlenstoffdioxid hat eine größere Dichte als Luft. ↑E.6 S.7 Es sammelt sich daher am Boden von Räumen und Gefäßen. Es ist als Feuerlöschmittel geeignet, weil es den Zutritt des Sauerstoffs der Luft zum brennenden Stoff verhindert. Handfeuerlöscher enthalten Kohlenstoffdioxid oder Stoffe, die durch eine chemische Reaktion am Brandherd Kohlenstoffdioxid erzeugen können.
Pflanzen benötigen es für die Fotosynthese. Gewächshäuser werden mit Kohlenstoffdioxid begast, um höhere Erträge zu erzielen. Je höher der Anteil des Kohlenstoffdioxids in der Luft ist, desto mehr Traubenzucker können die Pflanzen bilden.
Festes Kohlenstoffdioxid ist als so genanntes Trockeneis im Handel. Es schmilzt nicht, sondern sublimiert bei −79 °C (Normdruck). Bei der Herstellung von Tiefkühlkost werden die Lebensmittel schonend in pulverisiertem Trockeneis („Kohlensäureschnee") schockgefrostet, da die Abkühlung schneller als in Kaltluft und ohne schädigenden Wasserentzug erfolgt.
Durch die zunehmende Verwendung von fossilen Energieträgern wie Kohle, Erdgas und Erdöl für Verbrennungsvorgänge in der Industrie, im Haushalt und in Kraftfahrzeugen in den letzten Jahrzehnten ist der Anteil des Kohlenstoffdioxids in der Atmosphäre stark angestiegen. Folgen hiervon sind ein verstärkter Treibhauseffekt und die zunehmende Erderwärmung, die zu einem Klimawandel führen.

Nachweis von Kohlenstoffdioxid Kohlenstoffdioxid lässt sich mit Barumhydroxidlösung nachweisen. Dabei entsteht ein weißer Niederschlag aus Bariumcarbonat, ein schwerlöslicher, weißer Stoff. ↑E.5 S.6, E.11 Neben Bariumhydroxidlösung kann man auch Calciumhydroxidlösung zum Nachweis verwenden. Bei der Reaktion von Kohlenstoffdioxid mit Calciumhydroxidlösung entsteht festes, weißes Calciumcarbonat als Niederschlag.

$$Ba^{2+}(aq) + 2\,OH^-(aq) + CO_2(g) \longrightarrow BaCO_3(s) + H_2O(l)$$
$$Ca^{2+}(aq) + 2\,OH^-(aq) + CO_2(g) \longrightarrow CaCO_3(s) + H_2O(l)$$

Bau von Kohlenstoffdioxid Kohlenstoffdioxid besteht aus Molekülen. In einem Kohlenstoffdioxidmolekül ist ein Kohlenstoffatom durch Atombindung mit zwei Sauerstoffatomen verbunden. Der Bau des Kohlenstoffdioxidmoleküls lässt sich aus dem Elektronenpaarabstoßungsmodell ableiten. Nach diesem stoßen sich die bindenden Elektronenpaare des Kohlenstoffatoms so stark ab, dass das Molekül linear gebaut ist. ↑3

Kohlenstoffmonooxid Beim Verbrennen von Kohle entsteht nicht nur Kohlenstoffdioxid. In geringen Mengen bildet sich immer auch Kohlenstoffmonooxid, das bei hoher Sauerstoffzufuhr sofort zu Kohlenstoffdioxid weiter oxidiert.
Kohlenstoffmonooxid kann demnach bei der Verbrennung von Kohlenstoff bei ungenügender Sauerstoffzufuhr entstehen, z. B. beim Anheizen eines Kohleofens. Es ist ein farbloses, geruchloses und giftiges Gas. Seine Giftigkeit beruht darauf, dass Kohlenstoffmonooxid ein stärkeres Bestreben hat, sich an den roten Blutfarbstoff anzulagern als Sauerstoff. Kohlenstoffmonooxid blockiert die Sauerstoffaufnahme im Körper.
Auch Kohlenstoffmonooxid besteht aus Molekülen. Im Kohlenstoffmonooxidmolekül ist ein Kohlenstoffatom mit einem Sauerstoffatom durch Atombindung verbunden. ↑4

Kohlenstoffmonooxid bildet sich auch, wenn Kohlenstoffdioxid über heißen Kohlenstoff geleitet wird. ↑E.12 Dabei findet eine Redoxreaktion statt. Es erfolgt ein Elektronenübergang zwischen den Teilchen der reagierenden Stoffe. Kohlenstoff wird dabei zu Kohlenstoffmonooxid oxidiert (Elektronenabgabe) und Kohlenstoffdioxid zu Kohlenstoffmonooxid reduziert (Elektronenaufnahme). ↑4

Oxidation

$$CO_2(g) + C(s) \longrightarrow CO(g) + CO(g)$$

Reduktion

Diese Reaktion hat große Bedeutung bei vielen chemischen Verfahren. Ein Beispiel hierfür ist die Herstellung von Roheisen im Hochofen.

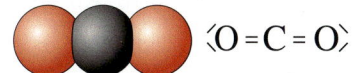

3 Modell eines Kohlenstoffdioxidmoleküls und Formel in Elektronenschreibweise

4 Modell eines Kohlenstoffmonooxidmoleküls und Summenformel

EXPERIMENT 11 [L]
Untersuchen des Verbrennungsproduktes von Aktivkohle.
Luft wird über glühende Aktivkohle geleitet. Anschließend wird das Reaktionsgemisch in gesättigte Bariumhydroxidlösung eingeleitet (GHS07).

EXPERIMENT 12 [L]
Reaktion von Kohlenstoff mit Kohlenstoffdioxid.
Über heiße Aktivkohle wird Kohlenstoffdioxid geleitet. Das Gas ist zweimal durch die Apparatur zu leiten. Am Ende des Experiments wird das Restgas (GHS02|06|08) pneumatisch in einem Reagenzglas aufgefangen und auf Brennbarkeit geprüft.

Aufgaben

1 Kohlenstoffdioxid lässt sich von einem Standzylinder in einen anderen umgießen. Erkläre dieses Phänomen.

2 Begründe, warum Kohlenstoffdioxid als Feuerlöschmittel eingesetzt werden kann.

Selbst untersucht Kohlensäure und Carbonate

13 **Prüfe eine Lösung von Kohlenstoffdioxid in Wasser mit einem Indikator.**
Tropfe ein bis zwei Tropfen Universalindikatorlösung in kohlenstoffdioxidhaltiges Wasser.
Notiere deine Beobachtungen.
Entsorgung: Lösung in den Sammelbehälter für Abwasser.

14 **Untersuche Mineralwasser.**
Öffne eine Flasche mit Mineralwasser.
Erwärme abgestandenes Mineralwasser in einem Becherglas.
Notiere deine Beobachtungen.
Entsorgung: Lösung in den Sammelbehälter für Abwasser.

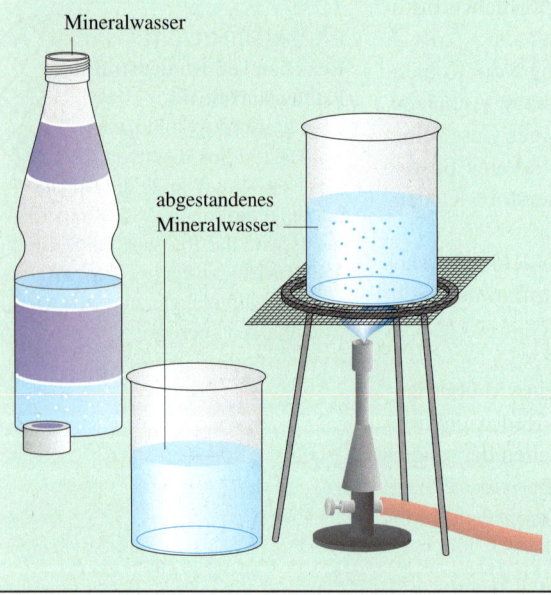

Mineralwasser

abgestandenes Mineralwasser

15 **Leite Kohlenstoffdioxid in Calciumhydroxidlösung ein.**
Fülle eine Waschflasche mit Calciumhydroxidlösung. Leite über einen langen Zeitraum Kohlenstoffdioxid in die Lösung der Waschflasche.
Notiere deine Beobachtungen.
Entsorgung: Lösung in den Sammelbehälter für Abwasser.

16 **Untersuche die Einwirkung von Säure auf Carbonate.**
Tropfe verdünnte Salzsäure auf Calciumcarbonat, Natriumcarbonat und Kaliumcarbonat. Leite die entstehenden Gase in gesättigte Calciumhydroxidlösung oder Bariumhydroxidlösung ein.
Notiere deine Beobachtungen.
Entsorgung: Lösung in den Sammelbehälter für Abwasser.

17 **Ermittle, ob Tafelkreide Calciumcarbonat enthält.**
Gib ein etwa 1 cm langes Stück Tafelkreide in einen Mörser und zerstampfe die Tafelkreide. Fülle das Kreidepulver in ein Reagenzglas und gib 4 ml verdünnte Salzsäure dazu.
Notiere deine Beobachtungen und deute das Versuchsergebnis.
Entsorgung: Lösung in den Sammelbehälter für Abwasser, Kreideschlamm in den Sammelbehälter für Hausmüll.

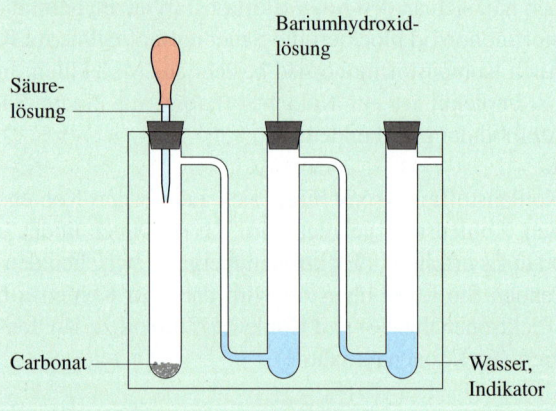

Säurelösung

Bariumhydroxidlösung

Carbonat

Wasser, Indikator

18 **Untersuche verschiedene Wasserproben mit Seifenlösung.**
Schüttle in einem Reagenzglas jeweils destilliertes Wasser, Regenwasser und Trinkwasser (Leitungswasser) mit einigen Tropfen einer Seifenlösung.
Beobachte und vergleiche.
Entsorgung: Lösungen in den Sammelbehälter für Abwasser.

Kohlensäure und Carbonate

Bildung und Zerfall von Kohlensäure Beim Einleiten von Kohlenstoffdioxid in Wasser löst sich das Gas. Es bildet sich in geringen Anteilen Kohlensäure H_2CO_3. ↑E.13 S.14

$$CO_2\,(g)\ +\ H_2O\,(l)\ \rightleftharpoons\ H_2CO_3\,(aq)$$

Das Lösen von Kohlensäure in Wasser erfolgt in zwei Stufen. Dabei bilden sich Wasserstoff-Ionen H^+, Hydrogencarbonat-Ionen HCO_3^- und Carbonat-Ionen CO_3^{2-}.

1. Stufe: $\qquad\qquad H_2CO_3\,(aq)\ \rightarrow\ H^+\,(aq)\ +\ HCO_3^-\,(aq)$
2. Stufe: $\qquad\qquad HCO_3^-\,(aq)\ \rightarrow\ H^+\,(aq)\ +\ CO_3^{2-}\,(aq)$
Zusammengefasst: $H_2CO_3\,(aq)\ \rightarrow\ 2\,H^+\,(aq)\ +\ CO_3^{2-}\,(aq)$

Kohlensäure ist in Mineralwässern und anderen Getränken enthalten. Sie zerfällt leicht in Kohlenstoffdioxid und Wasser. ↑E.9 S.7, E.14 S.14, ↑2

2 Sprudelndes Mineralwasser

Bedeutung der Kohlensäure Kohlenstoffdioxid aus der Atmosphäre wird vom Regenwasser aufgenommen. Die entstehende Kohlensäure greift kalkhaltiges Gestein an und bewirkt so Verwitterungsvorgänge. ↑1 Sie fördert auch das Rosten von Eisen sowie die Oberflächenveränderung anderer Metalle. Kupferdächer überziehen sich beispielsweise im Laufe der Zeit mit einer grünen Schicht, die Patina genannt wird.

Salze der Kohlensäure Kohlensäure bildet zwei Reihen von Salzen, die Carbonate und die Hydrogencarbonate. Einige Carbonate lösen sich leicht in Wasser, z.B. Natriumcarbonat (Soda) Na_2CO_3 und Kaliumcarbonat (Pottasche) K_2CO_3. Die meisten sind jedoch schwer löslich, z.B. Calciumcarbonat $CaCO_3$ und Bariumcarbonat $BaCO_3$. Hydrogencarbonate sind bis auf Natriumhydrogencarbonat (Natron) $NaHCO_3$ leicht wasserlöslich.

Kohlensäure entsteht bei der Reaktion von Kohlenstoffdioxid mit Wasser. Die Salze der Kohlensäure heißen Carbonate und Hydrogencarbonate.

Schon gewusst?

Ein Kupferdach zeigt im Laufe seines „Lebens" verschiedene Farben. Das zunächst hellrote Kupfer wird durch die Reaktion mit dem Sauerstoff der Luft oxidiert, es färbt sich über dunkelrot zu schwarz. Die Kupferoxide reagieren im Laufe von Jahren mit Luftfeuchtigkeit und Kohlenstoffdioxid zu blaugrüner Patina. Hierbei handelt es hauptsächlich um Malachit $CuCO_3 \cdot Cu(OH)_2$.

3 Kupferdach mit Patina

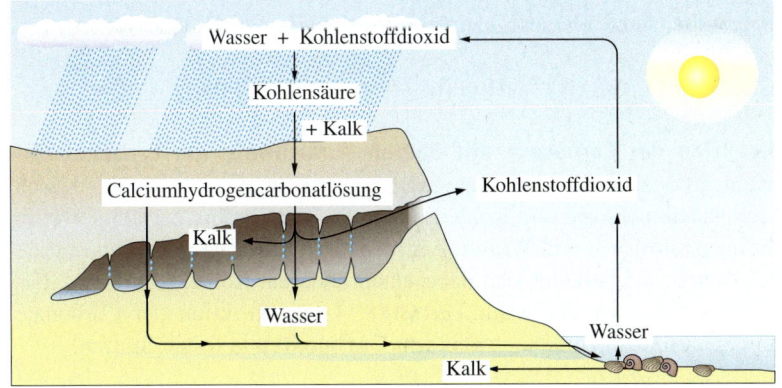

1 Schematische Darstellung der Verwitterung durch kohlensäurehaltiges Wasser (natürlicher Kalkkreislauf)

1 Die Kreide auf Rügen hat sich aus den Gehäusen von Schnecken, Muscheln und Kleinlebewesen gebildet.

2 Marmor wird in Steinbrüchen z. B. in Italien abgebaut.

3 Calcit aus St. Andreasberg

Vorkommen und Bedeutung von Calciumcarbonat Reines Calciumcarbonat $CaCO_3$ kommt in der Natur als Calcit vor. ↑3 Kalkstein ist reines oder mit Ton vermengtes Calciumcarbonat, das zum Beispiel im Harz vorkommt oder Gebirge wie die Kalkalpen bildet. Auch die Kreide der Kreidefelsen auf Rügen ist Calciumcarbonat. ↑1 Marmor ist Calciumcarbonat, das durch Zusammenpressen von Sedimenten entstanden ist. ↑2
Kalkstein und Marmor dienen als Baustoffe. Kalkstein ist Rohstoff für die Zement- und Glasherstellung. Er wird auch als Düngemittel eingesetzt. Bei der Metallherstellung verwendet man Kalkstein als Zuschlagstoff.

Bildung von Calciumcarbonat – Nachweis von Kohlenstoffdioxid Calciumcarbonat entsteht beim Einleiten von Kohlenstoffdioxid in Calciumhydroxidlösung (Kalkwasser). ↑E.15 S.14

$$Ca(OH)_2 \text{ (aq)} + CO_2 \text{ (g)} \longrightarrow CaCO_3 \text{ (s)} + H_2O \text{ (l)}$$

Eine milchige Trübung beziehungsweise die Bildung eines weißen Niederschlags zeigt an, dass Calciumcarbonat in Wasser schwer löslich ist. Die Reaktion dient als Nachweis für Kohlenstoffdioxid.
Wird zu Calciumcarbonat in Wasser weiteres Kohlenstoffdioxid zugegeben, bildet sich lösliches Calciumhydrogencarbonat. ↑E.15 S.14

$$CaCO_3 \text{ (s)} + CO_2 \text{ (g)} + H_2O \text{ (l)} \longrightarrow Ca(HCO_3)_2 \text{ (aq)}$$

Reaktion der Carbonate mit Säuren – Nachweis von Carbonat Calciumcarbonat reagiert mit Säuren, z. B. verdünnter Salzsäure. Es bilden sich Calciumchlorid und Kohlensäure. Die Kohlensäure zerfällt sofort in Kohlenstoffdioxid und Wasser. Auch andere Carbonate reagieren mit vielen Säuren. Stets bildet sich dabei unter anderem Kohlenstoffdioxid, das nachgewiesen werden kann. ↑E.16,17 S.14 Die Reaktion der Carbonate mit Säuren dient zum **Nachweis von Carbonaten** in festen Stoffen.

$$CaCO_3 \text{ (s)} + 2\,HCl \text{ (aq)} \longrightarrow CaCl_2 \text{ (aq)} + CO_2\text{(g)} + H_2O \text{ (l)}$$
$$CO_3^{2-} \quad + 2\,H^+ \text{ (aq)} \longrightarrow CO_2 \text{ (g)} + H_2O \text{ (l)}$$

Nachweis von Kohlenstoffdioxid und Carbonat-Ionen			
Nachweis von	Nachweismittel	Erscheinungen	Reaktionsgleichung
Kohlenstoff-dioxid	Calciumhydroxid-lösung (Kalkwasser)	weiße Trübung (Nie-derschlag)	$Ca(OH)_2 (aq) + CO_2 (g) \rightarrow CaCO_3 (s) + H_2O (l)$
Carbonat-Ionen in festen Stoffen	Salzsäure, anschlie-ßend Calciumhydroxid-lösung (Kalkwasser)	Gasentwicklung	$CO_3^{2-} + 2\,H^+ (aq) \rightarrow CO_2 (g) + H_2O (l)$
		weißer Niederschlag	$Ca(OH)_2 (aq) + CO_2 (g) \rightarrow CaCO_3 (s) + H_2O (l)$

Praktische Bedeutung hat die Reaktion von Carbonaten mit Säure für das **Entkalken** von Geräten im Haushalt mit Essig oder mit speziellen Entkal-kungsmitteln. Auch zur Herstellung von Kohlenstoffdioxid für Labor-zwecke wird diese Reaktion genutzt.
Back- und Brausepulver bestehen aus einem Gemisch eines Carbonats mit fester Citronensäure. Bei Zugabe von Wasser setzt die Reaktion ein.

Carbonate reagieren mit Säuren unter Bildung von Kohlenstoffdioxid. Durch Reaktion des Kohlenstoffdioxids mit Calciumhydroxidlösung (oder Bariumhydroxidlösung) bildet sich Calciumcarbonat (bzw. Ba-riumcarbonat). Die Reaktionen dienen zum Nachweis von Carbona-ten in festen Stoffen.

Hartes Wasser Weiße Kalkablagerungen z. B. an Duschköpfen und Arma-turen werden durch hartes Wasser verursacht. Hartes Wasser enthält u. a. viele Calcium- und Magnesium-Ionen. Wird hartes Wasser erhitzt, bildet sich unter Freisetzung von Kohlenstoffdioxid schwer lösliches Calcium-carbonat, das sich als **Kesselstein** an Heizstäben oder Topfböden absetzt.

$$Ca^{2+} (aq) + 2\,HCO_3^- (aq) \longrightarrow CaCO_3 (s) + CO_2 (g) + H_2O (l)$$

Ein Maß für die Wasserhärte ist der Grad deutscher Härte °d. Mittels Test-streifen lässt sich die Wasserhärte bestimmen. Hartes Wasser erkennt man auch bei Zugabe von Seifenlösung. ↑E.18 S.14 Zuerst scheidet sich dabei ein schwer löslicher Stoff ab, der an einer Trübung des Wassers erkennbar ist. Erst danach bildet sich der Schaum. Die Wasserhärte ist bedeutsam für das Dosieren von Waschmitteln.

4 Kalktuff am Uracher Wasserfall: Der Kalktuff bildet sich durch das Freisetzen von Kohlenstoffdioxid aus dem kalkhaltigen Wasser.

Einteilung des Wassers nach Härtebereichen	
Härtebereich des Wassers	Wasserhärte in °d
weich	< 8,4
mittelhart	8,4 bis 14
hart	> 14

Aufgaben

1 Erkunde, wo sich Lagerstätten von Kalkstein, Krei-de und Marmor befinden.
2 Anstelle von Calciumhydroxidlösung kann auch Bariumhydroxidlösung zum Nachweis von Kohlen-stoffdioxid verwendet werden. Entwickle dazu die Reaktionsgleichung.
3 Mineralwasser wird mit Calciumhydroxidlösung versetzt. Formuliere eine Vermutung über die zu er-wartende Beobachtung.

4 Beschreibe die chemische Reaktion, die beim Ein-wirken von verdünnter Schwefelsäure auf Natrium-carbonat stattfindet. Entwickle die Reaktionsglei-chung.
5 Erläutere, wie man Kalkstein von anderem Gestein unterscheiden kann.
6 Bei verschiedenen Bodenproben ist die Gasent-wicklung bei der Reaktion mit Säure unterschied-lich stark. Erkläre dieses Phänomen.

Carbonate

1 Muschelschalen

2 Skulptur aus Marmor

3 Entfernen von Kalkablagerungen

Carbonate in der Natur Kalk

(Calciumcarbonat, $CaCO_3$) ist als gesteinsbildendes Material in der Natur weit verbreitet, z. B. in Form von Kalkstein, Marmor, Kreide oder Tropfsteinen. Kalk spielt aber auch in der lebenden Natur als Stützsubstanz eine wichtige Rolle, z.B. in Muschelschalen, Schneckenhäusern, Korallen, Eierschalen, Knochen. Einige wichtige Erze sind ebenfalls Carbonate, so z.B. Spateisenstein (Eisencarbonat, $FeCO_3$), Zinkspat (Zinkcarbonat, $ZnCO_3$) und Manganspat (Mangancarbonat, $MnCO_3$).

Carbonate im Haushalt

Back- und Brausepulver, sowie Feuerlöscher enthalten Natron (Natriumhydrogencarbonat, $NaHCO_3$). Hirschhornsalz, ebenfalls ein Backtriebmittel, enthält Ammoniumhydrogencarbonat (NH_4HCO_3), Soda (Natriumcarbonat, Na_2CO_3) ist in Waschmitteln und Wasserenthärtern enthalten.

Eigenschaften der Carbonate

Mit Ausnahme von Natriumcarbonat und Kaliumcarbonat (Pottasche) sind Carbonate kaum wasserlöslich. Durch saure Lösungen werden Carbonate unter Bildung von Kohlenstoffdioxid zersetzt. Daher enthalten manche Badreinigungsmittel Citronensäure. Kalkablagerungen an Armaturen werden so durch chemische Reaktion beseitigt.

Als Fresko bezeichnet man eine Technik der Wandmalerei, die auf frischem (ital. fresco), noch nicht abgebundenem Kalkmörtelputz mit Wasserfarben ausgeführt wird. Die Farbpigmente sind nach dem Abbinden des Putzes unlöslich mit dem Kalk verbunden.

5 Ausschnitt aus einem Fresko von Giotto di Bondone (1267 bis 1337)

4 Diese Produkte enthalten Carbonate.

Der natürliche Kalkkreislauf Die Reaktion von kohlenstoffdioxidhaltigem Wasser mit schwerlöslichem Calciumcarbonat zu leicht löslichem Calciumhydrogencarbonat prägt Karstlandschaften wie die Schwäbische Alb, deren Untergrund aus Jura-Kalk besteht. Durch diese Verwitterung des Kalksteins entstehen Spalten und Hohlräume. In Höhlen führt die Verdunstung von Wasser aus herabtropfender Calciumhydrogencarbonatlösung zur Entstehung von Tropfsteinen. ↑7, ↑1 S.15

7 Tropfsteinhöhle

Der technische Kalkkreislauf Kalk zersetzt sich beim Erhitzen auf über 900 °C. Das Calciumcarbonat reagiert dabei zu Calciumoxid und Kohlenstoffdioxid, das entweicht. In der Bauindustrie wird Calciumoxid als Branntkalk bezeichnet.
Beim Versetzen von Branntkalk mit Wasser bildet sich in einer stark exothermen Reaktion Calciumhydroxid, der so genannte Löschkalk. Löschkalk ist ein wichtiger Bestandteil von Kalkmörtel, der durch Mischen von Löschkalk, Sand und Wasser entsteht. Beim Abbinden des Kalkmörtels reagiert das Calciumhydroxid allmählich mit dem Kohlenstoffdioxid der Luft zu Calciumcarbonat (Kalk) und wird dabei hart. Als Füllmasse zwischen Steinen verbindet der abgebundene Mörtel diese und gibt so Bauwerken ihren Halt.
Das Kalkbrennen, das Kalklöschen und das Abbinden des Löschkalks sind Teile des so genannten technischen Kalkkreislaufs. ↑6

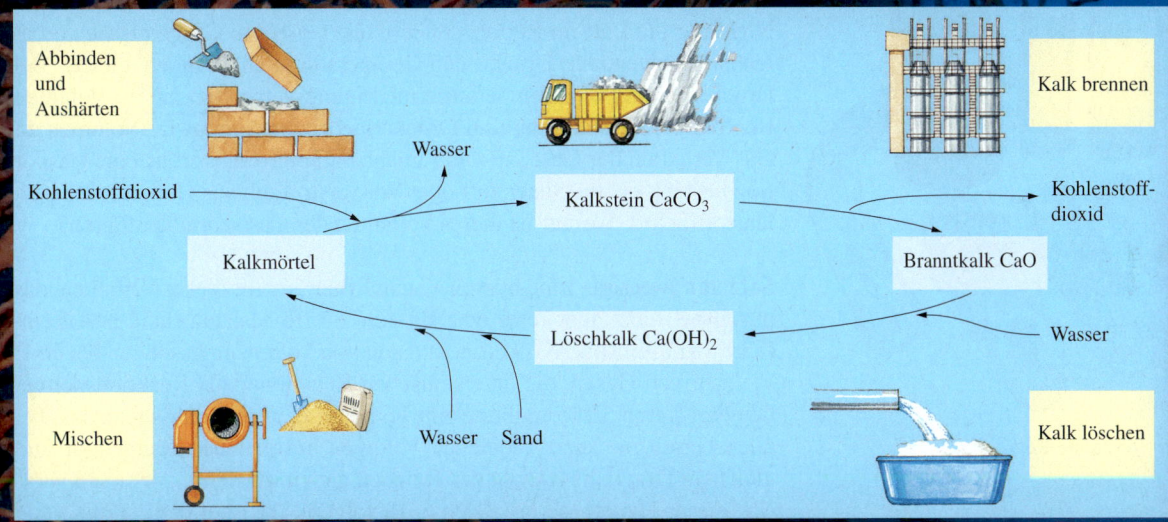

6 Technischer Kalkkreislauf

Arbeitsaufträge

1 Plane ein Experiment, das zeigt, dass beim Brennen von Kalk Kohlenstoffdioxid gebildet wird. Führe dieses Experiment nach Rücksprache mit deiner Lehrerin bzw. deinem Lehrer durch. Fertige ein Protokoll an.

2 Beim Löschen von Kalk ist besonders vorsichtiges Arbeiten nötig. Begründe.

3 Beschreibe die Veränderungen, die beim Brennen von Kalkstein und beim Löschen von Branntkalk auftreten.

4 In frisch gebauten Häusern hat die Luft eine sehr hohe Luftfeuchtigkeit. Erläutere.

5 Begründe, warum Marmorfliesen nicht mit säurehaltigen Haushaltsreinigern gepflegt werden dürfen.

Volumenverhältnisse bei chemischen Reaktionen

Heizstäbe von Tauchsiedern, Kaffeemaschinen oder Wasserkochern sind nach längerer Betriebszeit häufig stark verkalkt. Mit verdünnten Säurelösungen lässt sich der Kalkbelag unter Bildung von Kohlenstoffdioxid entfernen. Welches Volumen an Kohlenstoffdioxid entsteht bei dieser Reaktion? Gibt es Beziehungen zwischen den Massen und den Volumina der Stoffe, die an chemischen Reaktionen beteiligt sind?

1 Entfernung von Kalk mit verdünnter Salzsäure

2 Verkalkte Rohre

3 Aufpumpen eines Reifens

Einfluss äußerer Bedingungen auf das Volumen von Gasen Ist dir schon einmal aufgefallen, dass ein Fahrradreifen im Sommer bei höheren Temperaturen praller gefüllt erscheint als im Winter? Warum ist das so? Nicht nur die Luft im Reifen, sondern alle Gase und Gasgemische verhalten sich gegenüber Druck- und Temperaturveränderungen gleich: Bei Druckerhöhung und Temperaturerniedrigung verringern sie ihr Volumen. Bei Temperaturerhöhung und Druckerniedrigung nimmt ihr Volumen zu. Das Verhalten der Gase ist völlig unabhängig davon, woraus eine Gasportion besteht, ob aus Sauerstoff oder Wasserstoff, ob aus Helium oder Kohlenstoffdioxid. Worauf ist dieses Verhalten der Gase zurückzuführen?

Satz von Avogadro Eine hypothetische Erklärung für dieses Verhalten, das nur Gase, nicht aber feste oder flüssige Stoffe besitzen, fand bereits im Jahre 1811 Amadeo Avogadro anhand von Volumenmessungen bei einer Vielzahl von Gasen, die an chemischen Reaktionen als Reaktionspartner beteiligt waren. Er formulierte eine Hypothese, in der er aussagte, dass bei allen Gasen mit einem gleichen Volumen bei gleicher Temperatur und gleichem Druck die Anzahl der Teilchen gleich ist.

Aus dieser Hypothese lässt sich z. B. folgern, dass bei 0 °C (273 K) und 101,3 kPa in 2 Liter Wasserstoff die gleiche Anzahl Wasserstoffmoleküle enthalten ist wie Kohlenstoffdioxidmoleküle in 2 Liter Kohlenstoffdioxid. Oder auch, dass bei 100 °C und 2 MPa 10 Liter Neon die doppelte Anzahl an Neonatomen enthalten wie 5 Liter Stickstoff an Stickstoffmolekülen.

Die Hypothese kann experimentell nicht bewiesen werden, denn das direkte Zählen einzelner Gasteilchen ist zumindest gegenwärtig nicht möglich. Da mit der Hypothese aber das Verhalten von Gasen und Gasgemischen erklärt werden kann und keine widersprechenden Sachverhalte bekannt sind, bezeichnet man sie auch als **Satz von Avogadro**:

Gleiche Volumina aller Gase enthalten bei gleicher Temperatur und gleichem Druck die gleiche Anzahl von Teilchen.

Das molare Volumen Sind bei chemischen Reaktionen Gase als Reaktionspartner beteiligt, ist es günstiger, statt mit den Massen mit den Volumina dieser Gase zu arbeiten. Entsteht z. B. bei verschiedenen Reaktionen von Calciumcarbonat mit Salzsäure das doppelte oder vierfache Volumen an Kohlenstoffdioxid, so verdoppelt oder vervierfacht sich auch die Stoffmenge dieser Gasportion. Daraus lässt sich ableiten, dass bei Gasen eine direkte Proportionalität zwischen dem Volumen der Stoffportion und ihrer Stoffmenge besteht: $V \sim n$. Als Proportionalitätsfaktor ergibt sich hier der Quotient aus dem Volumen und der Stoffmenge der Stoffportion. Dieser Quotient wird als **molares Volumen V_m** bezeichnet. Das molare Volumen aller Gase beträgt bei Normbedingungen etwa 22,4 l/mol.

Das molare Volumen V_m eines Gases ist der Quotient aus dem Volumen und der Stoffmenge einer Stoffportion. Unter Normbedingungen beträgt das molare Volumen für alle Gase etwa 22,4 l/mol.

$$V_m = \frac{V(\text{Stoffportion})}{n(\text{Stoffportion})}$$

4 AMADEO AVOGADRO (1776 bis 1856), italienischer Physiker

Durch Umstellung der Größengleichung für das molare Volumen von Gasen lässt sich bei gegebener Stoffmenge das Volumen und bei gegebenem Volumen die Stoffmenge einer Stoffportion errechnen.

Aufgabe: Bei einer chemischen Reaktion entsteht Kohlenstoffdioxid mit der Stoffmenge $n(CO_2) = 0,02$ mol. Welches Volumen nimmt dieses Kohlenstoffdioxid unter Normbedingungen ein?	**Normbedingungen für Gase** $p_n = 101,3$ kPa $T_n = 273$ K (0 °C)

Gesucht: $V(CO_2)$ **Gegeben:** $n(CO_2) = 0,02$ mol
                                        $V_m = 22,4$ l/mol

Lösung: $V_m = \dfrac{V(CO_2)}{n(CO_2)}$

$V(CO_2) = n(CO_2) \cdot V_m$

$V(CO_2) = 0,02\,\text{mol} \cdot 22,4\,\text{l/mol}$

$V(CO_2) = 0,45\,\text{l} = 450\,\text{ml}$

Ergebnis: Das bei der chemischen Reaktion entstandene Kohlenstoffdioxid nimmt unter Normbedingungen ein Volumen von 450 ml ein.

Molares Volumen von Gasen

$$V_m = \frac{V(\text{Stoffportion})}{n(\text{Stoffportion})}$$

$$V(\text{Stoffportion}) = n(\text{Stoffport.}) \cdot V_m$$

$$n(\text{Stoffportion}) = \frac{V(\text{Stoffportion})}{V_m}$$

Aufgaben

1 Begründe, warum sich das Volumen von Luft, z. B. in einer Luftpumpe, zusammendrücken lässt, das Volumen einer Flüssigkeit unter Druck aber nahezu konstant bleibt.

2 Erkläre, warum sich Gase gegenüber Druck- und Temperaturänderung gleich verhalten.

3 Bei einer chemischen Reaktion entsteht Wasserstoff mit der Masse $m(H_2) = 0,04$ g. Welches Volumen nimmt dieser Wasserstoff unter Normbedingungen ein?

4 Berechne das Volumen bzw. die Stoffmenge folgender Gasportionen:

a $n(H_2) = 3$ mol
b $V(CO_2) = 40$ l
c $n(Cl_2) = 2,1$ mol
d $V(N_2) = 88,9$ l

5 Berechne die Anzahl Wasserstoffmoleküle, die in 1 Liter Wasserstoff enthalten sind.

6 Vergleiche molare Masse und molares Volumen von Sauerstoff und Wasserstoff.

Experimentelle Volumenermittlung von Gasen bei chemischen Reaktionen Bei chemischen Reaktionen wird eine bestimmte Stoffportion eines festen Stoffes praktischerweise über seine Masse bestimmt. Bei einer Stoffportion eines gasförmigen Stoffes gibt man am einfachsten deren Volumen an. Sind dagegen feste und gasförmige Stoffe Reaktionspartner, ist es erforderlich, Massen und Volumina zu bestimmen.

Wie bereits bekannt, entsteht bei der Reaktion von Calciumcarbonat mit Salzsäure Kohlenstoffdioxid. Welcher Zusammenhang besteht zwischen der Masse Calciumcarbonat und dem Volumen Kohlenstoffdioxid? Die Reaktionsgleichung für die abgelaufene Reaktion lautet:

$$CaCO_3 \text{ (s)} + 2\,HCl \text{ (aq)} \rightarrow CaCl_2 \text{ (aq)} + CO_2 \text{ (g)} + H_2O \text{ (l)} \mid \text{exotherm}$$

| Calcium-carbonat | Salzsäure | Calcium-chlorid | Kohlen-stoffdioxid | Wasser |

Durch die Reaktionsgleichung ist bekannt, dass aus 1 mol Calciumcarbonat die Stoffmenge von 1 mol Kohlenstoffdioxid entsteht. Setzt man für 1 mol Calciumcarbonat die Masse von 100 g und für 1 mol Kohlenstoffdioxid das Volumen von 22,4 l ein, zeigt sich der Zusammenhang zwischen der Masse Calciumcarbonat und dem Volumen Kohlenstoffdioxid. Dieser Zusammenhang kann wie folgt ausgedrückt werden.

Es gilt: $m(CaCO_3) = n(CaCO_3) \cdot M(CaCO_3)$ und $V(CO_2) = n(CO_2) \cdot V_m$

Betrachtet man die Masse Calciumcarbonat im Verhältnis zum Volumen Kohlenstoffdioxid, ergibt sich

$$\frac{m(CaCO_3)}{V(CO_2)} = \frac{n(CaCO_3) \cdot M(CaCO_3)}{n(CO_2) \cdot V_m}$$

Durch Umstellen der Größengleichung lassen sich Massen bei gegebenen Volumina und Volumina bei gegebenen Massen berechnen.

Bei einer chemischen Reaktion besteht ein proportionaler Zusammenhang zwischen der Masse eines Ausgangsstoffes und dem Volumen eines Reaktionsprodukts.

Allgemeine Größengleichungen zu Volumenberechnungen bei chemischen Reaktionen

$$\frac{V(A)}{m(B)} = \frac{n(A) \cdot V_m}{n(B) \cdot M(B)}$$

$$\frac{m(A)}{V(B)} = \frac{n(A) \cdot M(A)}{n(B) \cdot V_m}$$

$$\frac{V(A)}{V(B)} = \frac{n(A)}{n(B)}$$

A – Stoff der gesuchten Größe

B – Stoff der gegebenen Größe

Selbst untersucht

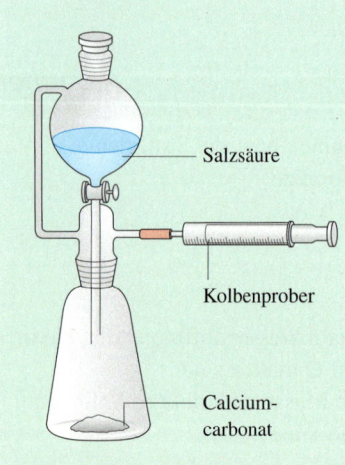

Salzsäure

Kolbenprober

Calcium-carbonat

19   Ermittle das Volumen von Kohlenstoffdioxid, das bei der Reaktion von Calciumcarbonat mit Salzsäure entsteht.

Wiege 0,1 g Calciumcarbonat genau ab. Bringe das Calciumcarbonat in den Erlenmeyerkolben des Gasentwicklers und tropfe bei luftdicht verschlossener Apparatur 10%ige Salzsäure (GHS07) zu.

Ermittle das entstandene Volumen an Kohlenstoffdioxid. Wiederhole das Experiment mit 0,15 g; 0,2 g und 0,25 g Calciumcarbonat. Erfasse die erhaltenen Daten in einer Wertetabelle.

Werte das Experiment grafisch aus, indem du in einem Koordinatensystem die Masse Calciumcarbonat auf der Abszissenachse (x-Achse) und das jeweils entstandene Volumen Kohlenstoffdioxid auf der Ordinatenachse (y-Achse) abträgst.

Entsorgung: Flüssigkeit in Sammelbehälter für Abwasser geben.

Volumenberechnungen bei chemischen Reaktionen Für Berechnungen bei chemischen Reaktionen, an denen feste und gasförmige Reaktionspartner beteiligt sind, wird der bestehende Zusammenhang zwischen der Masse eines Stoffes und dem Volumen eines anderen Stoffes genutzt. Damit könnte nun auch berechnet werden, welche Volumina Kohlenstoffdioxid bei der Reaktion von Calciumcarbonat mit Salzsäure entstehen müssten. ↑E.19 Eine bewährte Schrittfolge zum Vorgehen bei der Berechnung von Volumina bei chemischen Reaktionen ist auf Seite 24 dargestellt.

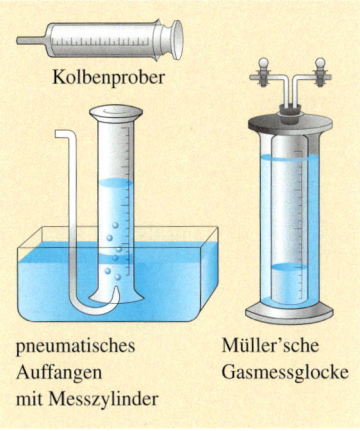

1 Geräte zum Messen von Gasvolumina

Aufgabe: Im Chemieunterricht setzt eine Schülerarbeitsgruppe 0,25 g Calciumcarbonat mit 10%iger Salzsäure zu Calciumchloridlösung, Kohlenstoffdioxid und Wasser um. Berechne das entstehende Volumen an Kohlenstoffdioxid unter Normbedingungen.

Gesucht: $V(CO_2)$

Gegeben: $m(CaCO_3) = 0{,}25\,g$
$M(CaCO_3) = 100\,g/mol$
$V_m = 22{,}4\,l/mol$

Reaktionsgleichung: $CaCO_3\,(s) + 2\,HCl\,(aq) \longrightarrow CaCl_2\,(aq) + CO_2\,(g) + H_2O\,(l)$

Lösung: $\dfrac{V(CO_2)}{m(CaCO_3)} = \dfrac{n(CO_2) \cdot V_m}{n(CaCO_3) \cdot M(CaCO_3)}$

$V(CO_2) = \dfrac{n(CO_2) \cdot V_m \cdot m(CaCO_3)}{n(CaCO_3) \cdot M(CaCO_3)}$

$V(CO_2) = \dfrac{1\,mol \cdot 22{,}4\,l/mol \cdot 0{,}25\,g}{1\,mol \cdot 100\,g/mol} = 0{,}0561$

Ergebnis: Bei der Reaktion von 0,25 g Calciumcarbonat mit Salzsäure zu Calciumchloridlösung, Kohlenstoffdioxid und Wasser entstehen unter Normbedingungen 56 ml Kohlenstoffdioxid.

2 In der Technik werden Gase in Gasometern aufbewahrt.

Aufgaben

1 Berechne die Masse folgender Gasportionen:
a $V(SO_2) = 33{,}6\,l$
b $V(HCl) = 5\,l$
c $V(CO_2) = 0{,}02\,l$
2 Berechne das Volumen folgender Gasportionen:
a $m(NO_2) = 23\,g$
b $m(N_2) = 3{,}5\,g$
c $m(SO_2) = 64\,kg$
3 An einem Wasserhahn befindet sich ein Kalkbelag von $m(CaCO_3) = 2{,}4\,g$. Dieser Belag soll durch Reaktion mit verdünnter Schwefelsäure entfernt werden.
Berechne unter Annahme von Normbedingungen das Volumen an Kohlenstoffdioxid.

4 Für die Durchführung eines Experiments wird ein Volumen von 100 ml Kohlenstoffdioxid benötigt. Welche Masse an Kohlenstoff muss dafür vollständig verbrannt werden?
5 Im Jahr 2005 betrug der gesamte Ausstoß an Kohlenstoffdioxid in Deutschland 870 Mio. Tonnen.
a Berechne das an die Atmosphäre abgegebene Volumen an Kohlenstoffdioxid.
b Berechne die Stoffmenge des Kohlenstoffdioxids.
6 Berechne das Volumen an Chlor, das zur Bildung von 5 g Aluminiumchlorid benötigt wird.
7 Berechne die Stoffmenge folgender Stoffportionen:
a 15 l Sauerstoff
b 2 ml Ozon

Methode

Berechnen von Volumina bei chemischen Reaktionen

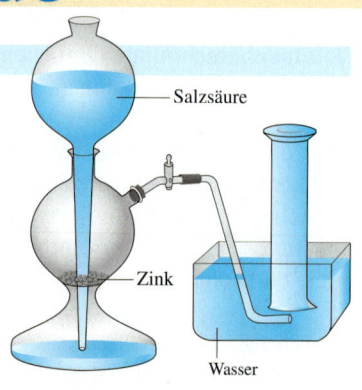

Salzsäure

Zink

Wasser

Im Labor wird Wasserstoff häufig durch Reaktion von Zink mit Salzsäure gewonnen. Dazu kann ein Kipp'scher Apparat (entwickelt von PETRUS JACOBUS KIPP, 1808 bis 1864, holländischer Apotheker) verwendet werden.

Berechne das Volumen an Wasserstoff, das beim Umsatz von 30 g Zink mit Salzsäure bei Normbedingungen entsteht.

1   *Analysiere die Aufgabenstellung.*
Erfasse die gesuchten und gegebenen Größen.
Ermittle die benötigten molaren Massen mithilfe eines Tafelwerks.

Gesucht: $V(H_2)$ Gegeben: $m(Zn) = 30\,g$
     $M(Zn) = 65\,g/mol$
     $V_m = 22,4\,l/mol$

2   *Entwickle die Reaktionsgleichung.*

$Zn\,(s) + 2\,H^+(aq) + 2\,Cl^-(aq)$
$\longrightarrow Zn^{2+}(aq) + 2\,Cl^-(aq) + H_2\,(g)$

3   *Ermittle die Stoffmengen der Stoffe aus der Reaktionsgleichung.*

$n(Zn) = 1\,mol; \quad n(H_2) = 1\,mol$

4   *Formuliere das Verhältnis zwischen Volumen der gesuchten Größe und Masse der gegebenen Größe.*
Stelle die Gleichung unter Nutzung der allgemeinen Größengleichung auf.

$m = n \cdot M \qquad V = n \cdot V_m$

$$\frac{V(A)}{m(B)} = \frac{n(A) \cdot V_m}{n(B) \cdot M(B)}$$

$$\frac{V(H_2)}{m(Zn)} = \frac{n(H_2) \cdot V_m}{n(Zn) \cdot M(Zn)}$$

5   *Forme die Gleichung nach der gesuchten Größe um.*

$$V(A) = \frac{n(A) \cdot V_m \cdot m(B)}{n(B) \cdot M(B)}$$

$$V(H_2) = \frac{n(H_2) \cdot V_m \cdot m(Zn)}{n(Zn) \cdot M(Zn)}$$

6   *Setze die bekannten Größen in die Gleichung ein und berechne das Ergebnis.*

$$V(H_2) = \frac{1\,mol \cdot 22,4\,l/mol \cdot 30\,g}{1\,mol \cdot 65\,g/mol}$$

$V(H_2) = 10,34\,l$

7   *Formuliere einen Antwortsatz.*

Bei der Reaktion von 30 g Zink mit Salzsäure entsteht unter Normbedingungen ein Volumen von 10,34 Liter Wasserstoff.

Grafisches Darstellen experimenteller Daten mit dem Computer

Häufig werden bei chemischen Experimenten quantitative Daten ermittelt, z. B. Gasvolumina mit einem Kolbenprober. Diese Daten sollen in Form von Diagrammen oder ähnlichen Übersichten dargestellt werden. Dafür eignet sich z. B. das Programm Excel.

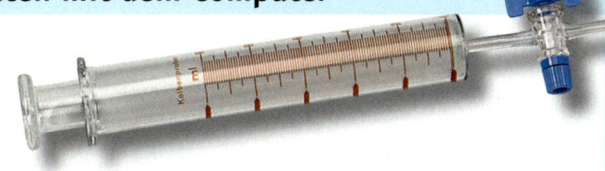

1 Kolbenprober zum Messen von Volumina

1 *Öffne ein neues Excel-Dokument.*

2 *Benenne die Spalten.*
Spalte A: „*t* in s". Das werden die Werte der *x*-Achse.
Spalte B: „*V*(Wasserstoff) in ml". Das werden die Werte der *y*-Achse.

3 *Trage die ermittelten Werte in die Spalten ein.*

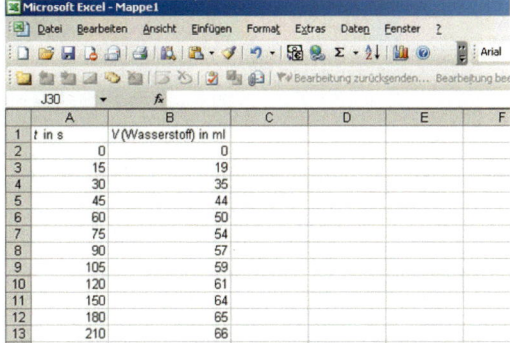

4 *Markiere die Werte der Spalte B und klicke im Menü auf das Symbol „Diagramm-Assistent" (farbige Säulen). Wähle im Diagramm-Assistenten den Diagrammtyp aus. Klicke anschließend auf „Weiter".*
Für dieses Diagramm ist der Diagrammtyp „Linie" geeignet.

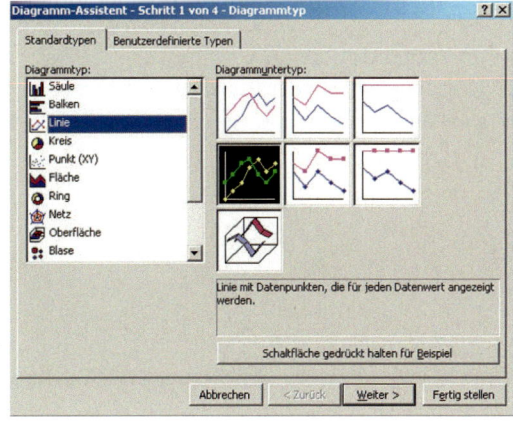

5 *Gehe im nun geöffneten Fenster des Diagramm-Assistenten auf den Reiter „Reihe". Klicke auf den roten Pfeil in der Zeile „Beschriftung der Rubrikenachse (X):". Es öffnet sich die Tabelle.*

6 *Wähle die Werte der Reihe A aus und klicke danach wieder auf den roten Pfeil des Diagramm-Assistenten. Klicke anschließend auf „Weiter".*

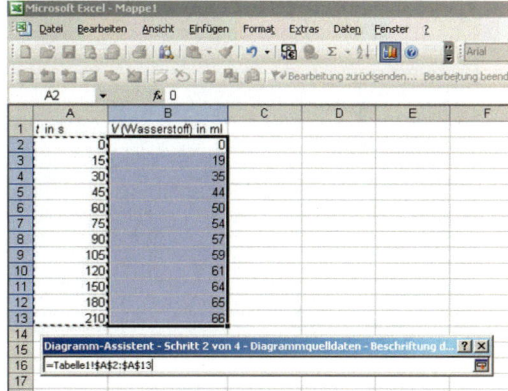

7 *Nimm in den Feldern „Diagrammtitel:", „Rubrikenachse (X):" und „Größenachse (Y):" die entsprechenden Eintragungen vor.*
Diagrammtitel: „Wasserstoffentwicklung bei der Reaktion von Magnesium mit Salzsäure"
Rubrikenachse (X): „t in s"
Größenachse (Y): „V(Wasserstoff) in ml"

8 *Klicke anschließend auf „Weiter" und danach auf „Fertig stellen".*

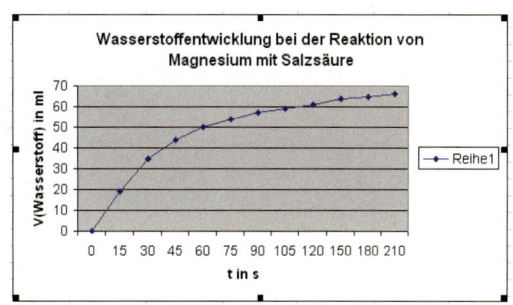

1 In Bad Pyrmont liegt auf dem Gelände eines ehemaligen Steinbruchs die so genannte Dunsthöhle. Den Namen hat sie vor über 300 Jahren von den Bergarbeitern bekommen. Diese bemerkten in einer bestimmten Tiefe einen „Dunst". Kamen sie in diesen Dunst, wurden sie ohnmächtig. Auch fand man in der Grube immer wieder tote Tiere. Bei dem „Dunst" handelt es sich um Kohlenstoffdioxid, das aus Gesteinsrissen an die Oberfläche gelangt. Seit über 200 Jahren wird Besuchern der Dunsthöhle ein besonderes Experiment vorgeführt. Seifenblasen sinken nur bis zur Oberfläche des Kohlenstoffdioxids ab und schweben dann darauf.

a Plane ein Experiment, um das Phänomen der schwebenden Seifenblasen im Unterricht nachzustellen.

b Erkläre das Schweben der Seifenblasen auf dem Kohlenstoffdioxid.

2 Kohlesäurehaltiges Mineralwasser wird mit Universalindikatorlösung versetzt. Dieses färbt sich rot. Das Mineralwasser wird nun bis zum Sieden erhitzt, dabei ändert sich die Indikatorfarbe zu grün. Erkläre das Versuchsergebnis.

3 In Tropfsteinhöhlen finden sich bizarre Gebilde aus Kalkstein. Stalaktiten hängen von der Decke, auf dem Boden „wachsen" ihnen Stalagmiten entgegen. Treffen sie sich und wachsen zusammen, spricht man von Stalagnaten oder auch Kalksäulen. Ursache hierfür ist calciumcarbonathaltiges Wasser, das langsam aus dem Deckengestein quillt und schließlich verdunstet.

a Erstelle eine schematische Zeichnung einer Tropfsteinhöhle und beschrifte sie. Kennzeichne stattfindende chemische Reaktionen und formuliere die Reaktionsgleichungen.

b Ähnliche Vorgänge finden bei kalkhaltigem Wasser auch im Haushalt statt. Erläutere die Vorgänge, die bei der Bildung eines Ministalaktiten am Wasserhahn stattfinden.

4 Beim Herstellen einer Laugenbrezel wird der Teig vor dem Backen in verdünnte Natriumhydroxidlösung getaucht. Dabei werden 0,2 g Natriumhydroxid von der Teigoberfläche aufgenommen. Beim Backprozess bildet sich an der Oberfläche der Brezel Natriumcarbonat (Na_2CO_3), das für den Geschmack der Brezel verantwortlich ist.

a Berechne das für die Reaktion benötigte Volumen an Kohlenstoffdioxid.

b Berechne das bei der Reaktion entweichende Volumen an Wasserdampf.

	Diamant	Graphit
Kohlenstoff	Reiner Kohlenstoff tritt in der Natur in drei Modifikationen auf: als Graphit, Diamant und Fullerene.	
Stoffprobe und Modell der Anordnung der Kohlenstoffatome	 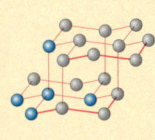	 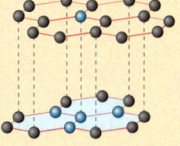
Bau	Kohlenstoffatome bilden ein regelmäßiges, sehr stabiles Raumgitter und sind durch Atombindung verbunden.	Kohlenstoffatome sind schichtweise in ebenen, regelmäßigen Sechsecken angeordnet und sind durch Atombindung verbunden.
Eigenschaften	sehr hart, leitet den elektrischen Strom nicht, starke Lichtbrechung im geschliffenen Zustand	sehr weich, leitet den elektrischen Strom, schwarzgrau, schuppig

Kohlenstoffmonooxid und Kohlenstoffdioxid

Verbrennungsprodukte des Kohlenstoffs. Sie bestehen aus Molekülen, deren Atome durch Atombindung miteinander verbunden sind. Kohlenstoffdioxid ist gut in Wasser löslich. Durch die chemische Reaktion von Kohlenstoffdioxid und Wasser entsteht Kohlensäure. Die Reaktion ist von Druck und Temperatur abhängig.

Carbonate und Hydrogencarbonate

Carbonate und Hydrogencarbonate sind Salze der Kohlensäure. Einige dieser Salze können thermisch und durch Einwirkung von Säurelösungen zersetzt werden. In beiden Fällen entsteht Kohlenstoffdioxid.

Nachweis von Kohlenstoffdioxid

Für den Kohlenstoffdioxidnachweis wird das zu prüfende Gas in gesättigte Calciumhydroxidlösung oder Bariumhydroxidlösung geleitet. Es fällt weißes Calciumcarbonat oder Bariumcarbonat als Niederschlag aus.

Satz von AVOGADRO

Gleiche Volumina aller Gase enthalten bei gleicher Temperatur und gleichem Druck die gleiche Anzahl von Teilchen.

Molares Volumen

Quotient aus dem Volumen und der Stoffmenge einer Stoffportion eines Gases. Molares Volumen $V_m \approx 22{,}4\,l/mol$ unter Normbedingungen.

$$V_m = \frac{V}{n}$$

Allgemeine Größengleichung

Für Volumenberechnungen bei chemischen Reaktionen können allgemeine Größengleichungen genutzt werden.

$$\frac{V(A)}{V(B)} = \frac{n(A) \cdot V_m}{n(B) \cdot V_m} \qquad \frac{V(A)}{V(B)} = \frac{n(A)}{n(B)}$$

1 Kohlenstoff kommt in verschiedenen Modifikationen vor.
a Nenne die Modifikationen.
b Beschreibe den Bau der Modifikationen unter Nutzung des Teilchenmodells.

2 Bei Graphit handelt es sich um einen sehr weichen Stoff, Diamant ist dagegen einer der härtesten Stoffe. Erläutere an diesen beiden Stoffen den Zusammenhang zwischen Stoffeigenschaften und Bau der Teilchen.

3 Die Zahl von tödlichen Unfällen beim Grillen hat in den letzten Jahren zugenommen. Experten warnen unter anderem davor, Holzkohlegrills in Innenräumen zu benutzen, da tödliche Kohlenstoffmonooxidvergiftungen eintreten können.
a Formuliere die Reaktionsgleichungen für die Bildung von Kohlenstoffdioxid und Kohlenstoffmonooxid aus den Elementen.
b Entwickle einen Steckbrief von Kohlenstoffdioxid und Kohlenstoffmonooxid.
c Erläutere, warum es bei der Nutzung von Holzkohlegrills in Innenräumen zur Bildung von Kohlenstoffmonooxid kommen kann.

4 Erläutere, wie sich experimentell nachweisen lässt, ob es sich bei einem unbekannten Feststoff um ein Carbonat handeln könnte.

5 Regen ist von Natur aus leicht sauer. Dies ist darauf zurück zu führen, dass sich das in der Atmosphäre enthaltene Kohlenstoffdioxid im Wasser löst und zum Teil damit reagiert. Formuliere die Reaktionsgleichung für die Reaktion von Kohlenstoffdioxid mit Wasser.

6 Beim Erhitzen von Backpulver bildet sich Kohlenstoffdioxid.
Erläutere den Nachweis von Kohlenstoffdioxid und formuliere die Reaktionsgleichung.

7 Zum Entkalken von Kaffeemaschinen und Eierkochern wird häufig Haushaltsessig benutzt. Begründe.

8 Beschreibe, wie es zur Bildung von Calciumhydrogencarbonat in der Natur kommt.

9 Beschreibe den Kohlenstoffkreislauf anhand folgender Modelldarstellung.

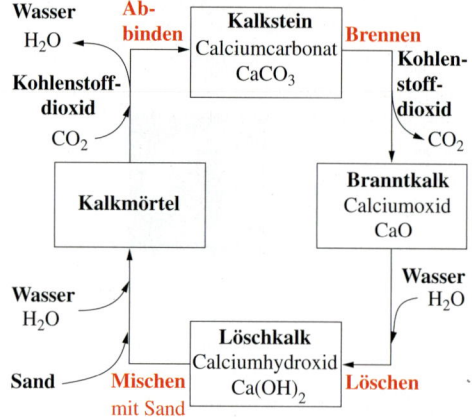

10 Im Chemieunterricht wurde ein verkalkter Tauchsieder mit verdünnter Salzsäure gereinigt. Vor dem Entkalken hatte der Tauchsieder eine Masse von 512,6 g, nach dem Entkalken betrug seine Masse 509,4 g.
a Formuliere für das Entkalken des Tauchsieders mit verdünnter Salzsäure die Wortgleichung und die Reaktionsgleichung.
b Berechne das Volumen an Kohlenstoffdioxid, das beim Entkalken entstanden ist.
c Berechne die Masse des dabei entstandenen Wassers.

Aufgabe	Hilfe findest du auf Seite …	Verbindung der Aufgabe zu den Basiskonzepten ↑S.156f.
1	8-10	T S
2	8, 9	T S
3	12, 13	S R
4	16, 17	R
5	15	T R
6	13, 17	R
7	16, 17	T R
8	15, 16	R
9	15, 19	S R
10	16, 22, 23, 24, Band 7/8: S.144	T R E

T Stoffe und ihre Teilchen, S Struktur und Eigenschaften der Stoffe, R Chemische Reaktionen, E Energie

> Die Lösungen findest du im Anhang.

Erdgas und Erdöl

Seit jeher nutzen Menschen Brennstoffe zur Energiegewinnung.
Aufgrund des stetig steigenden Lebensstandards und der zunehmenden
Weltbevölkerung wurden die Forderungen nach Energiegewinnung aus
kohlenstoffhaltigen fossilen Energieträgern wie Erdgas und Erdöl immer größer.
Deshalb versucht man mit großem Aufwand und immer moderneren Methoden,
fossile Energieträger aufzuspüren, zu den Verbrauchern zu transportieren,
wie z. B. über die Trans-Alaska-Pipeline, und die in ihnen gespeicherte
Energie für den Menschen nutzbar zu machen.

➡ Wo und wie werden Erdgas und
  Erdöl gefördert?
➡ Welche Verfahren werden
  eingesetzt, um diese Rohstoffe
  für einen optimalen Verbrauch
  zu veredeln?
➡ Ist die Nutzung dieser Rohstoffe
  unbedenklich?

Selbst untersucht Erdöl genauer betrachtet

1   Entzünde kaltes und warmes Erdöl.
Vorsicht! Schutzbrille! Abzug! Fülle in eine
Abdampfschale 4 ml Erdöl (GHS02|08|07|09).
Versuche es mit einem brennenden Holzspan
zu entzünden.
Stelle die Abdampfschale auf einen Dreifuß mit
Keramikdrahtnetz und erwärme das Erdöl in der
Abdampfschale kurz mit dem Bunsenbrenner. Ver-
suche nun erneut, das Erdöl mit einem brennenden
Holzspan zu entzünden. Lösche das brennende
Erdöl, indem du ein großes Becherglas mit der Öff-
nung nach unten über die Abdampfschale stülpst.
Notiere die Beobachtungen und deute sie.
Entsorgung: Reste in Sammelbehälter III geben.

**3   Untersuche die Temperaturabhängig-
        keit der Viskosität von Erdöl.**
Fülle drei Reagenzgläser etwa 4 cm hoch mit
Erdöl (GHS02|08|07|09). Erwärme eines der
Reagenzgläser in einem Wasserbad auf 40 °C
und ein weiteres auf 60 °C. Sauge jeweils 10 ml
Erdöl in eine Pipette und lass die Erdölproben in
die entsprechenden Reagenzgläser ausfließen. Ach-
te darauf, dass die Pipette senkrecht gehalten wird.
Miss die Auslaufzeiten mit einer Stoppuhr und notiere sie. Deute die verschiedenen Messergebnisse.
Entsorgung: Erdölreste in den Sammelbehälter III
geben.

**2   Untersuche die Reaktionsprodukte
        bei der Verbrennung von Kerzen-
        wachs und Erdöl.**
Vorsicht! Schutzbrille! Entzünde jeweils etwas
Kerzenwachs sowie ein Stück gut mit Erdöl
(GHS02|08|07|09) getränkter Kreide in einer Ab-
dampfschale. Leite die Verbrennungsgase mithilfe
einer Wasserstrahlpumpe durch ein U-Rohr, in dem
sich etwas weißes Kupfersulfat (GHS07|09) befin-
det, und dann in eine Gaswaschflasche mit Kalkwasser.

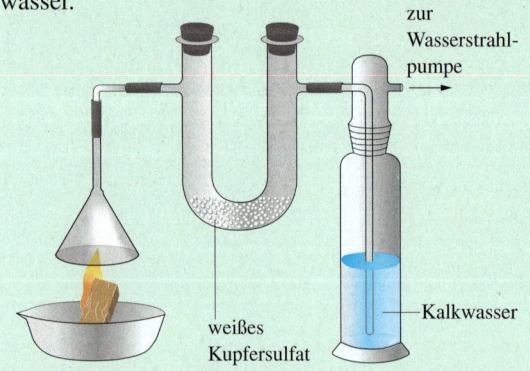

zur
Wasserstrahl-
pumpe

weißes
Kupfersulfat

Kalkwasser

Schlussfolgere, welche Stoffe bei der Verbrennung
entstanden sind. Formuliere die Reaktionsglei-
chung für die Reaktion in der Gaswaschflasche.
Entsorgung: Feststoffe in den Sammelbehälter für
Hausmüll, Kalkwasser in den Sammelbehälter für
Abwasser geben.

**4   Führe eine fraktionierte Destillation
        von Erdöl durch.**
Vorsicht! Schutzbrille! Abzug! Baue die Experimentieranordnung wie in der Abbildung auf.
Befülle den Rundkolben zu einem Drittel mit
Erdöl (GHS02|08|07|09), gib einige Siedestein-
chen hinzu und spanne ihn in die Apparatur ein.
Stelle die Kühlwasserzufuhr an. Erhitze einen Heiz-
pilz auf der niedrigsten Stufe. Leite das zuerst entweichende Gas (GHS02) mit einem Schlauch in
den Abzug. *Vorsicht! Entzündungsgefahr!* Fange
die nächste Fraktion in einem Becherglas auf, sobald die Temperatur über 70 °C ansteigt. Erhöhe
nun allmählich die Temperatur. Fange weitere
Fraktionen bei 110 °C, 150 °C und 220 °C auf.

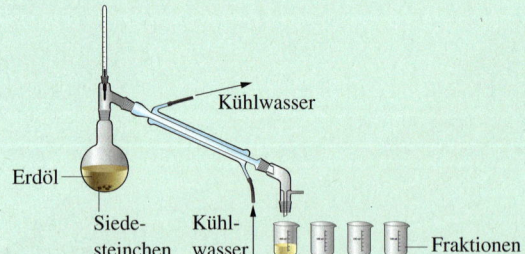

Kühlwasser

Erdöl

Siede-
steinchen

Kühl-
wasser

Fraktionen

Prüfe die Fraktionen auf Geruch, Farbe, Viskosität
und Entflammbarkeit. Stelle eine Beziehung
zwischen Entflammbarkeit und Rußbildung im
Vergleich zum Siedebereich der Fraktionen her.
Entsorgung: Fraktionen in Sammelbehälter III
geben.

Welt der Chemie

Fossile Energieträger

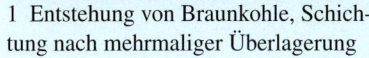

1 Entstehung von Braunkohle, Schichtung nach mehrmaliger Überlagerung

2 Inkohlter Abdruck eines Farns (300 Mio. Jahre alt) – heutiger Farn

Heizwerte einiger Brennstoffe	
Brennstoff	Heizwert in MJ/kg
Holz	16
Braunkohle	20
Erdgas	30
Steinkohle	32
Benzin	44

Holz war bis in das 18. Jahrhundert hinein der wichtigste Brennstoff. Das änderte sich erst mit der zunehmenden Nutzung der **fossilen Energieträger** (lat. fossilis – ausgegraben) Torf, Braunkohle, Steinkohle, Erdgas und Erdöl. In den fossilen Energieträgern sind große Mengen Sonnenenergie früherer Zeiten in Form von chemischer Energie gespeichert.

Kohle bildete sich im Karbon vor etwa 270 bis 350 Millionen Jahren. Das Holz gewaltiger Moor- und Sumpfwälder versank nach dem Absterben im Sumpfschlamm. Unter Sauerstoffabschluss bildete sich hieraus Torf. Aufgrund des durch Ablagerungen über dem Torf herrschenden Drucks bildete sich nach Herauspressen des Wassers im Inkohlungsprozess zunächst die Braunkohle, später durch höheren Druck und höhere Temperaturen die Steinkohle.

Kohle ist ein Gemisch verschiedener hochmolekularer Verbindungen. Diese bestehen hauptsächlich aus den Elementen Kohlenstoff und Wasserstoff, aber auch aus Sauerstoff, Stickstoff und Schwefel.

Torf spielt in Deutschland als Energieträger praktisch keine Rolle. Braun- und Steinkohle werden hauptsächlich zur Erzeugung von elektrischer Energie und als Brennstoff, Steinkohle auch als Reduktionsmittel in der Stahlindustrie genutzt. Bei der Verbrennung von Kohle entstehen hauptsächlich Kohlenstoffdioxid, Wasserdampf und Schwefeldioxid. Umweltbelastungen wie die Schwefeldioxidemissionen, die den sauren Regen verursachen, werden heute durch aufwendige Techniken eingeschränkt. Die Freisetzung von Kohlenstoffdioxid kann dagegen noch nicht verhindert werden.

Erdöl wird zu verschiedenen Kraft- und Brennstoffen verarbeitet. Über die Hälfte aller deutschen Haushalte nutzt Erdgas heute als Brennstoff in ihren Gasheizungen. Zunehmend dient Erdgas auch als Treibstoff in Kraftfahrzeugen. Neben der Nutzung als Energieträger finden Erdöl und Erdgas aber auch als Ausgangsstoffe für die Herstellung vieler chemischer Produkte Verwendung.

Aktuell entstehen durch das Nutzen der fossilen Energieträger zwei Probleme. Einmal reichen die bekannten Lagerstätten an Erdöl und Erdgas bei einer Nutzung wie heute nur noch für etwa 40 bzw. 65 Jahre. ↑3 Als weiteres Problem gelten die zunehmende Umweltverschmutzung und die Verstärkung des Treibhauseffekts, die vornehmlich aus der Verbrennung der Energieträger resultieren. Daher gewinnen **regenerative Energien** zunehmend an Bedeutung.

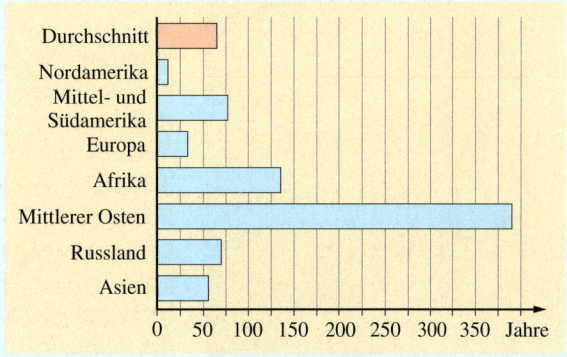

3 Dauer der Ausbeutung der bekannten Erdgaslagerstätten (2011)

Erdöl

Erdöl ist einer der wertvollsten fossilen Energieträger. Auch in Deutschland gibt es Erdölvorkommen, besonders im Norden des Landes. Jedoch liegen diese weit unterhalb der Erdoberfläche. Wie sind die Erdölvorkommen entstanden und wie erfolgt ihre Förderung? Ist Erdöl gleich Erdöl?

1 Erdölförderpumpe

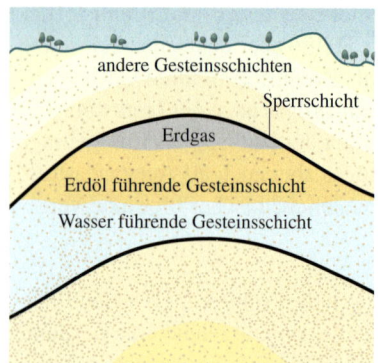

2 Schematische Darstellung der Entstehung von Erdöllagerstätten

3 Ölkuhle (Erdölsee)

Entstehung von Lagerstätten Das Ausgangsmaterial bei der Entstehung des Erdöls bildeten frei schwebende Kleinstlebewesen, vor allem Algen im Plankton des Meerwassers. Pflanzliches Plankton wandelt Kohlenstoffdioxid und Wasser bei der Fotosynthese in energiereiche organische Stoffe um. Abgestorben und abgesunken auf den tiefen Meeresgrund fehlte jedoch der Sauerstoff zur Zersetzung, es kam zur Faulschlammbildung. Durch die Last des darüber abgelagerten Materials, vor allem Sand und Ton, ging der Faulschlamm in Tonschiefer über, der einen Gehalt von bis zu 20 % des organischen Materials enthalten konnte. So entstand das Erdölmuttergestein. Im Laufe von Jahrmillionen wandelten Bakterien, die ohne Sauerstoff leben können, bei hohem Druck und höheren Temperaturen das Material langsam in einfachere Stoffe um. Aufgrund des immer höher werdenden Drucks durch Ablagerungen oberhalb des Muttergesteins wurde dieses stark zusammengepresst. Die flüssigen Stoffe stiegen wegen ihrer geringen Dichte nach oben. Manchmal erreichte das Erdöl dann die Erdoberfläche und es bildeten sich Ölkuhlen. Stieß das Erdöl auf eine undurchlässige Gesteinsschicht (Sperrschicht), z. B. aus Salz oder Ton, sammelte es sich dort zu einer **Lagerstätte** an. Enthaltene gasförmige Stoffe bildeten darüber Ergasblasen. ↑2

Erdölförderung und Transport Bei der Erdölförderung wird heute innerhalb der Lagerstätte meist horizontal gebohrt. Nur etwa jede sechste Bohrung wird dabei fündig. Aufgrund des hohen Lagerstättendrucks schießt das Erdöl zuerst von selbst zur Erdoberfläche auf. Lässt der Druck allmählich nach, werden Pumpen zur Förderung eingesetzt. Unter günstigsten Bedingungen können so aber nur 50 % des Erdöls gefördert werden. Zur weiteren Ausbeute kann das Öl entweder durch Erwärmen dünnflüssiger gemacht oder durch das Einbringen von Lösungsmitteln aus dem Gestein herausgelöst und mit dem Lösungsmittel zutage gefördert werden. Nach der Reinigung von Gas, Sand und Wasser erhält man aus dem Erdöl das **Rohöl**. Dieses wird über Pipelines oder Tanker zu den Erdölraffinerien transportiert.

| Kaukasus | Arabien | Australien | Nordsee | Frankreich | Frankreich | Venezuela | Sumatra |

4 Erdöl aus unterschiedlichen Lagerstätten

Zusammensetzung und Eigenschaften von Erdöl Je nach Fundort hat Erdöl eine schmutzig braune bis schwarze Farbe, riecht charakteristisch nach Petroleum, ist flüssig bis zähflüssig und kann sogar fest sein. ↑4 Mit steigender Temperatur nimmt die Viskosität ab. ↑E.3 S.30 Erdöl bildet auf dem Wasser einen dünnen Ölfilm, besitzt also hydrophobe Eigenschaften und eine geringere Dichte als Wasser. Kaltes Erdöl ist mit einem brennenden Holzspan nicht entzündbar, warmes dagegen lässt sich entzünden. ↑E.1 S.30 Bei der Verbrennung entstehen Kohlenstoffdioxid und Wasser. ↑E.2 S.30 Erdöl ist ein Stoffgemisch, das aus zwar verschiedenen, aber doch recht ähnlich aufgebauten Stoffen besteht. In den Molekülen dieser Stoffe sind meist nur Atome der beiden chemischen Elemente Kohlenstoff und Wasserstoff gebunden. Die Kohlenstoffatome bilden in diesen Molekülen Ketten unterschiedlicher Länge und Ringe, wobei auch Verzweigungen vorkommen können. ↑S.49 Aus der Viskosität eines Erdöls lässt sich auf die Länge der Moleküle schließen. Je größer der Anteil an kurzkettigen Molekülen ist, desto dünnflüssiger ist das Erdöl. Weiterhin enthält Erdöl noch geringe Mengen an Sauerstoff-, Stickstoff- und Schwefelverbindungen, Wasser und weitere Verunreinigungen.

5 Ölverschmutzter Vogel

Erdöl und Umwelt Bei der Förderung oder dem Transport des Erdöls kann es zu erheblichen Umweltbelastungen kommen. Ein eindrucksvolles Beispiel hierfür ist z. B. eine Ölpest, die nach einem Tankerunglück entstehen kann. Neben der kilometerlangen Verseuchung von Stränden kommt es zu erheblichen Schäden an der Meeresfauna und -flora. Ganze Riffe oder Muschelbänke können zerstört und Fisch- und Seevögelbestände stark gefährdet werden. Die bei der Verbrennung von Erdöl und Erdölprodukten entstehenden Abgase, dazu gehört vor allem Kohlenstoffdioxid, verschmutzen die Atmosphäre und verursachen den Klimawandel.

6 Untergang eines havarierten Öltankers

Aufgaben

1 Erstelle eine Übersicht über weltweite Erdölvorkommen. Nutze hierfür deinen Atlas.
2 Informiere dich mithilfe des Internets über die Horizontalbohrtechnik und beschreibe dieses Verfahren. Informiere dich auch über weitere Verfahren der Erdölförderung.
3 Diskutiere den Satz: „Erdöl ist nicht gleich Erdöl".

4 Erläutere die Unterschiede zwischen Erdöl und Rohöl.
5 Vergleiche das Siedeverhalten von Erdöl mit dem von Wasser.
6 Erläutere mithilfe der zwischenmolekularen Kräfte die unterschiedliche Viskosität des Erdöls verschiedener Lagerstätten.

Verarbeitung des Erdöls

Das nach Reinigung des Erdöls erhaltene Rohöl kann von den Verbrauchern noch nicht unmittelbar verwendet werden. Das Stoffgemisch Rohöl muss noch weiterverarbeitet, d. h. raffiniert werden. Welche Möglichkeiten gibt es, um das schmutzig braune bis schwarze Rohöl in die jeweils gewünschten Stoffe aufzutrennen?

1 Erdölraffinerie mit den hohen Destillationstürmen in der Mitte

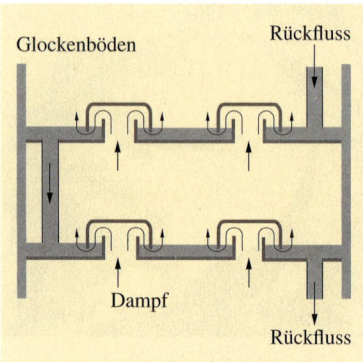

2 Schema der Vorgänge auf den Glockenböden

Fraktionierte Destillation von Erdöl Zur Trennung der verschiedenen im Erdöl enthaltenen Stoffe mit ihren jeweils charakteristischen Siedetemperaturen eignet sich die Destillation. Im Experiment konnten bei unterschiedlichen Temperaturen Stoffe mit unterschiedlicher Farbe, Geruch, Viskosität und Entflammbarkeit durch Destillation aufgefangen werden. ↑E.4 S.30 Die erhaltenen Stoffe sind jedoch keine Reinstoffe, sondern ebenfalls Stoffgemische, da die Siedetemperaturen der Stoffe sehr nah beieinanderliegen. Diese Stoffgemische werden als **Fraktionen**, die Art der Destillation als **fraktionierte Destillation** bezeichnet. In der großtechnischen Aufbereitung von Erdöl findet dieser Vorgang in Raffinerien statt. Das Rohöl wird im Röhrenofen auf 350 bis 400 °C erhitzt. Die Rohöldämpfe gelangen in den ersten Destillationsturm mit Normaldruck. Dieser Turm ist durch Glockenböden stockwerkartig unterteilt, auf denen unterschiedliche Temperaturen herrschen. Die Böden sorgen konstruktionsbedingt für eine gute Trennung des Stoffgemisches. Der Rückstand wird bei verringertem Druck in der **Vakuumdestillation** destilliert. Bei herabgesetzten Siedetemperaturen kann hier die Trennung des Rückstands ohne unerwünschte Nebenreaktionen erfolgen, wie sie bei höheren Temperaturen auftreten würden.

Fraktionen	Siedetemperatur in °C	Anzahl Kohlenstoffatome je Molekül	Verwendung
Gase	< 15	1 bis 4	Heizgase, Ausgangsstoffe für die chemische Industrie
Leichtbenzin	15 bis 70	5 bis 10	Vergaserkraftstoff, Lösemittel, Waschbenzin
Schwerbenzin	70 bis 180	8 bis 12	Lösemittel, Waschbenzin
Petroleum	180 bis 225	10 bis 15	Kerosin, Heizöl
Gasöl	225 bis 350	> 20	Dieselkraftstoff, Heizöl
Schweröle	> 350	> 20	schweres Heizöl, Schmiermittel, Kerzen, Salben
Rückstand Bitumen	> 500		Straßenbelag (Asphalt, Teer), Dachanstriche

3 Schema der fraktionierten Destillation von Erdöl und der erhaltenen Produkte

Crackverfahren Die im Erdöl enthaltenen kurzkettigen Benzin-, Petroleum- und Gasölfraktionen sind aufgrund des hohen Bedarfs in Verkehr und Transport sehr gefragt, machen aber nur einen geringen Anteil des Erdöls aus. Die wenig nachgefragten langkettigen Schweröle und Rückstände fallen dagegen bei der Destillation in großen Mengen an. Wie können aus diesen Fraktionen die begehrten Produkte gewonnen werden?
Ein Verfahren, mit dem dies gelingt, ist das **Cracken** (engl. to crack – spalten, aufbrechen). Beim Cracken spalten die großen, langkettigen Moleküle auf. Es bilden sich kleinere, kurzkettigere Moleküle. ↑S.64

Beim **thermischen Cracken** werden die wenig nachgefragten Fraktionen unter hohem Druck auf Temperaturen bis etwa 900 °C erhitzt. Dabei geraten die langkettigen Moleküle der Stoffe in so starke Schwingungen, dass ab etwa 360 °C die Bindungen zwischen den Kohlenstoffatomen aufbrechen und ein Stoffgemisch verschiedener kurzkettiger Moleküle entsteht. Das thermische Cracken ist aufgrund der hohen Temperatur und des hohen Drucks sehr energieintensiv.

Beim **katalytischen Cracken** gelingt das Cracken energiesparender mithilfe eines Katalysators bereits bei 500 °C und einem wesentlich geringeren Druck. Hierbei werden die Dämpfe des Schweröls in einen Reaktor mit umherwirbelnden Katalysatorperlen eingeleitet. Der Katalysator überzieht sich dabei allmählich mit Ruß und verliert dadurch seine Aktivität. Er muss dann gereinigt werden. Dies geschieht in einem Regenerator durch Verbrennen des Rußes.

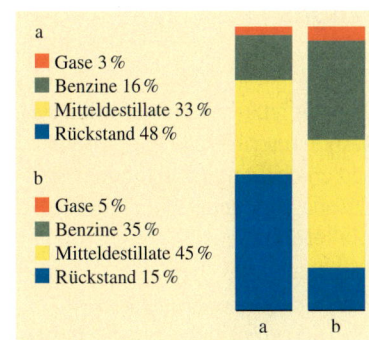

a
- ■ Gase 3 %
- ■ Benzine 16 %
- ■ Mitteldestillate 33 %
- ■ Rückstand 48 %

b
- ■ Gase 5 %
- ■ Benzine 35 %
- ■ Mitteldestillate 45 %
- ■ Rückstand 15 %

4 Erdölfraktionen: tatsächliche Anteile, gemittelt (a), und Bedarf (b)

Wirkung von Katalysatoren

– Katalysatoren setzen die Aktivierungsenergie herab.
– Chemische Reaktionen können bei niedrigerer Temperatur ablaufen.
– Chemische Reaktionen verlaufen mit Katalysator schneller.

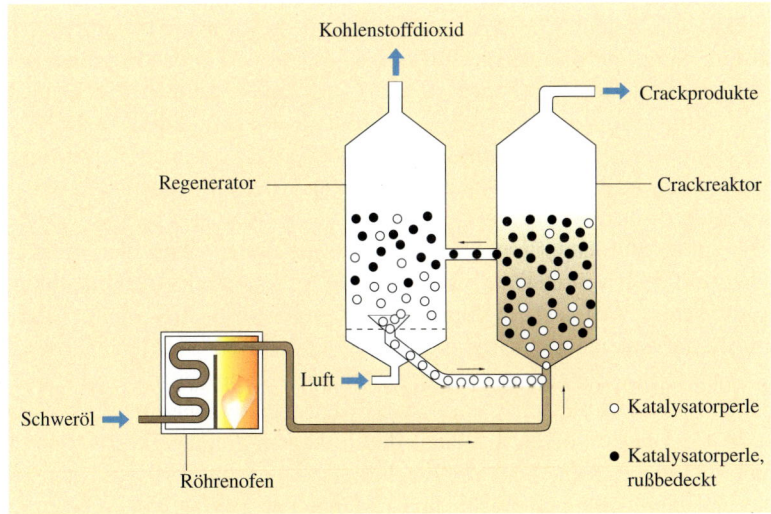

5 Schema des katalytischen Crackens

Aufgaben

1 Erläutere, weshalb man bei Erdölfraktionen von Siedebereichen spricht.
2 Gib an, welche Fraktionen bei der fraktionierten Destillation bei Normaldruck entstehen und wofür sie verwendet werden.
3 Beschreibe, was man unter einer Fraktion versteht.
4 Beschreibe das katalytische Cracken unter Nutzung der Abbildung 5.
5 Vergleiche das thermische Cracken mit dem katalytischen Cracken.

Erdgas

In den letzten Jahren wurden riesige unterirdische Erdgasfelder neu entdeckt und erschlossen, in Europa vor allem in der Nordsee. Die Nachfrage nach Erdgas steigt unaufhaltsam.
Wie gelangt das Erdgas an die Oberfläche? Welche Eigenschaften des Erdgases sind für dessen wirtschaftliche Bedeutung verantwortlich?

1 Plattform zur Förderung von Erdgas in der Nordsee

Schon gewusst?

Erdgas galt als Abfallprodukt bei der Erdölförderung. Man fand damals noch keine geeignete Verwendungsmöglichkeit für das dort anfallende Erdgas. Das unerwünschte Gas wurde entzündet. Dies wird auch als „Abfackeln des Erdgases" bezeichnet.

Vorkommen und Gewinnung von Erdgas Erdgas ist erdgeschichtlich ähnlich entstanden wie Erdöl, deshalb treten sie gemeinsam auf.
Bildet das Erdgas in der Lagerstätte eine Gasblase, strömt es aufgrund des hohen Drucks von selbst aus der Erde. Kommt es jedoch im Erdöl gelöst vor, sprudelt es mit diesem gemeinsam aus der Erdölquelle. Dieses Erdgas muss vom Erdöl in einem Gasabscheider getrennt werden, bevor es getrocknet und entschwefelt wird.
Zur Förderung des Erdgases aus einer Gasblase wird in das Bohrloch ein Steigrohr eingeführt. Ventile sorgen für einen kontinuierlichen Erdgasstrom. Aufgrund des hohen Drucks können etwa 75 % des Erdgases aus dem Trägergestein gewonnen werden. Das Erdgas wird in Trocknungs- und Aufbereitungsanlagen von mitgeführtem Wasser, flüssigen Kohlenwasserstoffen, Feststoffen und Schwefelwasserstoff gereinigt. Das Erdgas verlässt die Aufbereitungsanlagen in verbrauchsfertiger Qualität.

Transport und Lagerung Da die Erdgasvorkommen von den Verbrauchern oft sehr weit entfernt sind, wird das Erdgas in ein Hochdrucktransportsystem (Pipelines) eingespeist. Unter Druck verflüssigt, kann es technisch aufwendig auch in speziellen Tankschiffen auf dem Seeweg transportiert werden, was jedoch ein erhöhtes Sicherheitsrisiko darstellt. Es ist besonders wichtig, das flüssige Erdgas bei Temperaturen von etwa −170 °C zu lagern, damit die Tanks durch Verdampfen des Erdgases nicht unter Druck stehen. Die Verbraucher benötigen zu verschiedenen Tages- und Jahreszeiten unterschiedliche Mengen an Erdgas. Zur Anpassung an diese Schwankungen muss ein Teil des Erdgases gespeichert und nach Bedarf kontrolliert eingespeist werden. In Deutschland gibt es zurzeit etwa 40 Untertagespeicher. Die größte Rolle spielen dabei die Porenspeicher, bei denen poröses Gestein für die Speicherung genutzt wird. ↑2 Diese können je nach geologischer Beschaffenheit zwischen 100 Mio. m³ und mehreren Mrd. m³ fassen. Stillgelegte Salzbergwerke dienen zudem als Kavernenspeicher. ↑3 Bei der Lagerung von verflüssigtem Erdgas müssen aus Sicherheitsgründen ähnliche technische Bedingungen geschaffen werden wie beim Transport auf Tankschiffen.

Zusammensetzung von Erdgas verschiedener Vorkommen, Volumenanteile in %				
Gas	Deutschland (Weser-Ems)	Niederlande	Frankreich	Russland
Methan	91,1	81,4	69,3	93,0
Ethan	5,1	2,7	3,1	3,0
Propan	2,1	0,4	1,1	1,3
Butan	0,8	0,2	0,6	
Pentan	0,4	0,1	0,7	0,6
Stickstoff	0,4	14,3	0,4	1,1
Kohlenstoffdioxid	0,1	0,9	9,6	1,0
Schwefelwasserstoff	–	Spuren	15,2	–

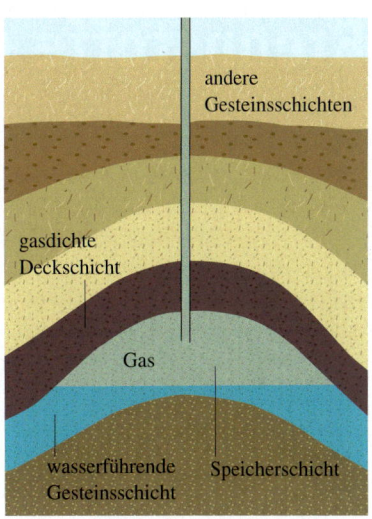

2 Porenspeicher für Erdgas

Zusammensetzung und Eigenschaften Erdgas ist ein Gasgemisch. Seine Zusammensetzung variiert wie beim Erdöl je nach Fundort zum Teil erheblich. Im Mittel besteht es zu ungefähr 90 % aus Methan. ↑S.50 ff. Neben weiteren dem Methan ähnlichen Stoffen wie Ethan, Propan und Butan sind meistens noch Kohlenstoffdioxid und Stickstoff enthalten. Einige Erdgaslagerstätten enthalten zudem Schwefelwasserstoff.

Erdgas hat eine geringere Dichte als Luft und bildet mit ihr ein explosives Gasgemisch. Es brennt mit blauer Flamme und hat je nach Zusammensetzung den höchsten Heizwert im Vergleich zu anderen fossilen Energieträgern (bis zu 50000 kJ/m³). Erdgas ist daher ein sehr bedeutender und begehrter Energieträger. Die Siedetemperatur des Erdgases liegt je nach Fundort zwischen –185 °C und –160 °C. Es kann unter Druck sehr leicht verflüssigt werden, was man sich beim Transport und bei der Lagerung zunutze macht.

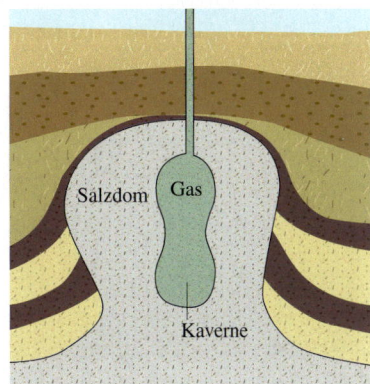

3 Kavernenspeicher für Erdgas

Verwendung von Erdgas Erdgas wird hauptsächlich als Brennstoff zum Heizen und zur Erzeugung elektrischer Energie verwendet. Zudem ist es ein wichtiger Rohstoff für viele chemische Produkte. Seine Vorteile als Brennstoff sind, dass es vollständig, rußfrei und schadstoffarm verbrennt, von allen fossilen Brennstoffen am meisten Energie freisetzen kann und die Verbrennungsvorgänge sich am besten beherrschen lassen. Daher wird Erdgas immer häufiger auch als Treibstoff für Erdgasmotoren in Kraftfahrzeugen eingesetzt. Der große Aufschwung erfolgte im Jahr 2003, denn bis zum Jahr 2020 wird Erdgas nur gering besteuert im Vergleich zur hohen Mineralöl- und Ökosteuer auf Benzin und Dieselkraftstoff.

4 Tankstelle mit Zapfsäule für Erdgas

Aufgaben

1 Erstelle eine Übersicht über weltweite Erdgasvorkommen. Nutze hierfür deinen Atlas.
2 Begründe, weshalb Erdgas schadstoffarm verbrennt.
3 Erläutere mögliche Gefahren beim Transport und bei der Lagerung von Erdgas.

4 Überlege, weshalb man vollständig gereinigtem und daher geruchlosem Erdgas wieder unangenehme Geruchsstoffe zuführt.
5 Beurteile die Nutzung des Erdgases als Brennstoff im Vergleich zu der des Erdöls.

^{im} Brennpunkt

Brennstoffe und Umwelt

Folgen der Energiegewinnung Im Alltag benötigen wir sehr viel Energie, damit der Computer funktioniert, das Handy klingelt, die Stereoanlage läuft oder das Auto rollt. Die Energie hierfür erhalten wir zum großen Teil durch Verbrennen der fossilen Energieträger Erdöl oder Kohle. Dabei entstehen gewaltige Massen an Kohlenstoffdioxid, ein Treibhausgas, das den natürlichen Treibhauseffekt verstärkt. Weitere schwerwiegende Umweltprobleme können z. B. bei der Gewinnung oder dem Transport dieser Energieträger entstehen.

1 Die Ölpest nach der Explosion der „Deepwater horizon" war eine der schwersten Ölpesten überhaupt.

Verstärkung des Treibhauseffekts durch Verbrennung fossiler Energieträger Der natürliche Treibhauseffekt bewirkt die lebenserhaltende Erwärmung der Erdoberfläche. Ohne ihn würde die Oberflächentemperatur der Erde im globalen Mittel nur etwa $-18\,°C$ betragen. Dazu tragen die Treibhausgase Wasserdampf mit einem Drittel, das Kohlenstoffdioxid mit einem Anteil von etwa 15 %, Ozon mit etwa 10 %, Stickstoffoxid und Methan mit je etwa 3 % bei. Die Sonne erwärmt die Erdoberfläche. Ein Teil der Wärme wird durch die Treibhausgase an der Abstrahlung in den Weltraum verhindert. Die unteren Luftschichten erwärmen sich. Durch den Menschen wird aber der natürliche Treibhauseffekt z. B. wegen ständig zunehmender Emission von Kohlenstoffdioxid verstärkt. Modellrechnungen ergaben, dass sich die Durchschnittstemperatur der Erde in den nächsten 100 Jahren sogar um einige Grad erwärmen könnte.

Ölpest im Golf von Mexiko Auf der Ölbohrinsel „Deepwater horizon" im Golf von Mexiko kam es am 20. April 2010 zu einer schweren Explosion. Aus einem Leck trat Erdgas aus und entzündete sich. Dabei starben 11 Personen. Zwei Tage später sank die Ölplattform. Bis zum Verschließen der Ölquelle etwa 3 Monate später strömten pro Tag etwa 5,6 bis 9,6 Millionen Liter Erdöl in den Golf von Mexiko. Bereits wenige Tage nach dem Sinken der Plattform betrug die Fläche des Ölteppichs mehr als 10 000 Quadratkilometer.

Etwa 2 Monate nach dem Unglück waren die Küsten aller US-Bundesstaaten, die an den Golf von Mexiko grenzen, stark mit Öl verschmutzt.

Maßnahmen bei einer Ölkatastrophe Wenn Öl z. B. nach einem Tankerunglück ins Wasser gelaufen ist, bildet sich ein dünner Ölfilm, der sich schnell ausbreitet. Um die unkontrollierte Ausbreitung zu verhindern, werden Ölsperren gebildet. Auf die Öllache wird Ölbindemittel gegeben. Hierzu eignet sich Polyurethan, das als fester, hochadsorptiver Schaumstoff über eine immens große Oberfläche verfügt und daher große Mengen des ausgelaufenen Öls an sich binden kann. Neue Tanker haben heute doppelte Außenwände, damit im Fall einer Kollision die Gefahr der Verseuchung herabgesetzt ist. An der Südküste Alaskas sind heute die Einsatzzentralen der Küstenwache für die Ölbekämpfung ständig in Bereitschaft.

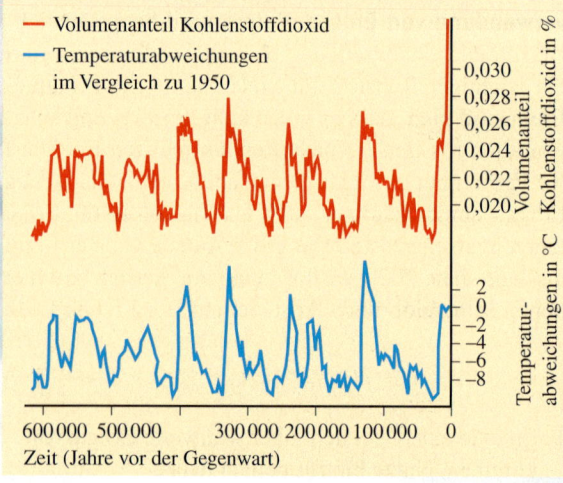

2 Temperaturabweichungen und Veränderung des Kohlenstoffdioxidgehalts in der Atmosphäre

Das Klima auf der Erde könnte sich dramatisch ändern. Dürren und Wassermangel, schwere Stürme, der Anstieg des Meeresspiegels aufgrund der abschmelzenden Eismassen Grönlands und der Antarktis sind nur einige der verheerenden Folgen, die eine Erderwärmung mit sich bringen könnte. Eine weltweite Verminderung des Ausstoßes an Kohlenstoffdioxid ist dringend erforderlich. Auf internationalen Klimakonferenzen versuchen Politiker sich auf Maßnahmen zur Verminderung der Freisetzung von Treibhausgasen zu einigen.

Einfluss verschiedener Gase auf den Treibhauseffekt

Gas	Relativer Treibhauseffekt je Molekül	Anteil an der Verstärkung des Treibhauseffekts
Kohlenstoffdioxid	1	50 %
Methan	32	13 %
Distickstoffoxid	150	7 %
Ozon	2000	5 %
FCKW	15000	17 %
Andere		8 %

3 Anzahl großer Sturmkatastrophen im 20. Jahrhundert weltweit

4 Von Hurrikan Katrina (2005) zerstörte Häuser

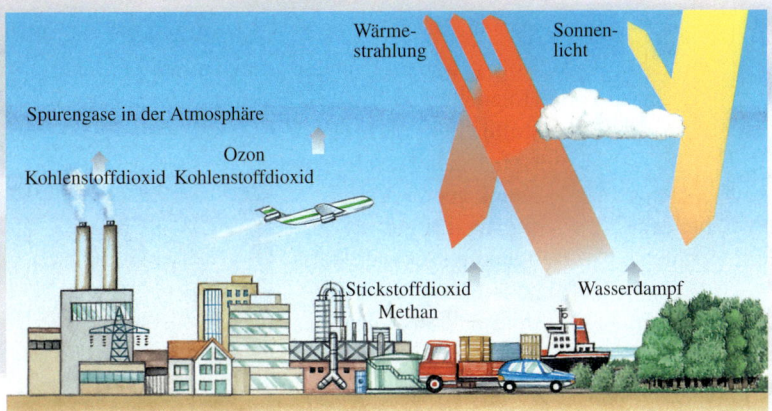

5 Modellhafte Darstellung des Treibhauseffekts

Arbeitsaufträge

1 Erkunde, wann und wo es in Europa bereits zu einer Ölpest gekommen ist. Finde heraus, wie die Ölverschmutzungen auf den Meeren sowie an den Stränden beseitigt worden sind.

2 Verschmutzungen durch Öl können auch in unserer unmittelbaren Nähe vorkommen, z. B. an Tankstellen, Waschanlagen für Autos oder überall dort, wo Altöl gewechselt wird. Informiere dich über die gesetzlichen Bestimmungen, über die jeweils getroffenen Sicherheitsmaßnahmen vor Ort und über Maßnahmen zur Beseitigung der Verschmutzungen. Führe hierzu in Kleingruppen Expertenbefragungen durch und erstelle eine Informationstafel.

3 Erläutere, weshalb der natürliche Treibhauseffekt zunehmend verstärkt wird. Diskutiere mit Freunden aktuelle Möglichkeiten zur Verminderung des Treibhauseffekts. Beziehe dabei auch Möglichkeiten mit ein, wie du persönlich dazu beitragen kannst.

4 Die Folgen des Treibhauseffekts sind täglich Gegenstand aktueller Diskussionen. Recherchiere in Zeitungen, Zeitschriften und im Internet nach Beiträgen und stelle die Argumente in geeigneter Form einander gegenüber.

1 Erdöl wird auch als „schwarzes Gold" bezeichnet. Neben seiner Verwendung als Brennstoff ist Erdöl auch für andere Industriezweige sehr bedeutsam. Besorge dir Informationsmaterialien verschiedener Erdölfirmen und vergleiche diese miteinander. Nutze auch das Internet. Stelle mit deiner Klasse auf einer Pinnwand die vielfältigen Nutzungsmöglichkeiten des Erdöls in einem Schaubild zusammen und lege dar, weshalb Erdöl so begehrt ist.

2 Die folgende Abbildung zeigt die fraktionierte Destillation von Erdöl im Schülerexperiment.

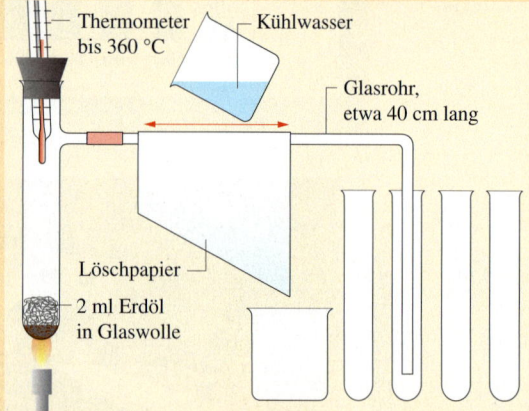

a Erläutere die wesentlichen Unterschiede bei der fraktionierten Destillation im Schülerexperiment und in der Erdölraffinerie.

b Begründe, weshalb sich in dem Reagenzglas ein mit Erdöl getränkter Bausch aus Glaswolle und nicht ausschließlich Erdöl befindet.

c Erläutere, weshalb man beim Destillieren von Erdöl die Temperatur nur langsam erhöhen darf.

3 Beschreibe die im folgenden Diagramm dargestellten Erdölproduktionen seit 1930.

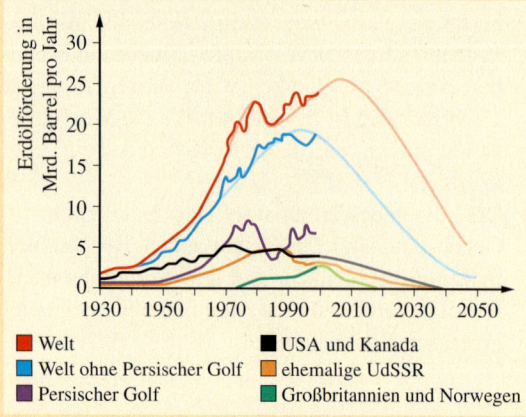

4 Bei den Vorräten von Rohstoffen werden Reserven und Ressourcen unterschieden. Bei Reserven handelt es sich um Vorräte, die nach heutigem Stand technisch und wirtschaftlich abbaubar sind. Zu den Ressourcen zählen Lagerstätten, die derzeit als nicht abbauwürdig gelten. Erläutere die folgende Grafik.

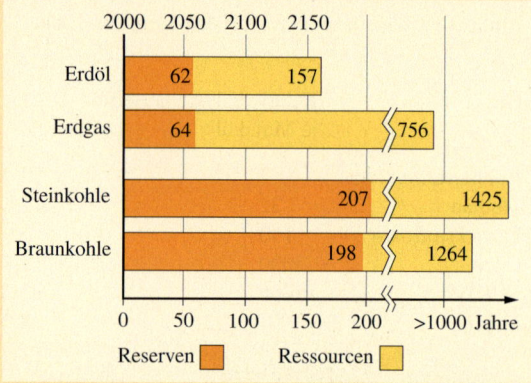

5 Holz gehört zu den regenerativen Energieträgern. Holzpellets werden aus naturbelassenen Reststoffen der holzverarbeitenden Industrie (Säge- und Hobelspäne) mit hohem Druck gepresst. Sie eignen sich gut zur Verbrennung in einer Holzpelletheizungsanlage. Beurteile, inwiefern das Heizen mit Holzpellets eine sinnvolle Alternative zum Heizen mit fossilen Energieträgern darstellt.

6 Kohle ist ebenfalls ein wichtiger Rohstoff und Energieträger. Aus Kohle können sogar Stoffe hergestellt werden, die flüssig sind und wie Benzin als Treibstoff Verwendung finden. Das geschieht mithilfe der Kohleverflüssigung.
Informiere dich über die beiden führenden Verfahren der Kohleverflüssigung: das Fischer-Tropsch-Verfahren und das Bergius-Verfahren. Erläutere, weshalb beide Verfahren bereits heute in einigen Ländern der Welt (z. B. China oder Südafrika) im Gegensatz zu Deutschland in hochmodernen Anlagen Anwendung finden.

| **Fossile Energieträger** | Brennstoffe, die im Laufe der letzten 200 bis 300 Millionen Jahre der Erdgeschichte in langsamen Prozessen aus dem organischen Material abgestorbener Pflanzen und Tiere unter Ausschluss von Sauerstoff entstanden sind |

| | Fossile Energieträger | |
| Kohle | Erdöl | Erdgas |

| **Erdgas** | Stoffgemisch, dessen Hauptbestandteile die Stoffe Methan, Ethan, Propan und Butan sind. Erdgas dient als Heizgas und als Rohstoff für die chemische Industrie. |

| **Erdöl** | Erdöl ist ein Stoffgemisch, das aus zwar verschiedenen, aber ähnlich aufgebauten Stoffen besteht. In den Molekülen dieser Stoffe sind meist nur Atome der chemischen Elemente Kohlenstoff und Wasserstoff gebunden. Die Kohlenstoffatome bilden in diesen Molekülen Ketten unterschiedlicher Länge und Ringe, wobei auch Verzweigungen vorkommen können. |

| **Verarbeitung von Erdöl** | Die Verarbeitung des Erdöls erfolgt in Raffinerien mit dem Ziel der Gewinnung verschiedener Stoffgemische aus dem Rohöl. Wichtige Verfahren sind die fraktionierte Destillation, die Vakuumdestillation und das Cracken. |

| **Fraktionierte Destillation** | Verfahren zur Trennung eines Stoffgemischs in einem Destillationsturm mit Glockenböden. Auf den Glockenböden sammeln sich Stoffgemische von Stoffen mit nahe beieinander liegenden Siedetemperaturen an. |

| **Cracken** | Verfahren der Verarbeitung von Erdöl, bei dem Stoffe mit großen, langkettigen Molekülen unter Bildung von Stoffen mit kleineren kurzkettigeren Molekülen gespalten werden. |

Crackverfahren	
thermisches Cracken	katalytisches Cracken
hoher Druck Temperatur bis etwa 900 °C	geringer Druck Temperatur von etwa 500 °C Verwendung eines Katalysators

Check up

1 Beschreibe Unterschiede zwischen Erdöl und Rohöl.

2 Erdöl ist einer der bedeutendsten fossilen Energieträger unserer Erde und kommt meist in großen Lagerstätten vor.

a Entscheide, ob Erdöl aus besonderen Muttergesteinen oder in dem Muttergestein entstanden ist. Begründe deine Ansicht.

b Erkläre, weshalb sich kaltes Erdöl nicht entzünden lässt, wohl aber warmes.

c Begründe, weshalb warmes Erdöl eine geringere Viskosität als kaltes Erdöl aufweist.

3 Rohöl kann von den Verbrauchern noch nicht unmittelbar verwendet werden.

a Verdeutliche, in welchen Eigenschaften sich die verschiedenen Rohölfraktionen voneinander unterscheiden.

b Gib die Arbeitsschritte an, in denen man aus Rohöl Benzin gewinnt.

c Erläutere die Vorgänge bei der fraktionierten Destillation.

d Erläutere die Aufgaben der Glocken, die sich auf den Glockenböden befinden.

e Beurteile die Notwendigkeit der Vakuumdestillation.

f Vergleiche das thermische Cracken mit dem katalytischen Cracken.

g Bei der fraktionierten Destillation entsteht auch Bitumen. Gib an, um was für einen Stoff es sich handelt und wofür er verwendet wird.

h Gib sechs Möglichkeiten der Verwendung von Erdölprodukten an.

4 Erdgas ist brennbar und kann daher direkt als Brennstoff verwendet werden.

a Gib drei Beispiele aus dem Alltag an, bei denen Erdgas verwendet wird.

b Beschreibe zwei verschiedene Möglichkeiten zum Speichern von Erdgas.

c Beurteile die Rolle von Erdgas als zunehmend wichtigem Energieträger.

d Stelle die Entstehung von Erdgas in Form eines Fließdiagramms dar.

e Erläutere, weshalb es sich bei Erdgas um einen fossilen Energieträger handelt.

5 Bewerte die folgenden Aussagen. Begründe jeweils deine Entscheidung.

a Bei der fraktionierten Destillation wird die unterschiedliche Dichte zur Trennung der verschiedenen Produkte ausgenutzt.

b Bei der fraktionierten Destillation gelangen die verschiedenen Fraktionen in den Destillationsturm und werden je nach Siedetemperatur auf den verschiedenen Glockenböden getrennt.

c Bei der fraktionierten Destillation werden die einzelnen Fraktionen aufgrund der unterschiedlichen Schmelztemperaturen voneinander getrennt.

d Bei der fraktionierten Destillation steigen die schwerer siedenden Erdölbestandteile weiter nach oben und werden dadurch von den leichter siedenden getrennt.

6 Die Verbrennung fossiler Energieträger führt zu unterschiedlichen Beeinträchtigungen der Umwelt.

a Erkläre, inwiefern der natürliche Treibhauseffekt durch das Verbrennen von fossilen Energieträgern verstärkt wird.

b Erläutere, was man unter dem natürlichen Treibhauseffekt versteht.

c Gib an, wie du selbst dazu beitragen kannst, um die Belastung der Umwelt durch Erdöl zu reduzieren.

d Erläutere die Bedeutung des schnellen Einsatzes von Ölsperren bei einer Ölkatastrophe.

Aufgabe	Hilfe findest du auf Seite ...	Verbindung der Aufgabe zu den Basiskonzepten ↑S.156 f.
1	32	T S
2	32, 33, 34	T S
3	34, 35	T S R E
4	31, 36, 37	T R E
5	34	S
6	38, 39	T S R

T Stoffe und ihre Teilchen, S Struktur und Eigenschaften der Stoffe, R Chemische Reaktionen, E Energie

> Die Lösungen findest du im Anhang.

Kohlenwasserstoffe

Wer die lackierten Flächen seines Motorrades oder Autos besonders gut schützen möchte, der trägt nach dem Waschen Wachs auf. Das Wasser perlt dann ab und die Lackteile glänzen stärker.
Aber nicht nur Fahrzeuge werden mit Wachs behandelt, auch Möbel, Fußböden, Schuhe, Lederjacken und viele andere Gegenstände werden damit gepflegt.
Bekannt ist auch das Imprägnieren von bestimmten Papiersorten oder von Pappe mit Wachsen, z. B. von Getränkekartons oder größeren Tüten.

➡ Was sind das für Stoffe, wie z. B. Wachs,
  auf denen Wasser so schön abperlt?
➡ Welche Eigenschaften haben diese Stoffe?
➡ Wie sind diese Stoffe aufgebaut?
➡ Welche Rolle spielen diese Stoffe in unserem Leben?

1 Zitrusfrüchte enthalten Citronensäure.

Bereits im 18. Jahrhundert erkannten Naturforscher, dass sich Mineralien, Erze und Gesteine durch ihr chemisches Verhalten und ihren Aufbau von solchen Stoffen unterscheiden, die im Körper von Pflanzen, Tieren und Menschen gebildet werden.

Der schwedische Chemiker Jöns Jakob Berzelius bezeichnete deshalb um 1807 solche Stoffe, die von lebenden Organismen hergestellt wurden, als **organische Stoffe** und alle anderen als anorganische Stoffe.

Damals herrschte die Ansicht, dass organische Stoffe nur von Pflanzen und Tieren unter Einfluss einer geheimnisvollen „Lebenskraft" gebildet werden könnten. Eine Herstellung im Labor, wie das bei anorganischen Verbindungen der Fall ist, wurde für unmöglich gehalten.

Organische Stoffe wurden vielmehr aus Tieren und Pflanzen sowie deren Produkten gewonnen. Namen wie Ameisensäure, Milchsäure und Weingeist weisen darauf hin.

Organische Chemie – organische Stoffe

Die Auffassung über organische Stoffe änderte sich erst, als der deutsche Chemiker Friedrich Wöhler in seinem Labor aus einem anorganischen Salz die organische Verbindung Harnstoff erhalten hatte. Harnstoff wird in Tieren und im Menschen als ein Endprodukt des Eiweißstoffwechsels gebildet und durch Urin ausgeschieden. Aus einer anorganischen Verbindung war erstmals eine organische Verbindung ohne Mitwirkung der angenommenen „Lebenskraft" hergestellt worden.

2 Weintrauben – Ausgangsstoff für
Alkohol

3 Friedrich Wöhler (1800 bis 1882)

4 Zuckerrübe – Lieferant des
Haushaltszuckers

An seinen Freund und Lehrer BERZELIUS schrieb WÖHLER über seine Untersuchungen folgenden Brief (Auszug):

Berlin, 28. Februar 1828

Lieber Herr Professor!

Obgleich ich sicher hoffe, einen Brief von Ihnen zu erhalten, so will ich ihn doch nicht abwarten, sondern schon wieder schreiben, denn ich kann sozusagen mein chemisches Wasser nicht halten und muß Ihnen erzählen, daß ich Harnstoff machen kann, ohne dazu Nieren oder überhaupt ein Thier, sey es Mensch oder Hund, nöthig zu haben.

Ich fand, daß immer, wenn man Cyansäure mit Ammoniak zu verbinden sucht, eine kristallisierte Substanz entsteht, die ... weder auf Cyansäure noch auf Ammoniak reagierte ..., und es bedurfte nun weiter Nichts als einer vergleichenden Untersuchung mit Pisse-Harnstoff, den ich in jeder Hinsicht selbst gemacht hatte, und dem Cyan-Harnstoff. Wenn nun ... kein anderes Produkt als Harnstoff entstanden war, so mußte endlich ... der Pisse-Harnstoff genau dieselbe Zusammensetzung haben wie das cyansaure Ammoniak.

Und dies ist in der That der Fall ...

5 Harnstoffkristalle

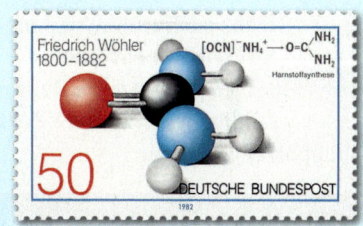

6 Harnstoffsynthese – Gedenkmarke zum 100. Todestag WÖHLERS

Mit der Harnstoff-Synthese hatte WÖHLER die **organische Chemie** begründet.

Im Laufe der Zeit wurde bei Untersuchungen festgestellt, dass alle organischen Stoffe Kohlenstoffverbindungen sind. Wegen der Vielzahl der organischen Stoffe wurde die traditionelle Trennung zwischen organischer und anorganischer Chemie beibehalten.

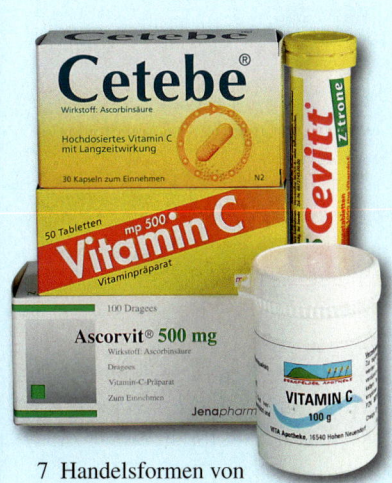

7 Handelsformen von Vitamin C, synthetisch gewonnen, in vielen Pflanzen vorkommend

8 Organische Stoffe – viele Farbstoffe kommen überhaupt nicht in der Natur vor, sondern werden synthetisch hergestellt.

Selbst untersucht Organische Stoffe auf dem Prüfstand

1 **Prüfe einige organische Stoffe auf ihre Löslichkeit in Wasser.**

Fülle fünf Reagenzgläser zu einem Viertel mit Wasser. Gib in je ein Reagenzglas eine kleine Portion Zucker, Kokosfett, Speiseessig, Kartoffelstärke und Klebstoff (GHS02). Verschließe die Reagenzgläser mit Stopfen und schüttle.
Beobachte. Deute das Ergebnis.
Entsorgung: Flüssigkeiten in den Sammelbehälter für Abwasser, Feststoffe in den Sammelbehälter für Hausmüll geben.

2 **Untersuche verschiedene organische Stoffe beim Erhitzen.**

Vorsicht! Abzug! Erhitze im Reagenzglas jeweils erst vorsichtig, dann kräftiger Zucker, Mehl, Puddingpulver und Watte.

Beschreibe deine Beobachtungen. Deute die Veränderungen.
Entsorgung: Reste in den Sammelbehälter für Hausmüll geben.

3 **Prüfe, ob organische Stoffe den elektrischen Strom leiten.**

Baue die Versuchsapparatur nach der Experimentieranordnung auf. ↑E.11 Prüfe eine Zuckerlösung, Brennspiritus (GHS02) und Paraffinöl nacheinander auf elektrische Leitfähigkeit.
Beobachte. Deute das Ergebnis.
Entsorgung: Brennspiritus und Paraffinöl in den Sammelbehälter III, Zuckerlösung in den Sammelbehälter für Abwasser geben.

4 **Untersuche das Verhalten einiger organischer Stoffe an der Luft.**

Vorsicht! Abzug! Gib jeweils die gleiche Anzahl Tropfen von Nagellackentferner (GHS02|07), Brennspiritus (GHS02), Speiseessig und Wasser auf eine Uhrglasschale. Betrachte jeweils nach fünf Minuten die Uhrglasschalen.
Beschreibe deine Beobachtungen und deute das Ergebnis.
Entsorgung: Reste der Flüssigkeiten in den Sammelbehälter für Abwasser geben.

5 **Untersuche die Verbrennungsgase einer Kerze.**

Baue die Versuchsapparatur gemäß der Abbildung auf. Fülle die Waschflasche zu einem Viertel mit Kalkwasser. Kühle das U-Rohr in einem Wasserbad. Stelle eine brennende Kerze unter den Trichter. Sauge mit einer Wasserstrahlpumpe die Verbrennungsgase durch die Apparatur, bis im U-Rohr und in der Gaswaschflasche deutliche Effekte zu beobachten sind. Gib danach eine Spatelspitze vorher entwässertes Kupfersulfat (GHS07|09) in das U-Rohr.

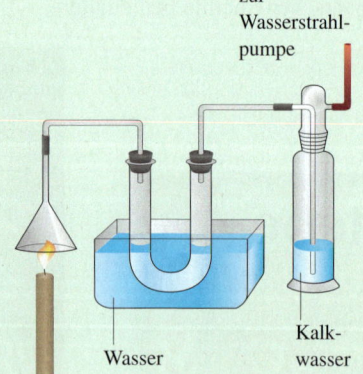

zur
Wasserstrahl-
pumpe

Kalk-
wasser

Wasser

Notiere deine Beobachtungen. Welche Reaktionsprodukte sind entstanden? Begründe deine Aussage.
Entsorgung: Kalkwasser in den Sammelbehälter für Abwasser geben; Kupfersulfat in Wasser lösen, Wasser verdunsten lassen, Kupfersulfat in die Sammlung geben.

Selbst untersucht Eigenschaften von Alkanen

6 Verbrenne Erdgas.
Entzünde den Gasbrenner (Erdgas, GHS02) und halte über die Flamme zunächst ein umgekehrtes trockenes Becherglas und danach ein Becherglas, das mit Kalkwasser ausgespült wurde.
Beschreibe deine Beobachtungen. Was wird durch sie nachgewiesen?
Entsorgung: Reste in den Sammelbehälter für Abwasser geben.

7 Untersuche die Mischbarkeit von Alkanen.
Fülle in zwei Reagenzgläser etwa 2 cm hoch Heptan (GHS02|08|07|09). Gib mit einer Pipette acht Tropfen Octan (GHS02|08|07|09) in das eine Reagenzglas und acht Tropfen Wasser in das andere. Rühre vorsichtig mit einem Glasstab um. Wiederhole das Experiment mit Paraffinöl, dem Octan (GHS02|08|07|09) beziehungsweise Wasser zugesetzt wird.
Welche Unterschiede treten auf? Notiere deine Beobachtungen.
Entsorgung: Reste von Alkanen in den Sammelbehälter III für organische Stoffe geben.

8 Prüfe die Brennbarkeit von verschiedenen Alkanen.
a) Entzünde einen Holzspan, halte ihn über einen Brenner und öffne langsam die Gaszufuhr.
b) Gib jeweils 2 ml Heptan (GHS02|08|07|09) und Paraffinöl in je eine Porzellanschale.
Versuche mit einem langen brennenden Holzspan die Stoffe zu entzünden.
Was ist zu beobachten?
Notiere deine Ergebnisse.

Entsorgung: Reste in den Sammelbehälter III für organische Stoffe geben.

9 Prüfe die Löslichkeit von Fetten und Ölen in Alkanen.
Fülle in zwei Reagenzgläser etwa 2 ml hoch Octan (GHS02|08|07|09). Gib danach mit dem Spatel etwas Schmalz bzw. Speiseöl dazu. Rühre vorsichtig mit dem Glasstab um. Wiederhole das Experiment, aber ersetze Octan (GHS02|08|07|09) durch Wasser.
Notiere deine Beobachtungen. Diskutiere die ermittelten Ergebnisse.
Entsorgung: Reste von Alkanen in den Sammelbehälter III für organische Stoffe, übrige Flüssigkeiten in Sammelbehälter für Abwasser geben.

10 Ermittle die Auslaufzeiten von flüssigen Alkanen.
Ziehe Heptan (GHS02|08|07|09) mit einer Pipettierhilfe bis zur Nullmarke der Pipette auf. Starte den Auslauf, indem du die Pipettierhilfe abziehst. Miss die Auslaufzeit. Wiederhole das Experiment mit Dodecan und Paraffinöl.
Notiere deine Beobachtungen. Deute das Ergebnis.
Entsorgung: Reste von Alkanen in den Sammelbehälter III für organische Stoffe geben.

11 Untersuche die elektrische Leitfähigkeit von verschiedenen Alkanen.
Baue die Versuchsapparatur nach der Experimentieranordnung auf. Prüfe nacheinander Heptan (GHS02|08|07|09), Octan (GHS02|08|07|09), Dodecan und Paraffinöl auf elektrische Leitfähigkeit.
Fertige ein Protokoll an.

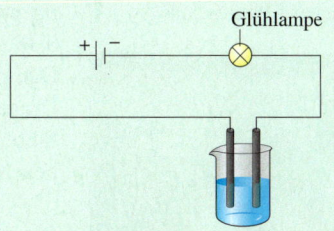

Entsorgung: Reste von Alkanen in den Sammelbehälter III für organische Stoffe geben.

Vielfalt organischer Verbindungen

Ob wir Kunststoffe, Klebstoffe, Bienenwachs, Schuhcreme, Waschmittel, Parfüms, Deos, Cremes, Haushaltszucker, Speiseessig oder Medikamente verwenden, stets haben wir es mit organischen Stoffen zu tun. Alle diese Stoffe unterscheiden sich deutlich voneinander.

Besitzen diese aus dem Alltag bekannten organischen Stoffe auch gemeinsame Merkmale?

1

Schon gewusst?

Mehr als 13 Millionen organische Kohlenstoffverbindungen sind bis heute bekannt, aber nur etwa 200 000 anorganische Verbindungen. Anorganische Kohlenstoffverbindungen sind die Oxide des Kohlenstoffs, die Kohlensäure und die Carbonate.

2 Ein ärgerliches Missgeschick

3 Vorsicht bei Fettbränden

Einige Eigenschaften organischer Stoffe Beim Untersuchen von organischen Stoffen ist aufgefallen, dass viele von ihnen einen charakteristischen Geruch besitzen, der auch noch in großer Verdünnung bemerkbar ist, wie der Geruch von Benzin, Alkohol, Fleckenwasser, Klebstoff oder der von Aromastoffen.

Die Mehrzahl der organischen Verbindungen ist in Wasser unlöslich. ↑E.1 S.46 Löst sich aber eine organische Verbindung in Wasser, leitet ihre Lösung den elektrischen Strom meist nicht. ↑E.3 S.46

Organische Verbindungen bestehen aus Molekülen. Da der Zusammenhalt zwischen Molekülen relativ gering ist, haben organische Verbindungen meist niedrigere Schmelz- und Siedetemperaturen als anorganische Verbindungen.

Außerdem sind viele organische Verbindungen wenig wärmebeständig. Beim Erhitzen werden sie oft zersetzt und bilden aufgrund ihres Kohlenstoffgehalts schwarze Reaktionsprodukte. Beim Anbrennen von Milch bzw. Fleisch oder beim zu starken Toasten von Brot kann das leicht beobachtet werden. ↑E.2 S.46

Fast alle organischen Stoffe sind brennbar. Sie sind häufig leicht flüchtig und feuergefährlich, wie z. B. Brennspiritus, Ether oder Benzin. ↑E.4 S.46 Auch Fett ist brennbar. ↑3

Dämpfe bestimmter organischer Stoffe sind gesundheitsschädigend. Beim Umgang mit ihnen sind daher die Gefahrstoffkennzeichnung und die Gefahrenhinweise (↑Anhang) auf den Verpackungen und Etiketten genau zu beachten.

Die meisten organischen Stoffe zeigen geringe Wärmebeständigkeit, gute Brennbarkeit, häufig leichte Flüchtigkeit, einen charakteristischen Geruch und geringe Wasserlöslichkeit.

Zusammensetzung Wie Analysen von organischen Verbindungen zeigen, sind an ihrem Aufbau nur wenige Elemente beteiligt.

Immer enthalten ist das Element Kohlenstoff. Das zeigt sich deutlich am Verkohlen organischer Stoffe beim Erhitzen, ob bewusst im Labor oder unabsichtlich im Alltag.

Weitere wichtige Elemente in organischen Verbindungen sind vor allem Wasserstoff, Sauerstoff und Stickstoff. Sie sind allerdings in der Regel in deutlich geringeren Massenanteilen vorhanden.

In manchen organischen Verbindungen finden sich neben den genannten Elementen auch noch Schwefel, Phosphor, Halogene und Metalle wie Eisen, Kupfer und Magnesium.

Bei der Verbrennung von organischen Verbindungen entsteht Kohlenstoffdioxid, häufig auch Ruß. Kohlenstoffdioxid lässt sich mit Kalkwasser nachweisen. Entsteht bei der Verbrennung einer organischen Verbindung Wasser, kann daraus geschlossen werden, dass am Aufbau der Verbindung Wasserstoff beteiligt ist. Der Sauerstoff des entstehenden Wassers kann aus der Luft stammen, Wasserstoff aber nur aus der verbrannten Verbindung. ↑E.5 S.46 Organische Verbindungen, die nur die Elemente Kohlenstoff und Wasserstoff enthalten, werden **Kohlenwasserstoffe** genannt.

Verknüpfungsmöglichkeiten von Kohlenstoffatomen Wie ist es möglich, dass so verschiedenartige organische Stoffe wie Traubenzucker oder Vitamin C allesamt Verbindungen des Elements Kohlenstoff sein können? Aus der Stellung des Elements Kohlenstoff im Periodensystem folgt, dass jedes Kohlenstoffatom vier Außenelektronen besitzt. Um eine stabile Elektronenkonfiguration (Elektronenoktett) zu erreichen, benötigen Kohlenstoffatome noch vier Elektronen. In chemischen Verbindungen gehen Kohlenstoffatome deshalb vier Elektronenpaarbindungen (Atombindungen) ein. Man sagt, das Kohlenstoffatom ist vierbindig.

Die Kohlenstoffatome verfügen über die besondere Eigenschaft, sich durch Atombindung miteinander zu verbinden. So kann sich eine praktisch unbegrenzte Anzahl von organischen Verbindungen bilden.

Beispiele für die Verknüpfung von Kohlenstoffatomen

kettenförmig unverzweigt	kettenförmig verzweigt	ringförmig
–C–C–C–C–	–C–C–C–C– –C–	C-C / C C \ C-C

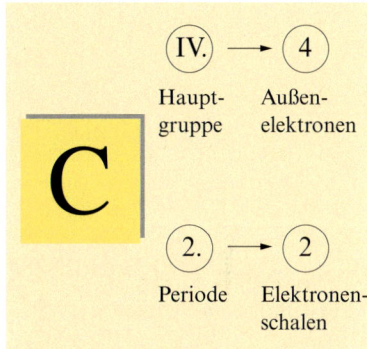

4 Stellung des Elements Kohlenstoff im Periodensystem der Elemente

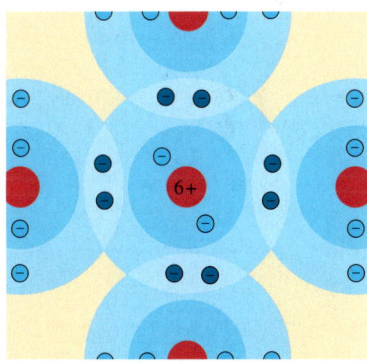

5 Modell der Bindungsverhältnisse zwischen Kohlenstoffatomen (Ausschnitt)

Aufgaben

1 Erkläre, warum die organischen Stoffe Benzin und Speiseessig im Gegensatz zu Kochsalz einen starken Geruch verbreiten.

2 Zucker und Kochsalz wurden verwechselt. Wie lassen sie sich, ohne zu kosten, experimentell unterscheiden? Nenne mehrere Möglichkeiten.

3 Nenne die Elemente, die hauptsächlich am Aufbau organischer Verbindungen beteiligt sind.

4 Erkläre, warum die Bildung von Kohlenstoff-Ionen erschwert ist.

5 Stelle alle Möglichkeiten der Verknüpfung von fünf Kohlenstoffatomen zusammen.

Alkane im Alltag

Mitunter können im Hochsommer über einem Moor kleine Flämmchen beobachtet werden, sogenannte Irrlichter. Worauf ist diese Erscheinung zurückzuführen? Welche Stoffe sind beteiligt?

1 Moorlandschaft

EXPERIMENT 13 [L]
Entstehung von Methan.
Vorsicht!
Die Versuchsapparatur muss einige Tage stehen. Danach wird der Quetschhahn geöffnet und das entweichende Gas mit einem brennenden Holzspan geprüft (GHS02).

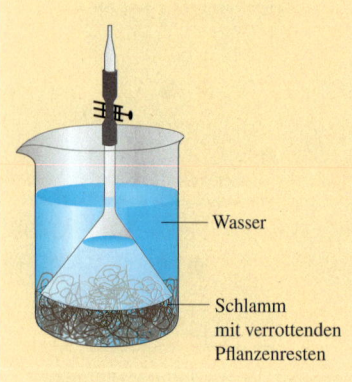

— Wasser

— Schlamm
mit verrottenden
Pflanzenresten

Explosionsgrenzen	
Volumenanteil φ(Methan) in der Luft	Erscheinung bei Entzündung
5 %	nicht entzündbar
5 bis 15 %	explodiert heftig
15 %	brennt ruhig

Vorkommen und Verwendung von Methan Methan entsteht überall dort, wo abgestorbene tierische oder pflanzliche Reste unter Luftabschluss von Bakterien zersetzt werden. In Sümpfen, Mooren oder am Grund verschmutzter Gewässer bildet sich Sumpfgas, ein Gemisch aus Methan und Kohlenstoffdioxid. ↑E.13 Bei der Abwasserreinigung fällt in den Kläranlagen Schlamm an. Bei dessen Zersetzung entstehen **Klär-** und **Faulgas**, das bis zu 75 % Methan enthält.
Heute wird durch gezielte bakterielle Fäulnis von pflanzlichem Material, z.B. aus Stallmist, Gülle, Klärschlamm oder organischem Müll, Biogas gewonnen. **Biogas** besteht vorwiegend aus Methan (Volumenanteil etwa 60 %) und Kohlenstoffdioxid (Volumenanteil etwa 35 %). Außerdem enthält es noch die Gase Wasserstoff, Stickstoff und Schwefelwasserstoff. Biogas hat einen hohen Heizwert. Die Gewinnung von Biogas kann dazu beitragen, dass wertvolle Rohstoffe eingespart und Umweltschäden vermieden werden.
Methan ist der Hauptbestandteil des **Erdgases** (Volumenanteil 85 bis 95 %), das zum Kochen im Haushalt und zur Beheizung von Wohnungen eingesetzt wird.
Auch das sich in den Klüften von Steinkohlenlagern sammelnde **Grubengas** enthält hauptsächlich Methan. Bei unzureichender Belüftung der Bergwerksstollen entstehen explosive Methan-Luft-Gemische, die als „schlagende Wetter" schwere Zerstörungen verursachen. Bereits ein Funken beim Betätigen eines elektrischen Schalters kann das Gemisch entzünden.

Eigenschaften des Methans Methan ist ein farbloses Gas, das leichter als Luft ist. Reines Methan ist geruchlos, während Erdgas, Biogas und Sumpfgas aufgrund von Begleitstoffen einen typischen Geruch aufweisen. Methan ist in Wasser fast unlöslich und kann daher pneumatisch aufgefangen werden. Es ist brennbar und bildet mit Luft explosive Gemische. Bei der vollständigen Verbrennung von Methan entstehen Kohlenstoffdioxid und Wasser. ↑E.6 S.47

Struktur des Moleküls Methan ist die einfachste organische Verbindung. Aus seiner Formel CH_4 geht hervor, dass ein Methanmolekül aus einem Kohlenstoffatom und vier Wasserstoffatomen besteht. Die Wasserstoffatome umgeben das Kohlenstoffatom und sind mit ihm jeweils durch ein Elektronenpaar verbunden. Die Atombindungen im Methanmolekül liegen nicht in einer Ebene, sondern sind räumlich mit möglichst weitem Abstand voneinander ausgerichtet, sodass sich eine tetraedrische Anordnung ergibt. Der H−C−H-Bindungswinkel beträgt 109,5° und wird als Tetraederwinkel bezeichnet.

Die **Strukturformel** stellt die Übertragung des dreidimensionalen Modells auf die zwei Dimensionen des Papiers dar. Jedes gemeinsame Elektronenpaar ist durch einen Strich dargestellt. Im Unterschied zu den Strukturformeln werden Formeln wie CH_4 als **Summenformeln** bezeichnet.

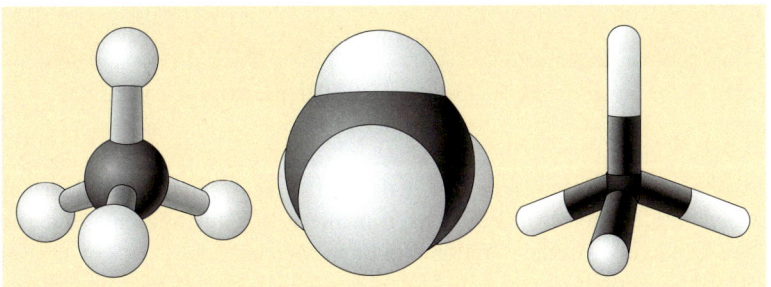

2 Modelle des Methanmoleküls

Summenformel	CH_4
Elektronenformel	H:C:H (mit H oben und unten)
Strukturformel	H−C−H (mit H oben und unten)

3 Formeln des Methanmoleküls

Weitere Alkane Neben Methan kommen auch noch die Gase **Propan** und **Butan** mit geringem Anteil im Erdgas vor und fallen bei der Benzinherstellung an. Propan und Butan lassen sich durch Druck leicht verflüssigen und werden als **Flüssiggase** bezeichnet. Sie sind wichtige Energieträger mit hohem Heizwert und kommen in Tanks, Stahlflaschen oder Kartuschen in den Handel. Beide Gase sind außerdem wichtige Ausgangsstoffe für Produkte der chemischen Industrie.

Die Flüssigkeiten **Hexan** und **Octan** sind Bestandteile verschiedener Kraftstoffe und bedingen deren Geruch. Sie sind brennbar und nicht mit Wasser mischbar.

Bei all den genannten Stoffen handelt es sich um Kohlenwasserstoffe, bei denen die benachbarten Kohlenstoffatome durch Einfachbindung (Atombindung) verknüpft sind. Solche Kohlenwasserstoffe heißen **Alkane**.

Hauptbestandteil vieler technisch verwendeter wachsartiger Stoffe ist **Paraffin**, ein Gemisch zahlreicher fester Alkane, die sich je nach Kettenlänge der Moleküle in der Härte und Schmelztemperatur unterscheiden. Aus Paraffin werden z. B. Kerzen, Wachse und Lippenstifte hergestellt.

4 Verwendungsbeispiele für Alkane

Aufgaben

1 Fertige aus verschiedenfarbigen Plastilinkugeln ein Modell des Methanmoleküls an.

2 Erkunde Sicherheitsbestimmungen beim Umgang mit Erdgas.

3 Erläutere anhand der obigen Modelle die Struktur des Methanmoleküls.

4 Welche Stoffe entstehen bei der Verbrennung von Propan und Butan?

Homologe Reihe – Eigenschaften von Alkanen

Ob man Benzin als Kraftstoff verwendet, einen Heißluftballon mit Propangas betreibt, die Wohnung mit Erdgas beheizt oder eine Paraffinkerze abbrennt, stets handelt es sich um chemisch eng verwandte Alkane.
Worauf ist das zurückzuführen? Welche Gemeinsamkeiten und Unterschiede weisen Alkane auf?

1 Die Brenner von Heißluftballons werden mit Propan betrieben.

Wortstamm	Anzahl der Kohlenstoffatome in der Kette
Meth-	1
Eth-	2
Prop-	3
But-	4
Pent-	5
Hex-	6
Hept-	7
Oct-	8
Non-	9
Dec-	10

Struktur der Moleküle Methan ist das einfachste Alkan mit den kleinsten Molekülen. Andere Alkane besitzen mehrere Kohlenstoffatome und entsprechend viele Wasserstoffatome in ihren Molekülen.

Die Kohlenstoffatome in den Molekülen von Ethan, Propan und Butan bilden Ketten. Die Kohlenstoffketten sind in den Propan- und Butanmolekülen zickzackförmig gewinkelt, da auch hier die Atombindungen nach den Eckpunkten eines Tetraeders ausgerichtet sind. Diese Stoffe gehören zu den **kettenförmigen Kohlenwasserstoffen**.

In den Molekülen der Alkane sind alle Kohlenstoffatome mit der größtmöglichen Anzahl an Wasserstoffatomen verbunden. Dies wird als gesättigt bezeichnet. Alkane gehören zu den **gesättigten Kohlenwasserstoffen**.

Ein Vergleich der Strukturformeln der Alkanmoleküle in der Tabelle zeigt, dass sich die Moleküle jeweils um eine CH_2-Gruppe unterscheiden.

Name	Summenformel	Strukturformel	Elektronenformel	Molekülmodell
Methan	CH_4	H | H–C–H | H	H H:C:H H	
Ethan	C_2H_6	H H | | H–C–C–H | | H H	H H H:C:C:H H H	
Propan	C_3H_8	H H H | | | H–C–C–C–H | | | H H H	H H H H:C:C:C:H H H H	
Butan	C_4H_{10}	H H H H | | | | H–C–C–C–C–H | | | | H H H H	H H H H H:C:C:C:C:H H H H H	

Eine solche Reihe ähnlicher organischer Verbindungen, bei denen sich die Moleküle aufeinanderfolgender Glieder jeweils um eine CH_2-Gruppe unterscheiden, wird als **homologe Reihe** (griech. homologos – übereinstimmend) bezeichnet.

Wird die Anzahl der Kohlenstoffatome eines Alkans mit n bezeichnet, beträgt die Anzahl der Wasserstoffatome desselben Alkans $2n + 2$.

Es gilt die **allgemeine Summenformel der Alkane: C_nH_{2n+2}**

Namen der Alkane Die Namen der Alkane werden aus dem Wortstamm (↑Tabelle S.52) und der Endung **-an** gebildet. Vom Wortstamm lässt sich die Anzahl der Kohlenstoffatome im Molekül ableiten. Die Wortstämme von Verbindungen mit fünf oder mehr Kohlenstoffatomen im Molekül gehen auf griechische oder lateinische Zahlwörter zurück.

Eigenschaften der Alkane Innerhalb der homologen Reihe zeigen die Alkane eine gesetzmäßige Abstufung ihrer Eigenschaften.

Name	Summen-formel	Schmelz-temperatur in °C	Siede-temperatur in °C	Aggregat-zustand bei 20 °C
Methan	CH_4	−182,5	−161,4	gasförmig
Ethan	C_2H_6	−183,2	−88,5	
Propan	C_3H_8	−187,1	−42,1	
Butan	C_4H_{10}	−135,0	−0,5	
Pentan	C_5H_{12}	−129,7	+36,2	flüssig
Hexan	C_6H_{14}	−94,3	+68,7	
Heptan	C_7H_{16}	−90,0	+98,0	
Octan	C_8H_{18}	−56,5	+125,8	
Nonan	C_9H_{20}	−53,7	+150,7	
Decan	$C_{10}H_{22}$	−29,7	+174,0	
Pentadecan	$C_{15}H_{32}$	+10,0	+268,0	
Hexadecan	$C_{16}H_{34}$	+18,1	+280,0	
Heptadecan	$C_{17}H_{36}$	+22,0	+303,0	fest
Eicosan	$C_{20}H_{42}$	+36,4	+345,1	

Mit zunehmender Kettenlänge der Moleküle steigen die Siede- und auch meistens die Schmelztemperaturen sowie die Dichten der Alkane an. Das ist darauf zurückzuführen, dass schwache Anziehungskräfte zwischen den unpolaren Molekülen der Alkane wirken. Diese sogenannten **Van-der-Waals-Kräfte** müssen beim Schmelzen und Sieden eines Stoffes durch Energiezufuhr überwunden werden. Die Stärke der Van-der-Waals-Kräfte hängt von der Größe der Moleküle und damit von ihrer molaren Masse ab.↑2

Die Zähflüssigkeit, auch **Viskosität** genannt, nimmt mit wachsender Kettenlänge der Moleküle zu. Kurzkettige Alkane sind dünnflüssig, Schmieröle (C_{11} bis C_{18}) sind zähflüssig. ↑E.10 S.47

Die Entzündungstemperaturen nehmen bei Alkanen mit steigender Siedetemperatur und Kettenlänge zu.

Ableiten des Namens aus der Summenformel von Alkanen

Summen-formel	C_9H_{20}	$C_{11}H_{24}$
Anzahl der Kohlenstoff-atome	9	11
Wortstamm	Non	Undec
Endung	-an	-an
Name	Nonan	Undecan

EXPERIMENT 15 [L]
Bestimmen von Siede-temperaturen.
Vorsicht!
Siedetemperaturen von flüssigen Alkanen (GHS02|08|07|09) werden ermittelt und mit tabellierten Werten verglichen.

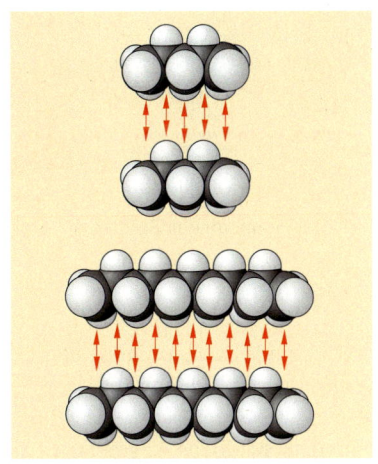

2 Modell der Anziehungskräfte zwischen Alkanmolekülen

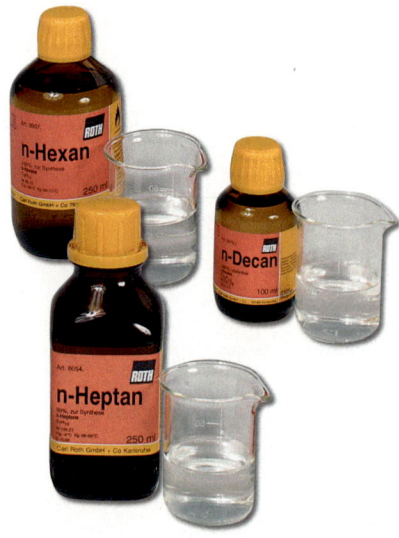

1 Flüssige Alkane

Alkane leiten den elektrischen Strom nicht. Sie enthalten keine Ladungs-träger, sondern nur ungeladene Moleküle. ↑E.11 S.47

Gasförmige und feste Alkane sind in reinem Zustand geruchlos. Flüssige Alkane haben einen benzinähnlichen Geruch.

Flüssige Alkane lassen sich bereits unterhalb der Zimmertemperatur ent-zünden. Es sind deshalb äußerst feuergefährliche Stoffe. Höhere Alkane entzünden sich dagegen erst über 45 °C. ↑E.8 S.47

Alkane sind mit Wasser nicht mischbar. Sie sind **hydrophob** (griech. hydro – Wasser; phobos – Furcht). Untereinander sind Alkane aber in jedem Verhältnis mischbar. Dieses unterschiedliche Löseverhalten ist auf unter-schiedliche Anziehungskräfte zwischen Alkanmolekülen und Wassermo-lekülen zurückzuführen. Die Dipolmoleküle des Wassers ziehen sich untereinander stark an. Die Anziehungskräfte zwischen den unpolaren Alkanmolekülen sind dagegen gering. Sie genügen nicht, um die Wasser-stoffbrücken zwischen den Wassermolekülen zu überwinden. ↑E.7 S.47

Flüssige Alkane sind im Gegensatz zu Wasser gute Lösemittel für Fette, Öle und Lacke. ↑E.9 S.47 Sie sind **lipophil** (griech. lipos – Fett; philein – lieben). Es gilt die Regel: **Ähnliches löst sich in Ähnlichem.**

Verhalten gegenüber	Butan	Wasser
	H H H H | | | | H–C–C–C–C–H | | | | H H H H	Ô H H
	unpolares Butanmolekül	polares Wassermolekül
Stoff aus polaren Molekülen, z. B. Ammoniak	wasserfeindlich = hydrophob	wasserfreundlich = hydrophil
Stoff aus unpolaren Molekülen, z. B. Fette, Öle	fettfreundlich = lipophil	fettfeindlich = lipophob

Umgang mit brennbaren Gasen und Flüssigkeiten Mit brennbaren Ga-sen (Propan, Butan) und Flüssigkeiten (Benzin, Heizöl) ist mit größter Vorsicht und Sorgfalt umzugehen. Bei Gasgeruch sind sofort Feuerwehr und Polizei zu benachrichtigen. Beim Umgang mit brennbaren Flüssig-keiten darf kein offenes Feuer in der Nähe sein. Funkenbildung ist zu ver-hindern. Nach Beendigung der Arbeiten sind Behälter mit brennbaren Stoffen sofort zu verschließen und vom Arbeitsort zu entfernen. Mit feuer-gefährlichen Flüssigkeiten getränkte Lappen dürfen niemals ins Feuer ge-worfen werden. Brennbare Stoffe sind nur in dicht schließenden und ent-sprechend gekennzeichneten Behältern aufzubewahren.

2 Arbeiten mit einem Gasbrenner

Aufgaben

1 Begründe die Zuordnung der Alkane zu den gesättigten Kohlenwasserstoffen.
2 Warum haben Alkane bei Zimmertemperatur unterschiedliche Aggregatzustände?
3 Weshalb kann bei den Alkanen von einer homo-logen Reihe gesprochen werden? Notiere einen Merksatz.
4 Erläutere: „Ähnliches löst sich in Ähnlichem."
5 Welche Beobachtungen sind bei Zugabe von Kochsalz zu Wasser, Kochsalz zu Pentan und Nonan zu Hexan zu erwarten? Begründe.
6 Erläutere, womit ein Ölfleck aus der Kleidung entfernt werden kann.

Biogas – Energie aus Stallmist und Gülle

Biogas entsteht, wenn organische Stoffe unter Luftabschluss (anaerob) bakteriell zersetzt werden. Diese bakterielle Zersetzung wird zunehmend bei der Großviehhaltung wirtschaftlich genutzt, denn dort fallen täglich große Mengen Stallmist und Gülle an. So erzeugt eine Kuh pro Tag etwa 10 bis 20 kg organische Biomasse. Biogas lässt sich in speziellen Biogasanlagen erzeugen.

1 Moderne Biogasanlage

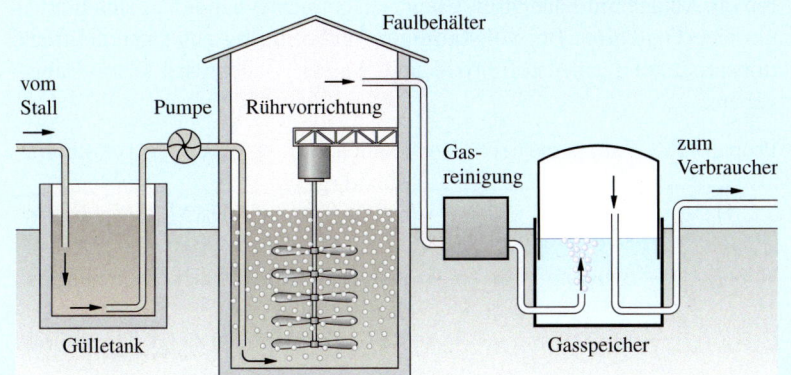

2 Funktionsprinzip einer Biogasanlage

Zusammensetzung von Biogas	
Stoff	Volumen-anteil
Methan	55–70 %
Kohlenstoffdioxid	27–44 %
Stickstoff	0,5–3 %
Wasserstoff	1 %
Kohlenstoffmonooxid	0,1 %
Sauerstoff	0,1 %
Schwefelwasserstoff	Spuren

Aus dem Dung einer Kuh (500 kg schwer) lassen sich täglich bis zu 2 m³ Biogas gewinnen. Der Heizwert von 2 m³ Biogas entspricht etwa dem von 1 kg Heizöl. Aus dem Stallmist einer Kuh kann in einem Jahr so viel Energie wie aus 300 l Heizöl gewonnen werden. Die bei der Biogaserzeugung anfallenden festen Abfallstoffe sind fast geruchlos, können gesammelt und als Naturdünger wieder genutzt werden. Somit schließt sich der Kreislauf der Mineralstoffe.

Eine immer mehr zunehmende Herstellung von Biogas aus Gülle kann dazu beitragen, dass die Belastung der Felder und Gewässer vermindert wird und wertvolle Rohstoffe bei der Nutzung von Energie gespart werden.

Reaktionen der Alkane

Alkane reagieren bei Zimmertemperatur nicht spontan mit Halogenen. Erst bei Zufuhr von Wärme oder unter Einwirkung von energiereichem Licht kommt es zur Reaktion.
Sie können aber auch heftiger reagieren, z. B. wenn Heizöl verbrennt oder wenn Häuser durch Erdgasexplosionen zerstört werden. Was passiert bei diesen Reaktionen?

1 Reaktion von Hexan mit Brom vor und nach Belichtung

2 Nach einer Gasexplosion

3 Brennende Alkane

Verbrennung Wie bekannt, sind alle Alkane brennbar. Gemische von gasförmigen Alkanen mit Luft sind sogar explosiv. Beim Verbrennen reagieren die Alkane mit Sauerstoff. Chemisch betrachtet handelt es sich hierbei um eine Oxidation. Bei **vollständiger Verbrennung** entstehen als Reaktionsprodukte Kohlenstoffdioxid und Wasser. Dabei wird Wärme abgegeben.

$$\text{Propan (g)} + \text{Sauerstoff (g)} \longrightarrow \text{Kohlenstoffdioxid (g)} + \text{Wasser (l)} \mid \text{exotherm}$$

$$2\,C_3H_8\,(g) + 10\,O_2\,(g) \longrightarrow 6\,CO_2\,(g) + 8\,H_2O\,(l) \mid \text{exotherm}$$

$$\text{Heptan (l)} + \text{Sauerstoff (g)} \longrightarrow \text{Kohlenstoffdioxid (g)} + \text{Wasser (l)} \mid \text{exotherm}$$

$$C_7H_{16}\,(l) + 11\,O_2\,(g) \longrightarrow 7\,CO_2\,(g) + 8\,H_2O\,(l) \mid \text{exotherm}$$

Ist nicht genügend Sauerstoff vorhanden, kann es zur **unvollständigen Verbrennung** kommen, wobei neben Wasser das giftige Kohlenstoffmonoxid oder reiner Kohlenstoff in Form von Ruß entsteht.

$$2\,C_3H_8\,(g) + 7\,O_2\,(g) \longrightarrow 6\,CO\,(g) + 8\,H_2O\,(l) \mid \text{exotherm}$$

$$2\,C_3H_8\,(g) + 4\,O_2\,(g) \longrightarrow 6\,C\,(s) + 8\,H_2O\,(l) \mid \text{exotherm}$$

$$2\,C_7H_{16}\,(l) + 15\,O_2\,(g) \longrightarrow 14\,CO\,(g) + 16\,H_2O\,(l) \mid \text{exotherm}$$

$$2\,C_7H_{16}\,(l) + 8\,O_2\,(g) \longrightarrow 14\,C\,(s) + 16\,H_2O\,(l) \mid \text{exotherm}$$

Bei der Verbrennung verschiedener Alkane an der Luft nimmt mit steigendem Kohlenstoffanteil des Alkans die Helligkeit der Flamme zu. Hervorgerufen wird dies durch hell glühende Rußteilchen in der Flamme. Außerdem nimmt die Rußbildung stark zu. Das ist eine Folge der unvollständigen Verbrennung.

Alkane bilden eine homologe Reihe, in der sich die Moleküle zweier aufeinanderfolgender Verbindungen jeweils durch eine CH_2-Gruppe unterscheiden. Die chemischen Eigenschaften der Alkane stimmen infolge der gemeinsamen Strukturelemente weitgehend überein.

Substitution Werden einige Tropfen Brom zu Hexan gegeben, bleibt die braune Farbe des Broms erhalten. Bei Zimmertemperatur reagiert Hexan nicht mit Brom. Wird jedoch das Gemisch intensiv belichtet, verschwindet die braune Farbe langsam. Hexan und Brom reagieren miteinander. Als Reaktionsprodukte entstehen Bromhexan und das farblose Gas Bromwasserstoff, das mit feuchtem Indikatorpapier eine saure Reaktion zeigt. ↑1

$$Hexan\ (l)\quad +\ Brom\ (g)\ \xrightarrow{Licht}\ Bromhexan\ (l)\ +\ Bromwasserstoff\ (g)$$

$$C_6H_{14}\ (l)\quad +\ Br_2\ (g)\ \xrightarrow{Licht}\ C_6H_{13}Br\ (l)\quad +\ HBr\ (g)$$

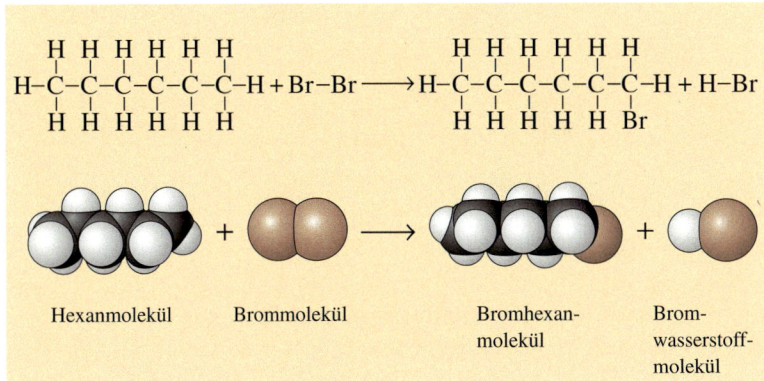

Hexanmolekül Brommolekül Bromhexan-molekül Brom-wasserstoff-molekül

4 Reaktionsgleichung und Teilchenmodell der Reaktion von Hexan mit Brom

Bei dieser Reaktion wird ein Wasserstoffatom des Hexanmoleküls gegen ein Bromatom eines Brommoleküls ausgetauscht.

Auch mit anderen Alkan-Brom-Gemischen kommt es bei Einwirkung von Licht zu einer ähnlichen Reaktion. Dabei ersetzen sich in den Molekülen der Ausgangsstoffe jeweils ein Wasserstoffatom und ein Bromatom gegenseitig. Aus dem Lateinischen leitet sich der Name für diese Art der chemischen Reaktion ab. Diese Reaktionen werden als **Substitutionen** (lat. substituere – ersetzen, austauschen) bezeichnet.

$$C_7H_{16}\ (l)\quad +\ Br_2\ (g)\ \xrightarrow{Licht}\ C_7H_{15}Br\ (l)\quad +\ HBr\ (g)$$

Die Substitution ist eine chemische Reaktion, bei der zwischen den Molekülen der Ausgangsstoffe Atome ausgetauscht werden.

EXPERIMENT 16 [L]
Chemische Reaktion von Hexan mit Brom.
Vorsicht! Abzug!
Das sich in einem geschlossenen Gefäß befindende braune Gemisch von Hexan (GHS02| 08|07|09) und Brom (GHS06| 05|09) wird intensiv beleuchtet. Nach einiger Zeit wird angefeuchtetes Universalindikatorpapier in das Gefäß gehalten.

Schon gewusst?

Alkane reagieren nicht mit Säuren, Laugen und unedlen Metallen. Mit starken Oxidationsmitteln wie Kaliumpermanganatlösung reagieren sie nur langsam. Alle Alkane wurden deshalb früher auch als Paraffine (lat. parum – wenig; affinis – zugeneigt; „wenig reaktionsfähig") bezeichnet.

5 Aufbewahrung von Natrium in Paraffinöl (flüssiges Alkangemisch)

Aufgaben

1 Nenne Nachteile einer unvollständigen Verbrennung.

2 Berechne das Volumen von Kohlenstoffdioxid, das bei der vollständigen Verbrennung von 3 kg Propan entsteht.

3 Begründe, warum reaktionsfähige Metalle wie Natrium in Petroleum (Alkangemisch) aufbewahrt werden können.

4 Erkläre, warum sich das Indikatorpapier im oben beschriebenen Experiment färbt.

5 Beschreibe die Reaktion von Ethan mit Brom. Entwickle die Reaktionsgleichung.

6 Entwickle die Reaktionsgleichungen für folgende Reaktionen von Pentan:

a Verbrennung

b Substitution mit Brom

Isomerie bei Alkanen

Bei der Analyse des Feuerzeuggases mithilfe der Gaschromatografie ↑S.61 wurde ersichtlich, dass neben Butan ein weiteres Alkan mit vier Kohlenstoffatomen im Molekül enthalten ist. Es handelt sich um Isobutan. Was ist Isobutan?

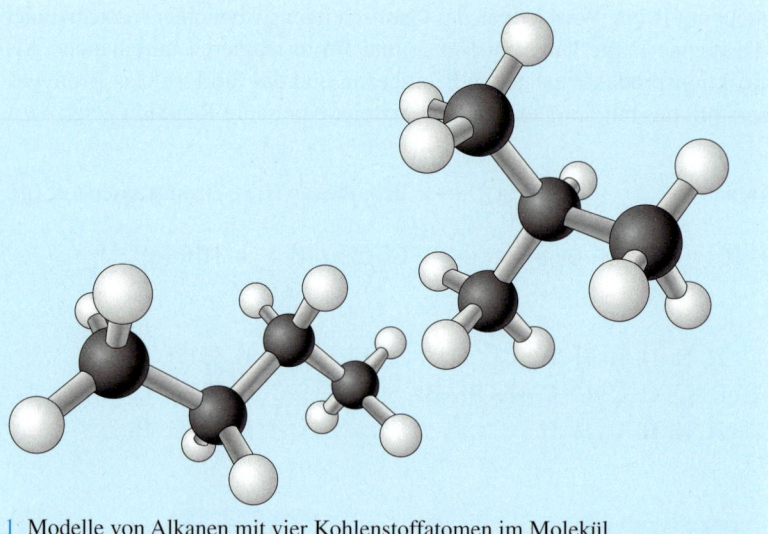

1 Modelle von Alkanen mit vier Kohlenstoffatomen im Molekül

Pentan

2-Methylbutan

2,2-Dimethylpropan

2 Strukturformeln isomerer Alkane mit fünf Kohlenstoffatomen im Molekül

Gleiche Summenformeln – unterschiedliche Stoffe Bei den gesättigten Kohlenwasserstoffen mit mindestens vier Kohlenstoffatomen im Molekül ergeben sich unterschiedliche Verknüpfungsmöglichkeiten für die Kohlenstoffatome. So lassen sich für die Summenformel C_4H_{10} zwei verschiedene Molekülstrukturen angeben. ↑1

Beide Verbindungen enthalten Kohlenstoffatome im Molekül in kettenförmiger Anordnung. In den Molekülen beider Verbindungen liegen Einfachbindungen zwischen den Kohlenstoffatomen vor. In der unverzweigten Kette ist jedes Kohlenstoffatom mit mindestens zwei Wasserstoffatomen verbunden. In der verzweigten Kette ist dagegen ein Kohlenstoffatom mit nur einem Wasserstoffatom verbunden. Beide Verbindungen entsprechen der allgemeinen Formel C_nH_{2n+2}, sind also Alkane.

Sie haben aber bei gleicher Summenformel eine unterschiedliche Molekülstruktur. Solche Verbindungen werden **Isomere** (griech. isos – gleich; meros – Teil) genannt.

Isobutan ist eine isomere Verbindung des Butans. Isomere Verbindungen unterscheiden sich in ihren Eigenschaften. So haben verzweigte Alkane niedrigere Siede- und Schmelztemperaturen als solche mit unverzweigten Ketten. Auffällige Unterschiede zeigen sich auch bei den Dichten dieser Stoffe. ↑Tafelwerk

Das Auftreten von Verbindungen, deren Moleküle bei gleicher Summenformel unterschiedliche Strukturformeln besitzen, wird als **Isomerie** bezeichnet.

Verbindungen, deren Moleküle bei gleicher Summenformel unterschiedliche Strukturformeln haben, heißen Isomere.
Diese Erscheinung bezeichnet man als Isomerie.
Isomere Verbindungen unterscheiden sich in ihren Eigenschaften.

3 Isooctan – entscheidend für den richtigen Kraftstoff

Auch in Kraftstoffen spielen isomere Verbindungen eine wichtige Rolle. Ottomotoren benötigen Benzin, ein Stoffgemisch aus Alkanen und Isomeren der Alkane mit fünf bis zwölf Kohlenstoffatomen im Molekül. Benzin wird aber erst zum Kraftstoff durch bestimmte Zusätze. Dabei entscheiden Art und Menge der Zusätze, ob Normalbenzin oder Superbenzin entsteht. Isooctan, eine isomere Verbindung des Octans, ist z. B. ein möglicher Bestandteil des Stoffgemisches Benzin.

Namen der Alkylgruppen Wird von einem Alkanmolekül ein Wasserstoffatom entfernt, bleibt eine **Alkylgruppe** übrig. Dieser Rest wird in Formeln oft auch als **R** bezeichnet. Die Endung **-an** im Namen des Alkans wird durch **-yl** ersetzt.

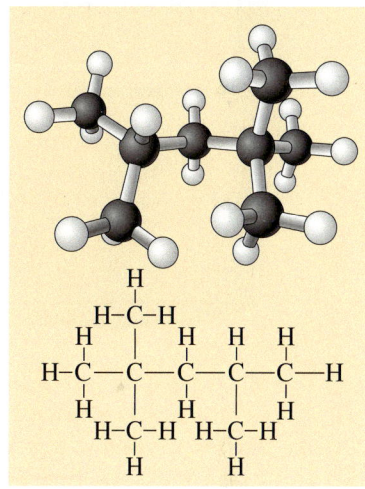

4 Modell und Strukturformel des Isooctanmoleküls

Namen einiger Alkylgruppen					
Formel	C_2H_5-	C_3H_7-	C_4H_9-	$C_5H_{11}-$	$R-$
Name	Ethyl-	Propyl-	Butyl-	Pentyl-	Alkyl-

Vielfalt der Isomere und deren Namen Je größer die Anzahl der Kohlenstoffatome im Alkanmolekül ist, desto mehr isomere Verbindungen dieses Alkans gibt es. Gibt es z. B. für Butan nur 2 und für Pentan 3, so sind es für Decan schon 75 verschiedene Isomere. ↑Tabelle

Alkane mit unverzweigten Molekülketten heißen **Normalalkane** (n-Alkane), mit verzweigten Ketten **Isoalkane** (i-Alkane). Die Seitenketten der Isoalkane sind Alkylgruppen. Die Benennung von Isomeren erfolgt nach international gültigen Nomenklaturregeln. ↑S.60

Kohlen-wasserstoff	Anzahl der Isomeren
C_4H_{10}	2
C_5H_{12}	3
C_6H_{14}	5
C_7H_{16}	9
C_8H_{18}	18
C_9H_{20}	35
$C_{20}H_{42}$	366 319
$C_{40}H_{82}$	62 491 178 805 831

Aufgaben

1 Nenne Gemeinsamkeiten und Unterschiede bei Isomeren.

2 Bestimme den Namen des Isomers im Bild 4.

3 Notiere die Strukturformeln für die Moleküle aller Isomeren des Hexans. Bestimme ihre Namen.

4 Warum kann es keine Propanisomere geben?

Methode

Benennen von organischen Verbindungen

Damit wegen der Vielfalt der organischen Verbindungen der Überblick nicht verloren geht, ist eine eindeutige Benennung der Verbindungen notwendig.

Ihre Namen werden mithilfe der international gültigen Nomenklaturregeln (IUPAC-Regeln: **I**nternational **U**nion of **P**ure and **A**pplied **C**hemistry) aufgestellt. Für die wissenschaftlich exakte Benennung der einfachsten Kohlenwasserstoffe gelten die folgenden IUPAC- Regeln:

Name der Verbindung?

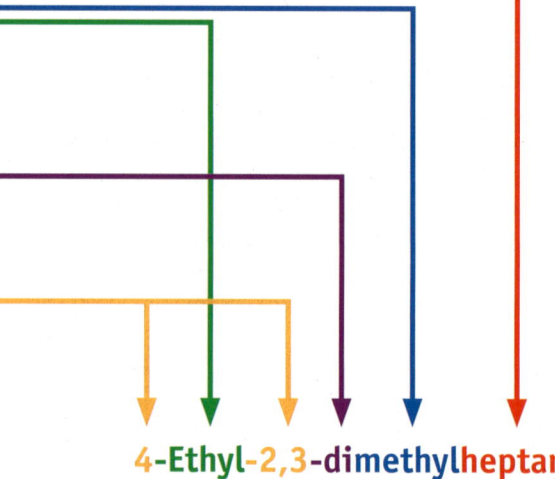

1 Ermittle die längste unverzweigte Kette mit Kohlenstoffatomen (Hauptkette) im Molekül. Zähle die Kohlenstoffatome und benenne dementsprechend die Hauptkette.

2 Ermittle die Verzweigungen (Seitenketten) und benenne sie als Alkylreste. Ordne die Alkylreste alphabetisch.

3 Ermittle die Anzahl der jeweils gleichen Alkylreste, benenne sie mit griechischen Zahlwörtern (di-, tri- ...) und stelle diese den entsprechenden Namen der Alkylreste voran.

4 Ermittle die Nummern der Kohlenstoffatome, an denen Seitenketten gebunden sind, und stelle diese Zahlen den Namen der Seitenketten voran. Die Hauptkette wird so durchnummeriert, dass die Verzweigungsstellen kleinstmögliche Zahlen erhalten.

5 Bilde den Namen.

4-Ethyl-2,3-dimethylheptan

Spurensuche – eine wichtige Aufgabe der analytischen Chemie

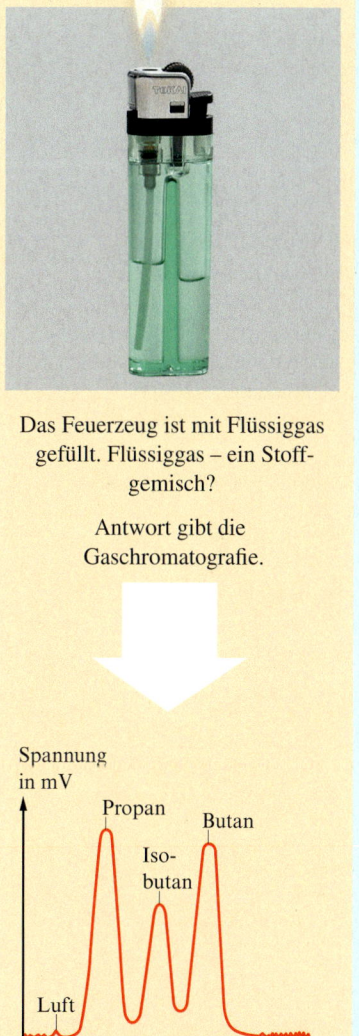

1 Gaschromatograf mit Computerauswertung

In der chemischen Industrie, im Umweltschutz und in der Forschung sind analytische Untersuchungen von besonderer Bedeutung. So dürfen z. B. Arzneimittel oder Nahrungsmittel keine Begleitstoffe enthalten, die gesundheitsgefährdend sind. Für Stoffe mit schädlichen Wirkungen gibt es deshalb gesetzlich festgelegte Höchstmengen, deren Konzentrationen häufig im ppm-Bereich (engl. parts per million) liegen. Das bedeutet, dass unter einer Million Teilchen ein Schadstoffteilchen aufzuspüren wäre.

Das Feuerzeug ist mit Flüssiggas gefüllt. Flüssiggas – ein Stoffgemisch?

Antwort gibt die Gaschromatografie.

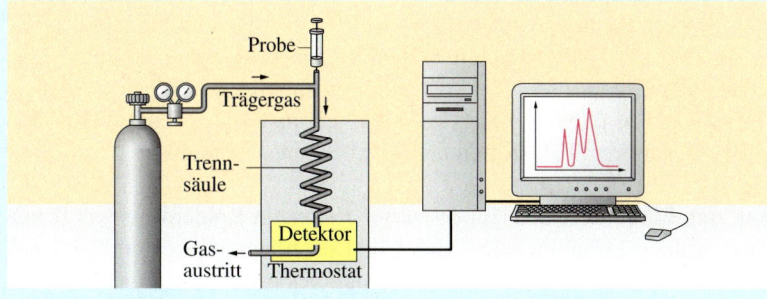

2 Schematische Darstellung des Aufbaus eines Gaschromatografen

Ein wichtiges Verfahren bei der Spurensuche ist die Gaschromatografie. Mit ihr lassen sich gasförmige und leicht verdampfbare Stoffgemische trennen und identifizieren sowie die Struktur von Stoffen aufklären.
Die Trennsäule im Gaschromatografen ist ein bis zu 100 m langes, dünnes Glasrohr (Kapillarrohr), das mit einem porösen Feststoff gefüllt ist. Die Oberfläche des Feststoffes ist mit einem Lösemittel bedeckt, in dem sich die Bestandteile des zu untersuchenden Stoffgemisches unterschiedlich gut lösen. Als Trägergas (mobile Phase) wird meist Helium oder Stickstoff verwendet. Am Ende der Trennsäule kommen zuerst die Bestandteile an, die nur schwach an das Lösemittel gebunden wurden. Der Austritt der Stoffe erfolgt also nacheinander und kann mithilfe eines Computers erfasst und grafisch als Gaschromatogramm dargestellt werden.

3 Gaschromatogramm von Flüssiggas

Ethen – ein ungesättigter Kohlenwasserstoff

Bananen werden in den Herkunftsländern im unreifen Zustand geerntet, kühl transportiert und gelagert.
Durch Begasung mit Ethen wird die Fruchtreifung gestartet und gesteuert.
Wie ist das möglich?
Welche Strukturmerkmale kennzeichnen Ethenmoleküle?

1 Grüne Bananen werden mit Ethen begast, um die Reifung zu starten.

EXPERIMENT 17 [L]
Verbrennen von Ethen.
Ethen (GHS02|07) wird im Standzylinder verbrannt und die Verbrennungsprodukte werden identifiziert.

Summenformel	C_2H_4
Elektronen-formel	H . . H . C :: C . H . . H
Struktur-formel	H , H C=C H ' ' H

3 Formeln des Ethenmoleküls

Eigenschaften und Verwendung von Ethen Ethen ist bei Raumtemperatur ein farbloses, leicht süßlich riechendes Gas. In Wasser ist es fast unlöslich. Schmelz- und Siedetemperatur von Ethen sind ähnlich denen von Ethan. Ethen brennt an der Luft mit leuchtender, schwach rußender Flamme. ↑E.17 In reinem Sauerstoff verbrennt es vollständig. Ethen-Luft-Gemische sind explosiv.
In der Natur wird Ethen von reifenden Früchten, z.B. von Bananen und Äpfeln produziert und an die Umgebung abgegeben, wodurch die Fruchtreifung beschleunigt wird. Es dürfen deshalb früh reifende Äpfel nicht zusammen mit spät reifenden Sorten eingelagert werden, da durch die Ethenabgabe die Reifung der späten Sorten zu schnell erfolgen würde.
Ethen wird vor allem zur Herstellung von Kunststoffen, Lösemitteln, Lacken, Klebstoffen, Farbstoffen und Medikamenten verwendet.

Bau des Ethenmoleküls Ethen ist wie Ethan ein Kohlenwasserstoff mit zwei Kohlenstoffatomen im Molekül. Das Ethenmolekül enthält zwei Wasserstoffatome weniger als das Ethanmolekül. Ethen hat die Summenformel C_2H_4. Der Zusammenhalt der beiden Kohlenstoffatome wird durch zwei gemeinsame Elektronenpaare bewirkt. Im Ethenmolekül liegt zwischen den beiden Kohlenstoffatomen eine **Doppelbindung** vor. Alle Atome des Ethenmoleküls liegen in einer Ebene. Der Bindungswinkel H–C–H bzw. H–C–C beträgt jeweils 120°.

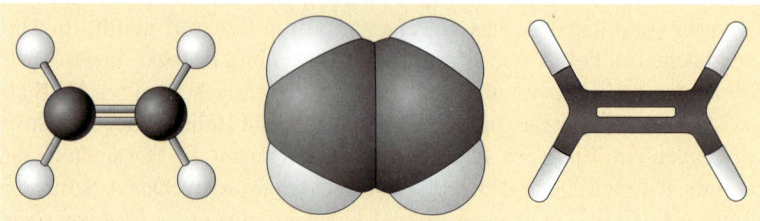

2 Modelle des Ethenmoleküls

Ethen – ein Alken Neben dem Ethen gibt es auch noch weitere ähnlich aufgebaute Kohlenwasserstoffe.
Wodurch unterscheiden sie sich und welche Gemeinsamkeiten gibt es?

Formeln von Alkenmolekülen		
Name	Summenformel	Strukturformel
Propen	C_3H_6	
But-1-en	C_4H_8	
Pent-1-en	C_5H_{10}	

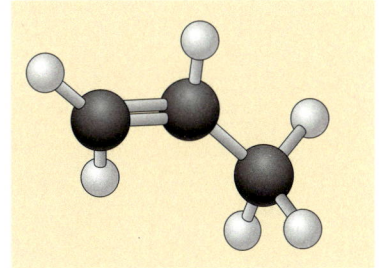

4 Modell des Propenmoleküls

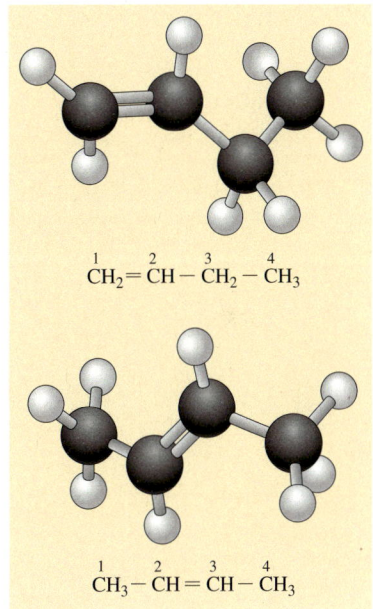

$$\overset{1}{CH_2} = \overset{2}{CH} - \overset{3}{CH_2} - \overset{4}{CH_3}$$

$$\overset{1}{CH_3} - \overset{2}{CH} = \overset{3}{CH} - \overset{4}{CH_3}$$

5 Modelle und Formeln
von But-1-en (oben)
und But-2-en (unten)

Kettenförmige Kohlenwasserstoffe, deren Moleküle wie Ethen eine Doppelbindung zwischen zwei Kohlenstoffatomen aufweisen, werden zu einer Stoffklasse, den **Alkenen** zusammengefasst. Die Alkene bilden wie die Alkane eine homologe Reihe. Ihre allgemeine Summenformel lautet C_nH_{2n}. Die Alkene gehören zu den **ungesättigten Kohlenwasserstoffen**, da ihre Moleküle weniger Wasserstoffatome enthalten, als sie aufgrund der möglichen Anzahl an Atombindungen binden könnten. Das charakteristische Strukturmerkmal der Alkenmoleküle ist eine **Doppelbindung**.

**Ethen ist ein farbloses, kaum wasserlösliches, brennbares Gas.
Ethen gehört zur Stoffklasse der Alkene. Es ist ein ungesättigter Kohlenwasserstoff, dessen Moleküle eine Doppelbindung enthalten.**

Die Namen der Alkene lassen sich von denen der Alkane ableiten. An die Stelle der Endsilbe „-an" tritt die Endsilbe „-en", z.B. Ethen und Propen. Im Alltag und in der Technik sind auch noch die alten Bezeichnungen Ethylen und Propylen für diese Stoffe in Gebrauch.
Bei Alkenen mit mehr als drei Kohlenstoffatomen im Molekül muss die Stellung der Doppelbindung im systematischen Namen mit angegeben werden. Trotz gleicher Summenformel handelt es sich um verschiedene Stoffe mit unterschiedlichen Eigenschaften. So ist beispielsweise die Siedetemperatur von But-2-en über 7 K höher als die von But-1-en. ↑5

Aufgaben

1 Erstelle einen Steckbrief für Ethen.
2 Vergleiche den Bau der Moleküle von Ethan und Ethen. Stelle dazu beide Strukturformeln auf.
3 Nenne Unterschiede zwischen gesättigten und ungesättigten Kohlenwasserstoffen.

4 Beschreibe die Einfachbindung im Vergleich zur Doppelbindung am Beispiel der Moleküle von Propan und Propen.
5 Bilde den Namen des folgenden Alkens:
$CH_3–CH=CH–CH_2–CH_3$

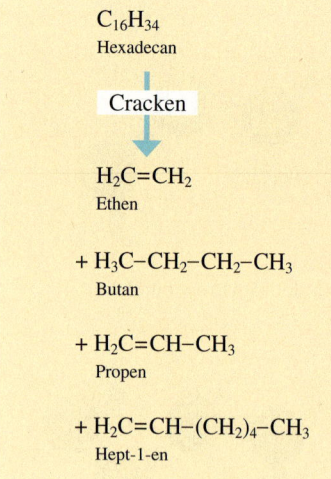

$C_{16}H_{34}$
Hexadecan

Cracken

$H_2C=CH_2$
Ethen

$+ H_3C-CH_2-CH_2-CH_3$
Butan

$+ H_2C=CH-CH_3$
Propen

$+ H_2C=CH-(CH_2)_4-CH_3$
Hept-1-en

2 Mögliche Reaktionsprodukte beim katalytischen Cracken von Hexadecan

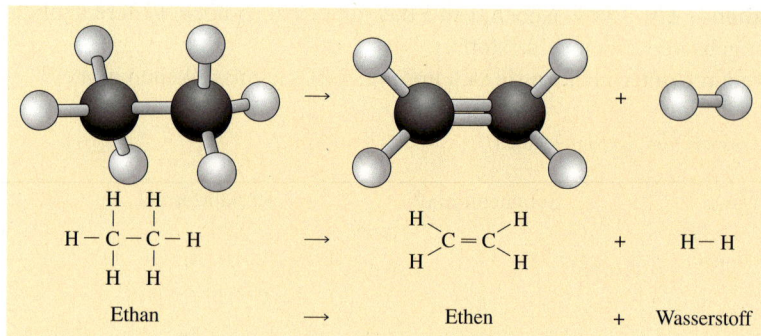

Ethan $\longrightarrow$ Ethen + Wasserstoff

1 Bildung von Ethen im Modell – Reaktions- und Wortgleichung

Bildung von Ethen Aus Ethanmolekülen kann durch Abspaltung von Wasserstoffatomen unter Verwendung von Katalysatoren Ethen hergestellt werden. ↑1 Diese chemische Reaktion wird als **Dehydrierung** bezeichnet. Allgemein werden Reaktionen, bei denen aus jeweils einem Molekül des Ausgangsstoffes mindestens zwei Atome oder Atomgruppen abgespalten werden, als **Eliminierungen** bezeichnet.

Die Eliminierung ist eine chemische Reaktion, bei der aus jeweils einem Molekül des Ausgangsstoffes zwei Atome oder Atomgruppen abgespalten werden.

Cracken Langkettige Moleküle der Kohlenwasserstoffe, wie sie bei der Erdöldestillation anfallen, werden beim Cracken durch hohe Temperaturen oder mithilfe von Katalysatoren in kurzkettige Moleküle gespalten. ↑2 Beim Cracken von Paraffinöl entstehen gasförmige und flüssige Reaktionsprodukte, die eine wässrige Bromlösung entfärben. ↑E.18 Diese Entfärbung zeigt ungesättigte Kohlenwasserstoffe im Gemisch an. ↑E.20

Selbst untersucht

18   Cracke Paraffinöl.
Vorsicht! Schutzbrille! Baue die Experimentieranordnung wie in der Abbildung auf.
Befülle ein schwer schmelzbares Reagenzglas mit 5 ml Paraffinöl. Gib etwas Stahlwolle in den oberen Bereich des Glases.

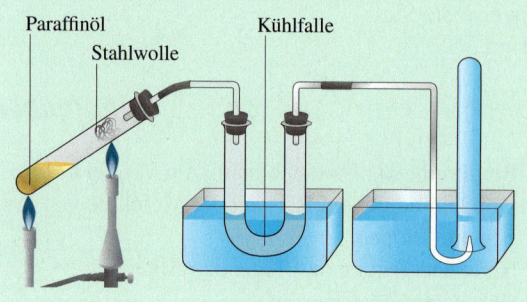

Paraffinöl
Stahlwolle
Kühlfalle

Erhitze zunächst die Stahlwolle im Reagenzglas stark mit dem Bunsenbrenner. Erwärme danach das Paraffinöl mit einem zweiten Brenner, sodass das Paraffinöl gerade siedet. Erhitze die Stahlwolle fortwährend, bis das Paraffinöl fast vollständig verdampft ist. Fange die gasförmigen Produkte in Reagenzgläsern pneumatisch auf. Prüfe die Gase (GHS02) in den Reagenzgläsern und die in der Kühlfalle gesammelte Flüssigkeit (GHS02|08|07|09) mit 3%igem Bromwasser (GHS06) und auf Brennbarkeit.
Deute die Beobachtungsergebnisse und formuliere mögliche Reaktionsgleichungen.
Entsorgung: Kondensat in den Sammelbehälter III, bromhaltige Reste in den Sammelbehälter IV geben. Geräte mit Gasresten unter dem Abzug entlüften.

Chemische Reaktionen der Alkene Alkene sind wie Alkane brennbar. Bei vollständiger Verbrennung entstehen als Reaktionsprodukte Kohlenstoffdioxid und Wasser. Dabei wird Wärme abgegeben.

$$Ethen(g) + Sauerstoff(g) \longrightarrow \text{Kohlenstoffdioxid(g)} + Wasser(l) \ | \ exotherm$$

$$C_2H_4(g) + 3\,O_2(g) \longrightarrow 2\,CO_2(g) + 2\,H_2O(l) \ | \ exotherm$$

Alkene sind reaktionsfähiger als Alkane. Das zeigt sich z.B. bei der Reaktion mit Brom. Wenn Bromdampf mit Ethen gemischt wird, verschwindet die Farbe des Broms sehr schnell. Die beiden Gase bilden ein farbloses Reaktionsprodukt, das 1,2-Dibromethan.
Auch beim Einleiten von Ethen in Bromwasser verschwindet die braune Färbung des Broms nach kurzer Zeit. ↑E.19

$$\underset{\text{Ethen}}{\overset{H}{\underset{H}{\diagdown}}C=C\overset{H}{\underset{H}{\diagup}}} + \underset{\text{Brom}}{Br-Br} \longrightarrow \underset{\text{1,2-Dibromethan}}{Br-\overset{H}{\underset{H}{C}}-\overset{H}{\underset{H}{C}}-Br}$$

Bei dieser Reaktion lagert sich das Brommolekül an die Kohlenstoffatome der Doppelbindung an. Ein Elektronenpaar der Doppelbindung wird gespalten und Einfachbindungen zu den Bromatomen ausgebildet. Gleichzeitig wird auch die Einfachbindung im Brommolekül getrennt. Jedes Kohlenstoffatom im Ethenmolekül hat nun ein Bromatom gebunden. ↑3
Allgemein wird die Anlagerung von Atomen oder Atomgruppen an Moleküle mit Doppelbindung als **Addition** bezeichnet.
Die Entfärbung einer wässrigen Bromlösung gelingt mit allen ungesättigten Kohlenwasserstoffen. ↑E.20 Deshalb wird diese Reaktion zum **Nachweis** für ungesättigte Kohlenwasserstoffe genutzt.

Die Addition ist eine chemische Reaktion, bei der sich jeweils zwei Moleküle der Ausgangsstoffe zu einem Molekül des Reaktionsprodukts verbinden.

Die Alkene können nicht nur Brom, sondern auch andere Halogene und unter Verwendung von Katalysatoren auch Wasserstoff addieren. Die Addition von Wasserstoff heißt **Hydrierung**. Durch Hydrierung kann ein Alken in ein Alkan umgewandelt werden.
Die Hydrierung ist die Umkehrung der Dehydrierung.

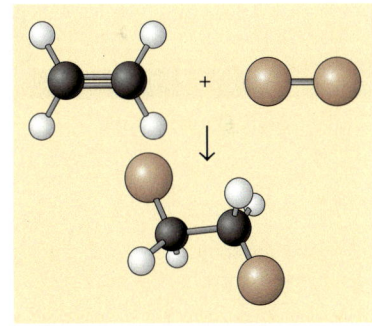

3 Teilchenmodell der Reaktion von Ethen mit Brom

Aufgaben

1 Nenne mögliche Produkte, die beim Cracken von Dodecan ($C_{12}H_{26}$) entstehen können. Stelle von diesen Stoffen die Strukturformeln auf.
2 Erläutere an einem Beispiel den Nachweis von ungesättigten Kohlenwasserstoffen.
3 Erläutere die Merkmale von Additionen anhand der Reaktion von But-2-en mit Brom.

4 Entwickle die Reaktionsgleichungen für folgende Reaktionen und bezeichne alle Stoffe.
a Hydrierung von Ethen
b Dehydrierung von Propan
c Addition von Chlor an Ethen
d Hydrierung von Pent-1-en
e Addition von Iod an Propen

Kraftstoffherstellung und -veredlung

Im Motor eines Autos sollte der Kraftstoff möglichst gleichmäßig verbrennen, um sowohl eine optimale Leistung als auch eine lange Lebensdauer des Motors zu gewährleisten. Wenn aber der Motor schlecht anspringt, klopft oder klingelt, kann das unter anderem auch am Kraftstoff liegen. Wie kann die geforderte Qualität von Kraftstoffen erreicht werden?

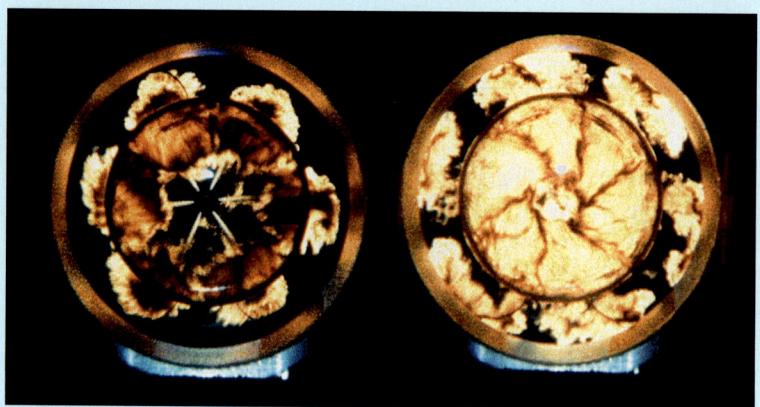

1 Gleichmäßige Verbrennung des Kraftstoffs im Zylinder eines Motors

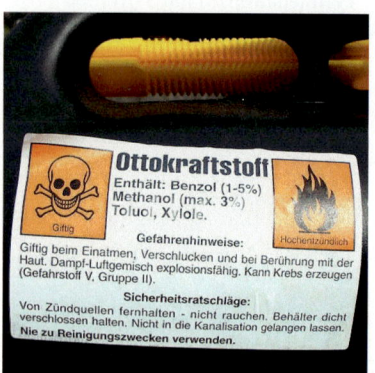

2 Etikett eines Ottokraftstoffs

Octanzahlen einiger Kohlenwasserstoffe	
Stoff	Octanzahl (OZ)
n-Pentan	62
n-Hexan	25
n-Heptan	0
n-Octan	17
2-Methylbutan	90
Isooctan	100
2-Methyl-pent-1-en	83
Cyclopentan	85
Cyclohexan	77
Benzol	106
Toluol	109
MTB	115

Benzin als Treibstoff Einige der aus den Erdöldestillaten gewonnenen Brennstoffe können zum Antrieb von Verbrennungsmotoren genutzt werden. Diese Brennstoffe werden als **Treibstoffe** oder **Kraftstoffe** bezeichnet. Besonders geeignet sind einige gasförmige und flüssige Treibstoffe, von denen dem Benzin die größte Bedeutung zukommt. Bei den Treibstoffen unterscheidet man die niedrig siedenden Benzine (Siedebereich: 80 bis 130 °C), die zum Antrieb von Ottomotoren genutzt werden, die Dieselöle (Siedebereich: 200 bis 350 °C), die für Dieselmotoren genutzt werden, und die Kerosine (Siedebereich: 175 bis 380 °C), die in den Flugzeugturbinen als Treibstoff dienen. Treibstoffe mit einem niedrigen Siedebereich sind leichter entzündbar, da sie schneller ein brennbares Gemisch aus gasförmigem Treibstoff und Luft bilden. ↑E.18 S.64

Klopffestigkeit von Kraftstoffen Im Ottomotor soll das Benzin-Luft-Gemisch nach der Zündung gleichmäßig verbrennen, indem sich die Flammfront von der Zündkerze durch das gesamte Gemisch ausbreitet. Während der Verdichtungsphase im Zylinder erwärmt sich das Benzin-Luft-Gemisch durch den steigenden Druck und kann sich von selbst entzünden. Dabei entsteht im Motor ein klopfendes Geräusch. Diese Erscheinung nennt man **Klopfen**. Sie ist schädlich für den Motor, da sie auf Dauer zu stark erhöhtem Materialverschleiß bis hin zur Zerstörung des Motors führt.

Um das zu verhindern, wird das Benzin durch besondere Zusätze **klopffester** gemacht. Kurzkettige Alkane weisen eine gute **Klopffestigkeit** auf, die aber bei zunehmender Kettenlänge der unverzweigten Moleküle abnimmt. Je verzweigter das Molekül ist, desto höher ist auch seine Klopffestigkeit. Als Maß für die Klopffestigkeit eines Ottokraftstoffs wurde die **Octanzahl** (OZ) eingeführt. Zur Festlegung der Octanzahl dienen das zündfreudige, aber stark klopfende Heptan mit der Octanzahl 0 und das zünd- und klopffeste Isooctan (2,2,4-Trimethylpentan) ↑4 S.59 mit der Octanzahl 100. Ein Kraftstoff, der sich in einem Prüfmotor z.B. wie ein Gemisch aus 95 % Isooctan und 5 % Heptan verhält, erhält die Octanzahl 95.

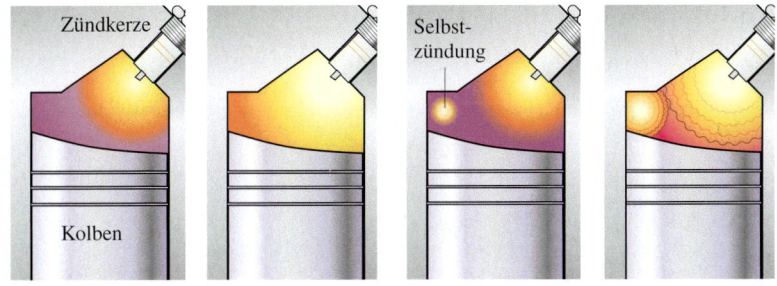

3 Kontrollierte und klopfende Verbrennung (schematische Darstellung)

Octanzahlen der Vergaserkraftstoffe	
(ROZ – Research-Octanzahl)	
Kraftstoff	ROZ
Normalbenzin	> 91
Superbenzin	> 95
Super-Plus-Benzin	> 98

Bei Dieselkraftstoffen wird die Zündwilligkeit mithilfe der **Cetanzahl** angegeben. Hier wird als Eichkraftstoff ein Gemisch aus Cetan (Hexadecan) und 1-Methylnaphthalin verwendet. Das zündwillige Cetan besitzt die Cetanzahl 100, das zündträge 1-Methylnaphthalin die Cetanzahl 0.

Reformieren Die durch die fraktionierte Destillation gewonnenen Benzinfraktionen weisen aufgrund des hohen Anteils an unverzweigten Kohlenwasserstoffen für moderne, hochverdichtende Motoren noch eine zu niedrige Octanzahl auf. Durch **Reformieren** (lat. reformare – umgestalten) werden Kohlenwasserstoffmoleküle mit unverzweigten Ketten zu stärker verzweigten oder ringförmigen Molekülen umgewandelt. Dabei werden sie über Platin- oder immer häufiger Rheniumkatalysatoren bei Temperaturen um 500 °C und hohem Druck geleitet. Auf diese Weise wird die Octanzahl des Benzins erhöht.

Zusatzstoffe in Kraftstoffen Um die Eigenschaften von Kraftstoffen zu verbessern, werden Zusatzstoffe (Additive) hinzugegeben. Diese Stoffe schützen z.B. den Motor vor Ablagerungen und Korrosion, sparen Kraftstoff, schonen den Motor und sorgen für volle Motorleistung. Auch Antiklopfmittel, die die Octanzahl des Kraftstoffs erhöhen, gehören zu diesen Additiven. Früher wurde Bleitetraethyl als Antiklopfmittel verwendet. Man erhielt das verbleite Benzin, das aufgrund seiner umweltbelastenden Wirkung heute nicht mehr verwendet werden darf.
Benzol, das beim Reformieren in geringen Mengen gebildet wird, erhöht ebenfalls die Klopffestigkeit des Benzins. Da es krebserregend wirkt, darf es heute höchstens zu 1 % im Benzin enthalten sein. Gegenwärtig wird als Antiklopfmittel oft Methyl-tertiär-butylether (MTBE) verwendet. Untersuchungen deuten jedoch darauf hin, dass auch MTBE die Umwelt belastet, weil dieser Stoff schwer abbaubar ist.

4 Strukturformel von Methyl-tertiär-butylether (MTBE)

Aufgaben

1 Erläutere die Begriffe „Klopfen", „Klopffestigkeit" und „Antiklopfmittel".
2 Beschreibe den Unterschied zwischen Octanzahl und Cetanzahl.
3 Formuliere die Reaktionsgleichung zur vollständigen Verbrennung von Isooctan.
  Gib an, wie die dabei gebildeten Verbrennungsprodukte nachgewiesen werden können.

4 Gib mögliche Strukturformeln isomerer Reaktionsprodukte an, die beim Reformieren aus n-Decan entstehen können.
5 Vergleiche die Prozesse „Cracken" und „Reformieren" im Hinblick auf ihre Reaktionsprodukte.
6 Vergleiche mithilfe von Daten aus dem Internet das Gefahrenpotenzial von Bleitetraethyl mit dem von MTBE.

Bildung von Makromolekülen

Moderne Architekturen erfordern Baumaterialien mit bestimmten Eigenschaften. Kunststoffe sind dafür häufig bestens geeignet.
Heute gibt es für beinahe jeden Zweck besondere Kunststoffe, die alle aus riesigen Molekülen aufgebaut sind.
Wie aber entstehen solche Riesenmoleküle?

1

Zu Beginn des 20. Jahrhunderts erkannte der deutsche Chemiker HERMANN STAUDINGER (1881 bis 1965) die Struktur von Makromolekülen und entwickelte Vorstellungen zur Synthese solcher Moleküle. Damit begann das Zeitalter der Kunststoffe. 1926 wurde erstmals PVC technisch produziert.

EXPERIMENT 21 [L]
Verhalten von PE und PP gegenüber Chemikalien.
Jeweils ein PE- und PP-Streifen werden in 10%ige Schwefelsäure (GHS07), 5%ige Natriumhydroxidlösung (GHS05), Ethanol (GHS02) und Aceton (GHS02|07) gegeben.

Polymerisation Mit geeigneten Katalysatoren können Ethenmoleküle auch untereinander reagieren. Dabei brechen die Doppelbindungen der Ethenmoleküle auf und es entstehen sehr langkettige Moleküle. In diesen sind die Kohlenstoffatome durch Einfachbindung miteinander verbunden. Die fortlaufende Addition von vielen Einzelmolekülen mit Doppelbindung wird als **Polymerisation** bezeichnet. Sie führt zu sehr großen Molekülen, den **Makromolekülen** (griech. makros – lang, groß). Da die Makromoleküle aus vielen Ethenmolekülen entstanden sind, wird der neue Stoff **Polyethylen (PE)** bzw. **Polyethen** genannt (griech. poly – viel).

$$n \quad \overset{H}{\underset{H}{}}C = C\overset{H}{\underset{H}{}} \quad \xrightarrow{\textit{Katalysator}} \quad \left[\begin{matrix} H & H \\ | & | \\ C & C \\ | & | \\ H & H \end{matrix} \right]_n$$

Ethen   Polyethylen

Analog der Bildung von Polyethylen entsteht Polypropylen (Polypropen PP) durch Polymerisation von Propen.

Bei der Polymerisation entstehen Makromoleküle aus vielen Einzelmolekülen mit Mehrfachbindung.

Polyethylen und Polypropylen Beide Kunststoffe werden beim Erhitzen weich und beim Abkühlen wieder fest. Gegenüber Luft und Wasser sind sie beständig, ebenso gegenüber Säuren und Laugen. Aufgrund ihrer Eigenschaften werden Kunststoffe vielfältig genutzt.

Kunststoff	Verwendung
Polyethylen PE	Tragetaschen, Müllbeutel, Frischhaltefolie, Flaschenkästen, Mülltonnen, Behälter für Reinigungsmittel
Polypropylen PP	Rohre, Dichtungen, Batteriekästen, Fahrzeugteile

Kunststoffrecycling

1 Kunststoffverpackungen mit dem „Grünen Punkt"

Jedes Jahr fallen in Deutschland etwa 3 Mio. Tonnen Kunststoffabfälle an. Davon gelangen 1,7 Mio. Tonnen in den Hausmüll, vor allem als Kunststoffverpackungen und Einwegartikel. Kunststoffe sind jedoch wertvolle Rohstoffe, die zum Wegwerfen zu schade sind. Deshalb schreiben inzwischen auch Gesetze vor, dass Kunststoffverpackungen wiederverwendet werden müssen. Solche Verpackungen sind mit dem „Grünen Punkt" gekennzeichnet. Für die Wiederverwertung von Kunststoffabfällen können verschiedene Verfahren genutzt werden.

Kennzeichnung häufig verwendeter Polymere

Kennzeichnung	Polymer
1	Polyethylenterephthalat (PET)
2	Polyethen (HDPE; engl. high density polyethene)
3	Polyvinylchlorid (PVC)
4	Polyethen (LDPE; engl. low density polyethene)
5	Polypropen (PP)
6	Polystyrol (PS)
7	andere

Werkstoffliches Recycling	Rohstoffliches Recycling
	Spaltung der Makromoleküle der Kunststoffe in die Ausgangsstoffe

sortierte, zerkleinerte Kunststoffabfälle

Granulate von sortenreinen Kunststoffabfällen

Umschmelzen

Pyrolyse
Erhitzen unter Luftabschluss auf 700 °C

Hydrierung
Erhitzen unter Zusatz von Wasserstoff

Rohstoffe: Pyrolysegas

Rohstoffe: Rohöle

Produkte aus recyceltem Kunststoff

PE-Produkte

PP-Produkte

weiter gedacht

1 Verschmutzte Hände, z. B. durch eine Fahrradkette, lassen sich besser reinigen, wenn sie zuerst gut mit Salatöl eingerieben und danach mit warmem Wasser und Seife gewaschen werden. Erläutere, warum das so ist.

2 Jeder Motor braucht Schmieröle. Sie haben die Aufgabe, die Gleitfähigkeit der aneinanderreibenden Metallteile zu erhöhen.

Schmieröle bestehen aus Gemischen verschiedener Kohlenwasserstoffe. Sie sind zähflüssig wie Sirup. Warum ist das so? Erkläre.

3 Propan und Butan werden im Haushalt und auch beim Camping als Brennstoff verwendet.

Nenne und begründe Sicherheitsmaßnahmen, die beim Umgang mit diesen Gasen beachtet werden müssen.
Erkunde, welche Handwerksbetriebe in deiner Umgebung Flüssiggas für welche Tätigkeit verwenden.

4 An der Tafel steht der Name eines Alkans: 3-Ethyl-4-methylheptan.
Entwickle die Strukturformel dieses Alkans. Nenne die Summenformel und den Namen des n-Alkans. Gib für die genannten Alkane eine gemeinsame Bezeichnung an. Begründe.

5 Bei der Verbrennung von 5,6 l eines unbekannten Kohlenwasserstoffgases entstehen 9 g Wasser und 11,2 l Kohlenstoffdioxid.
Gib an, um welches Gas es sich handelt. Begründe. Berechne zum Vergleich die Masse Wasser und das Volumen an Kohlenstoffdioxid, die bei der Verbrennung von 5,6 l Ethan entstehen. Erkläre mögliche Unterschiede zwischen beiden Ergebnissen.

6 Carbidlampen, auch Acetylenlampen genannt, wurden früher im Bergbau genutzt. Am Brenner der Lampe wurde Acetylen C_2H_2, ein ungesättigter Kohlenwasserstoff, entzündet.
Ermittle den systematischen Namen für Acetylen und stelle die Strukturformel auf.

Informiere dich über die Eigenschaften und die Verwendung dieses Stoffes. Stelle die Ergebnisse tabellarisch dar.

7 Der Kunststoff PVC eignet sich u. a. auch für eine Verwendung im Modellbau.
Seit einiger Zeit ist PVC allerdings auch in der Umweltdiskussion. Informiere dich darüber z. B. im Internet. Stelle Argumente pro und kontra PVC zusammen.

Kohlenwasserstoffe	Organische Verbindungen, die nur die Elemente Kohlenstoff und Wasserstoff enthalten

Alkane

Kohlenwasserstoffe, deren Moleküle nur aus Kohlenstoff und Wasserstoff bestehen und deren Atome nur durch einfache Atombindungen miteinander verbunden sind, z. B. Methan:

Summenformel   Strukturformel   Elektronenformel   Molekülmodell

Eigenschaften der Alkane

Mit zunehmender Kettenlänge der Moleküle ändert sich der Aggregatzustand der Alkane von gasförmig nach fest, nehmen die Siede- und Schmelztemperaturen zu; hinsichtlich ihres Löseverhaltens gegenüber Wasser und Fetten sind sie hydrophob und lipophil.
Alle Alkane sind brennbar. Alkane bilden eine homologe Reihe.

Einteilung der Kohlenwasserstoffe

Die Einteilung der Kohlenwasserstoffe erfolgt nach der Struktur ihrer Moleküle.

Kettenförmige Kohlenwasserstoffe	
Gesättigte Kohlenwasserstoffe	Ungesättigte Kohlenwasserstoffe
Alkane	Alkene
z. B. Ethan	z. B. Ethen

Reaktionen der Kohlenwasserstoffe

Substitution

Chemische Reaktion mit einem Austausch von Atomen oder Atomgruppen zwischen den Molekülen der Ausgangsstoffe

Eliminierung

Chemische Reaktion mit einer Abspaltung von mindestens zwei Atomen oder von Atomgruppen aus je einem Molekül des Ausgangsstoffs

Addition

Chemische Reaktion mit einer Vereinigung von jeweils zwei Molekülen der Ausgangsstoffe zu einem Molekül des Reaktionsprodukts

Polymerisation

Bildung von Makromolekülen aus vielen Einzelmolekülen mit Mehrfachbindung

Check up

1 Spiritus ist eine organische Verbindung.
a Welches Element ist am Aufbau aller organischen Verbindungen beteiligt?
b Warum gibt es wesentlich mehr organische als anorganische Verbindungen?
c Überlege, wie man nachweisen könnte, dass bei brennendem Spiritus Kohlenstoffdioxid und Wasser entstehen?

2 Methan ist der einfachste Kohlenwasserstoff.
a Nenne mindestens drei Vorkommen und die Bedeutung von Methan.
b Entwickle einen Steckbrief von Methan.
c Beschreibe den Bau des Methanmoleküls anhand der Strukturformel.

3 Alkane bilden eine homologe Reihe.
a Erläutere den Begriff „homologe Reihe".
b Stelle die Strukturformeln folgender Alkane auf und benenne sie:
C_7H_{16}; $C_{10}H_{22}$; C_5H_{12}.
c Notiere die Summenformeln von Alkanen mit 11, 19 und 24 Kohlenstoffatomen. Leite für diese Alkane aufgrund ihrer Stellung in der homologen Reihe gemeinsame und unterschiedliche Eigenschaften ab.

4 Erläutere die Merkmale von Substitutionsreaktionen anhand der Umsetzung von Octan mit Brom.
Woran kann man erkennen, dass die Reaktion tatsächlich abläuft? Entwickle die Reaktionsgleichung.

5 Ethen ist ein ungesättigter Kohlenwasserstoff.
a Beschreibe den Bau des Ethenmoleküls.
b Ordne Ethen einer Stoffklasse zu und gib weitere Beispiele dafür an.

6 Überlege, wie du experimentell prüfen könntest, ob im Benzin ungesättigte Kohlenwasserstoffe enthalten sind.

7 Ein Auto mit einem Motor für die Verwendung von Super-Plus-Benzin (OZ 98) wird versehentlich mit Super-Benzin (OZ 95) betankt.
a Erläutere die Angabe „OZ 98".
b Gib begründet eine mögliche Auswirkung der oben beschriebenen Verwechslung für den Automotor an.

8 Nenne Unterschiede zwischen gesättigten und ungesättigten Kohlenwasserstoffen. Ordne die folgenden Stoffe zu: 2-Methylbutan, Hept-2-en, n-Hexan, Pent-1-en, Octadec-3-en, 2,3-Dimethylnonan.

9 Propen reagiert mit Chlor und mit Wasserstoff.
a Benenne die Verbindungen, die dabei entstehen.
b Kennzeichne die Reaktionsart.
c Entwickle die Reaktionsgleichungen.

10 Die Begriffe Hydrierung und Dehydrierung werden oft verwechselt. Erläutere die Reaktionen an einem selbst gewählten Beispiel und bestimme die Reaktionsart.

11 Viele Gegenstände aus dem Alltag bestehen aus den Kunststoffen Polyethylen oder Polypropylen.
a Aus welchen Ausgangsstoffen werden die genannten Kunststoffe hergestellt?
b Benenne die Reaktionsart und erläutere sie am Beispiel der Bildung von Polypropylen.

Aufgabe	Hilfe findest du auf Seite …	Verbindung der Aufgabe zu den Basiskonzepten ↑S.156 f.	
1	49	T	R
2	50, 51, 55	T	S
3	52, 53, 54	S	T
4	57	R	E
5	62, 63	T	S
6	65	T	R
7	66, 67	T	S
8	52, 63	T	S
9	65	R	S
10	64,65	T	R
11	68	T	R

T Stoffe und ihre Teilchen, S Struktur und Eigenschaften der Stoffe, R Chemische Reaktionen, E Energie

> Die Lösungen findest du im Anhang.

Alkohol –
mehr als nur zum Trinken

Wer denkt schon beim Betrachten von Weintrauben, eines Feldmaikäfers oder
der Beeren einer Eberesche an Alkohol?
Und doch – aus Weintrauben lässt sich durch Gärung Alkohol gewinnen.
Das Weibchen des Feldmaikäfers lockt mithilfe von Alkohol Männchen an.
Und auch die Beeren der Eberesche enthalten Alkohol,
der die Vögel die verschluckten Samen schnell und
unverdaut wieder ausscheiden lässt.

➜ Was ist Alkohol und kann man
jeden Alkohol trinken?
➜ Wie sind Alkohole aufgebaut?
➜ Welche Unterschiede und
Gemeinsamkeiten gibt es
zwischen den Alkoholen?
➜ Wie lassen sich Alkohole
herstellen und welche Bedeutung
besitzen sie im täglichen Leben
der Menschen?

im Brennpunkt

Alkohol – eine Alltagsdroge?

1 Alkohol bringt Stimmung beim Feiern!?

2 In einer 0,3-Liter-Flasche Alcopops sind 5,5 % Vol. Alkohol enthalten. Das sind 16,5 ml bzw. 13,04 g reines Ethanol.

Alkohol – ein Alltagsgetränk Fast alle Völker kennen Alkohol bereits seit Jahrtausenden. Man schätzte seine berauschende und entspannende Wirkung. Ursprünglich stellte man meist Gärprodukte wie Wein und Met her. Mittlerweile gibt es Tausende verschiedene alkoholische Getränke. Alkohol, regelmäßig getrunken, kann beim Menschen schon in relativ geringen Mengen zur Abhängigkeit führen. Heute ist Alkohol die Droge Nummer eins. In Deutschland gibt es etwa 3 Millionen alkoholabhängige Menschen, etwa 45 000 Menschen sterben durch Alkoholmissbrauch oder durch Unfälle in Verbindung mit Alkohol.

Alkoholaufnahme im menschlichen Körper Alkohol aus alkoholischen Getränken gelangt sehr schnell ins Blut, etwa 20 % über den Magen, der restliche Anteil überwiegend über den Dünndarm. Leerer Magen, schnelles Trinken, Wärme sowie Kohlensäure in alkoholischen Getränken, z. B. Alcopops und Sekt, beschleunigen diesen Vorgang erheblich. Wenige Minuten nach dem Genuss ist Alkohol im Blut nachweisbar, nach anderthalb Stunden ist die Verteilung des Alkohols im Körper abgeschlossen. Blut und Gewebe haben nun in etwa die gleiche Alkoholkonzentration. Die Blutalkoholkonzentration (BAK) wird in Promille (‰) angegeben.

3 Trinkgelage auf einer griechischen Vasenmalerei aus dem 4. Jh. v. Chr.

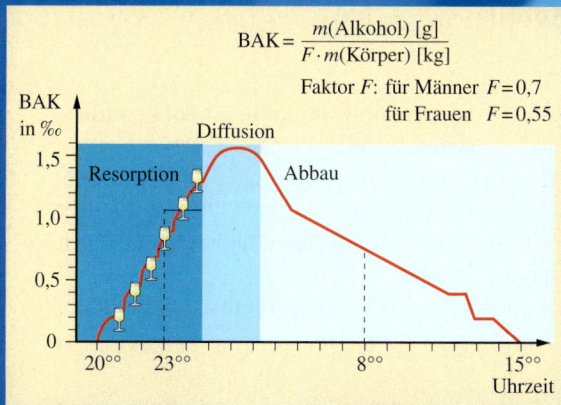

$$\text{BAK} = \frac{m(\text{Alkohol}) \ [g]}{F \cdot m(\text{Körper}) \ [kg]}$$

Faktor F: für Männer $F = 0{,}7$
für Frauen $F = 0{,}55$

BAK in ‰

Resorption — Diffusion — Abbau

4 Blutalkoholkonzentration nach Alkoholkonsum

Beispiel zur Berechnung der Blutalkoholkonzentration

Eine Jugendliche hat in kurzer Zeit drei Flaschen Alcopops getrunken. Sie wiegt 53 kg. Berechne ihre Blutalkoholkonzentration.

$$\text{BAK} = \frac{3 \cdot 13{,}04 \, g}{0{,}55 \cdot 53 \, kg} = \frac{39{,}12 \, g}{29{,}12 \, kg} = 1{,}35 \, g/kg = 1{,}35 \, ‰$$

Die Blutalkoholkonzentration der Jugendlichen beträgt 1,35‰.

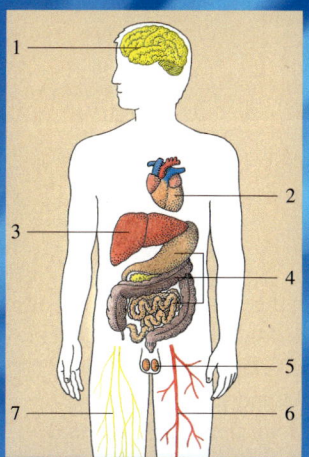

1 Gestörte Hirnfunktion
2 Herz-Kreislauf-Erkrankungen
3 Schwere Leberschäden
4 Erkrankungen von Magen, Bauchspeicheldrüse und Darm
5 Sexuelle Impotenz
6 Schäden an Blutgefäßen
7 Gestörte Nervenfunktionen

5 Mögliche Folgen von chronischem Alkoholmissbrauch

Wirkungen von Blutalkoholkonzentrationen

Blutalkoholkonzentration	Wirkung
> 0,2‰	**Angeheitert** Wärmegefühl, anregende Wirkung
> 0,5‰	**Leichter Rausch** gereizte oder depressive Stimmung, Reaktionsvermögen, Seh- und Konzentrationsfähigkeit nehmen ab
> 1,5‰	**Mittlerer Rausch** Gleichgewichts-, Hör-, Seh- und Sprachstörungen, unkoordinierte Bewegungen
> 2,5‰	**Schwerer Rausch** Orientierungslosigkeit, Betäubungszustand
> 3,5‰	**Volltrunkenheit** Bewusstlosigkeit, Koma, schwere Vergiftung des Körpers

Arbeitsaufträge

1 Stelle mögliche Ursachen für den hohen Alkoholkonsum in der Gesellschaft zusammen.
2 Beschreibe die Phasen der Alkoholkrankheit.
3 Informiere dich über den Alkoholgehalt verschiedener alkoholischer Getränke, z. B. Mixbier, Bier, Wein, Sekt, Likör, Branntweine. Berechne den Gehalt an reinem Alkohol in g je Flasche und je handelsüblichem Glas. Stelle die Ergebnisse in einer Tabelle zusammen.
4 Erläutere Folgen des Fahrens unter Alkohol im Straßenverkehr. Stelle die gesetzlichen Bestimmungen zum Genuss von Alkohol im Straßenverkehr in einer Übersicht zusammen.
5 Entwickle ein Poster mit Hinweisen auf die Gefahren durch Alkohol.
6 Setze dich mit dem Thema Sucht auseinander und argumentiere zum Thema: Alkohol ist eine suchtauslösende Droge.
7 Ermittle für die Mitgliedsländer der Europäischen Gemeinschaft die gesetzlichen Promillegrenzen für Verkehrsteilnehmer. Vergleiche die Werte mit denen Deutschlands und versuche Gründe für die Unterschiede zu benennen.
8 Ein Gast hat auf einer Feier drei Gläser Wein (je 0,2 l) zu sich genommen. Berechne die Blutalkoholkonzentration. Welchen Rauschzustand hat der Gast erreicht?

Selbst untersucht Eigenschaften von Alkoholen

1 Erkunde Eigenschaften von Ethanol.

Vorsicht! Entzündungsgefahr! Ermittle Aggregatzustand, Geruch, Farbe und Dichte von Ethanol (GHS02) bei Zimmertemperatur und bestimme die Siedetemperatur. Prüfe anschließend die elektrische Leitfähigkeit von Ethanol und die Brennbarkeit. Beschreibe die Beobachtungen. Nutze die Beobachtungsergebnisse und Angaben aus einem Tabellenwerk zum Erstellen eines Steckbriefs für Ethanol.

Entsorgung: Reste von Ethanol zur weiteren Verwendung einsammeln.

2 Prüfe die Wirkung einer elektrisch geladenen Folie auf Ethanol und andere Flüssigkeiten.

Gib Ethanol in eine Bürette und halte seitlich neben das Auslaufventil einen aufgeladenen Plastikstab oder eine aufgeladene Folie.

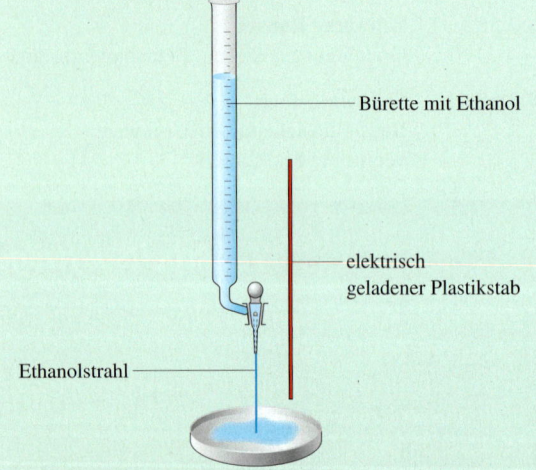

Bürette mit Ethanol

elektrisch geladener Plastikstab

Ethanolstrahl

Lass aus der Bürette einen feinen Ethanolstrahl an dem Stab vorbei in eine Auffangwanne laufen. Wiederhole das Experiment mit Wasser und mit Petroleumbenzin (GHS02).
Vergleiche das Verhalten der drei Flüssigkeiten an dem geladenen Stab.
Erkläre das Verhalten der drei Flüssigkeiten.
Entsorgung: Reste von Ethanol und Petroleumbenzin zur weiteren Verwendung einsammeln.

3 Verbrenne Ethanol in einem geschlossenen Gefäß.

Vorsicht! Gib auf den Verbrennungslöffel Brennspiritus (GHS02) und entzünde ihn. Tauche den Verbrennungslöffel in einen sauberen, trockenen Erlenmeyerkolben.
Verschließe den Erlenmeyerkolben mit dem Stopfen.

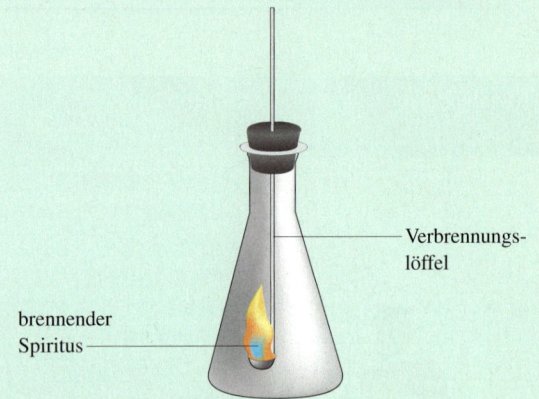

Verbrennungslöffel

brennender Spiritus

Betrachte nach Erlöschen der Flamme die Wand des Erlenmeyerkolbens. Öffne kurz den Erlenmeyerkolben und gib etwa 5 ml Kalkwasser (GHS07) in den Kolben. Verschließe sofort und schüttle.
Betrachte das Kalkwasser vor dem Einfüllen in den Kolben und nach dem Schütteln des verschlossenen Kolbens.
Deute die Beobachtungsergebnisse.
Entsorgung: Reste in den Sammelbehälter für Abwasser geben.

4 Untersuche die Wirkung von Alkohol auf Eiweiß.

Versetze etwas Eiklar mit 0,9%iger Kochsalzlösung im Verhältnis 1 : 5 und schüttle kräftig. Gib zu 5 ml der entstandenen Eiweißlösung 5 ml Ethanol (GHS02) und schüttle wiederum kräftig.
Beschreibe deine Beobachtungen. Überlege, welche Wirkungen der regelmäßige Genuss von Alkohol auf Organe im menschlichen Organismus haben kann.
Entsorgung: Reste in den Sammelbehälter für Abwasser geben.

5 Prüfe das Verhalten von Alkoholen gegenüber Indikatorlösungen.

Gib je 3 ml Ethanol (GHS02), Propan-1-ol (GHS02|05|07) und Butan-1-ol (GHS02|05|07) in jeweils ein Reagenzglas. Versetze die Alkohole mit fünf Tropfen einer Indikatorlösung, z. B. Universalindikator. Tropfe zum Vergleich ebenfalls fünf Tropfen dieser Indikatorlösung in 3 ml 5%ige Natriumhydroxidlösung (GHS05).

Notiere die Farben der Alkohollösungen vor und nach Zugabe des Indikators und vergleiche sie mit der Natriumhydroxidlösung.

Entsorgung: Reste von Natriumhydroxidlösung und Ethanol in Sammelbehälter für Abwasser, andere Alkoholreste in den Sammelbehälter III geben.

6 Untersuche die Mischbarkeit von Alkoholen mit Wasser.

Gib in ein Reagenzglas mit 3 ml Ethanol (GHS02) 3 ml Wasser. Verschließe das Reagenzglas und schüttle kräftig. Wiederhole das Experiment mit Butan-1-ol (GHS02|05|07), Octan-1-ol (GHS07), Nonan-1-ol, Glykol und Glycerin. *Hinweis:* Zur besseren Beobachtung kann das Wasser z. B. mit wenigen Tropfen Eosin angefärbt werden. Fertige über die Beobachtungen eine Übersicht an.

Entsorgung: Reste in Sammelbehälter III geben.

7 Untersuche die Mischbarkeit von Alkoholen mit Petroleumbenzin und Heptan.

Gib in zwei Reagenzgläser je 3 ml Ethanol (GHS02). Setze dem ersten Reagenzglas 3 ml Petroleumbenzin (GHS02) und dem zweiten 3 ml Heptan (GHS02|08|07|09) zu. Verschließe die Reagenzgläser und schüttle kräftig. Wiederhole die Experimente mit Butan-1-ol (GHS02|05|07), Octan-1-ol (GHS07), Glykol und Glycerin. Notiere deine Beobachtungen in einer Tabelle. Vergleiche die Ergebnisse mit denen des Experiments 6. Leite aus beiden Experimenten Schlussfolgerungen über die Mischbarkeit von Alkoholen ab.

Entsorgung: Reste in Sammelbehälter III geben.

8 Prüfe die Brennbarkeit verschiedener Alkohole.

Gib in je eine Porzellanschale 5 ml Butan-1-ol (GHS02|05|07), Octan-1-ol (GHS07), Nonan-1-ol, Glykol und Glycerin.

Versuche die Alkohole mit einem brennenden Span oder mit einer Brennerflamme zu entzünden.

Notiere die Beobachtungsergebnisse. Falls die Alkohole brennen, vergleiche das Aussehen der Flammen.

Entsorgung: Reste in Sammelbehälter III geben.

9 Erkunde die Brennbarkeit von Ethanol-Wasser-Gemischen.

Stelle fünf Ethanol-Wasser-Gemische aus Brennspiritus und Wasser her [φ(Ethanol) = 95 %; GHS02]. Der Volumenanteil Ethanol soll in den Gemischen betragen: 95 %, 70 %, 50 %, 40 %, 30 %. Gib jeweils 5 ml eines Gemisches in je eine Porzellanschale. Versuche die Gemische mit kleiner Brennerflamme zu entzünden.

Beobachte. Entscheide, ob sich die Gemische entzünden lassen und wie lange sie brennen. Leite Schlussfolgerungen über die Brennbarkeit von Alkohollösungen ab.

Entsorgung: Reste zur weiteren Verwendung einsammeln.

10 Unterscheide Methanol von anderen Alkoholen.

Vorsicht! Gib 5 ml Methanol (GHS02|06|08), 5 ml Ethanol (GHS02) und 5 ml Butan-1-ol (GHS02|05|07) in je eine Porzellanschale. Setze den Alkoholen jeweils 1 g Borsäure (GHS08) und zwei Tropfen konzentrierte Schwefelsäure (GHS05) zu. Rühre mit einem Glasstab um, bis keine feste Borsäure mehr vorhanden ist. Entzünde die Flüssigkeiten mit kleiner Brennerflamme.

Beobachte die Färbung der Flammen. Formuliere eine Aussage darüber, wie Methanol von anderen Alkoholen unterschieden werden kann.

Entsorgung: Reste in Sammelbehälter III geben.

Ethanol

In einem Lokal wird zum Abschluss eines festlichen Essens eine brennende Nachspeise serviert. Die Früchte werden mit Alkohol, genauer mit Ethanol, flambiert.
Was ist Ethanol und welche Eigenschaften hat Ethanol? Wofür wird Ethanol verwendet?

1 Flambieren von Himbeeren

EXPERIMENT 11 [L]
Reaktion von Ethanol mit Magnesium.
Ethanoldämpfe (GHS02) werden über stark erhitzte Magnesiumspäne (GHS02) geleitet. Das entweichende Gas wird entzündet.

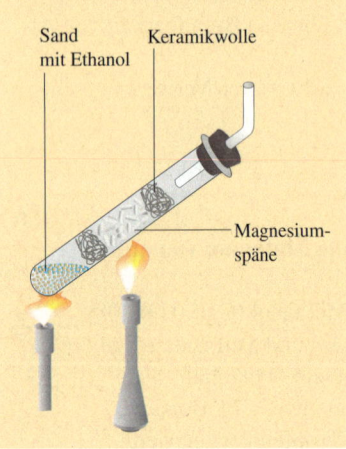

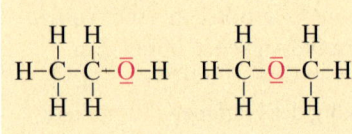

2 Mögliche Strukturformeln von Verbindungen mit der Summenformel C_2H_6O

Eigenschaften von Ethanol Reines Ethanol ist eine farblose, leicht flüchtige Flüssigkeit mit einem charakteristischen Geruch. Es hat eine Siedetemperatur von 78,4 °C und erstarrt bei −114,2 °C. ↑E.1 S.76
In Bier, Wein und Spirituosen ist Ethanol in unterschiedlichen Konzentrationen enthalten. Ethanol brennt mit blassblauer Flamme. ↑E.1,3 S.76
Beim Flambieren verbrennt nur das Ethanol, aber die Geschmacksstoffe der Spirituose bleiben erhalten. Ethanol-Wasser-Gemische sind ab einem Volumenanteil von φ(Ethanol)>45 % brennbar. ↑E.9 S.77 Ethanol leitet nicht den elektrischen Strom, ein Ethanolstrahl wird aber von einer elektrisch aufgeladenen Folie abgelenkt. ↑E.1,2 S.76 Ethanol zerstört Eiweiße. ↑E.4 S.76 Regelmäßiger und übermäßiger Alkoholgenuss kann Gehirnzellen und innere Organe, z. B. die Leber, stark schädigen oder zerstören. Ethanol färbt im Gegensatz zu Natriumhydroxidlösung Universalindikator nicht. ↑E.5 S.77 Mit Borsäure verbrennt Ethanol mit gelber Flamme, die einen grünen Flammensaum besitzt. ↑E.10 S.77
Ethanol lässt sich mit Wasser, aber auch mit unpolaren Stoffen wie Benzin oder Heptan in jedem Verhältnis mischen. ↑E.6,7 S.77 Dieses Verhalten ist erstaunlich, da sich Heptan und Wasser nicht mischen. Wie lässt sich diese Eigenschaft des Ethanols erklären?

Struktur des Ethanolmoleküls Beim Verbrennen von Ethanol sind nur Wasser und Kohlenstoffdioxid als Reaktionsprodukte nachweisbar. ↑E.3 S.76 Bei der Reaktion mit Magnesium bildet sich Magnesiumoxid. ↑E.11 Aus den Experimentergebnissen lässt sich ableiten, dass ein Ethanolmolekül nur aus Atomen der Elemente Kohlenstoff, Wasserstoff und Sauerstoff besteht.
Das Teilchenanzahlverhältnis beträgt $N(C):N(H):N(O) = 2:6:1$.
Die Summenformel des Ethanols lautet demnach C_2H_6O, sie wird häufig auch als C_2H_5OH angegeben.

Dazu lassen sich zwei Strukturformeln aufstellen. ↑2 Analytische Untersuchungen ergaben, dass Ethanolmoleküle eine **Hydroxylgruppe (–OH-Gruppe)** enthalten, die am sogenannten Ethylrest (CH_3-CH_2-) gebunden ist. Ethanol hat also die vereinfachte Strukturformel **CH_3-CH_2OH**.

Herstellung von Ethanol Das älteste und auch heute noch wichtigste Verfahren zur Herstellung von Ethanol ist die alkoholische Gärung. Dabei reagieren zuckerhaltige Lösungen, z.B. verschiedene Fruchtsäfte, unter dem Einfluss von Enzymen zu Ethanollösungen und Kohlenstoffdioxid. Die Enzyme wirken als Biokatalysatoren. Sie werden von Hefepilzen produziert, die den Zuckerlösungen zugesetzt wurden.

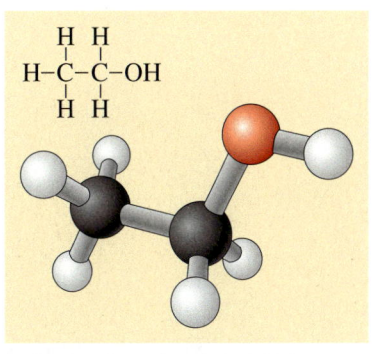

3 Strukturformel und Modell des Ethanolmoleküls

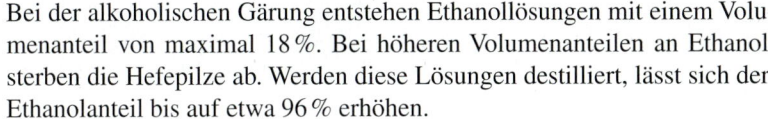

$$C_6H_{12}O_6\,(aq) \xrightarrow{\text{Enzyme}} 2\,CH_3-CH_2OH\,(aq) + 2\,CO_2\,(g)$$

Traubenzucker (Glucose) — Ethanol — Kohlenstoffdioxid

Bei der alkoholischen Gärung entstehen Ethanollösungen mit einem Volumenanteil von maximal 18 %. Bei höheren Volumenanteilen an Ethanol sterben die Hefepilze ab. Werden diese Lösungen destilliert, lässt sich der Ethanolanteil bis auf etwa 96 % erhöhen.
Für industrielle Zwecke wird Ethanol auch durch katalytische Reaktion von Ethen mit Wasser hergestellt.

Verwendung von Ethanol in Alltag und Technik Ethanol dient in Industrie, Labor, Kosmetik, Arzneimittelherstellung und Haushalt als wichtiges Lösemittel. So enthalten Parfüms, Hustensäfte, Nasentropfen, Kosmetika und viele Haushaltsreiniger Ethanol.
Der größte Teil des hergestellten Ethanols wird in Form von alkoholischen Getränken für Genusszwecke genutzt. Bier, Wein, Sekt und Spirituosen wie Wein- oder Obstbrände, Korn oder Whiskey sind dafür Beispiele. Hochprozentige Alkohollösungen werden in Form von Spiritus als Brennstoffe eingesetzt. Damit Brennspiritus nicht zum Trinken missbraucht werden kann, wird er durch Zusätze schlecht schmeckender Stoffe ungenießbar gemacht (vergällt).
Ethanol kann auch als Kraftstoff anstelle von Benzin in Ottomotoren eingesetzt werden. In Deutschland wird vor allem ein Gemisch aus Ethanol mit einem Volumenanteil von 85 % und Benzin verwendet, das E85.

Schon gewusst?

Weine, Biere und Spirituosen sind die wichtigsten alkoholischen Getränke.
Wein wird durch alkoholische Gärung von Weintrauben oder von Traubenmost gewonnen, Bier durch alkoholische Gärung stärkehaltiger Substanzen wie Weizen oder Gerste. Spirituosen werden durch Brennverfahren (Destillation) aus durch Gärung entstandenen alkoholischen Lösungen hergestellt. Ethanol ist in Spirituosen wertbestimmender Anteil. Der Ethanolgehalt der verschiedenen Getränke ist sehr unterschiedlich; er liegt zwischen etwa 1 % Vol. bei Malzbier und mehr als 70 % Vol. bei Rum.

Aufgaben

1 Hochprozentige Spirituosen können zum Flambieren von Speisen genutzt werden.
a Welche Eigenschaften des Ethanols sind dabei von Bedeutung?
b Entwickle die Reaktionsgleichung für diesen Vorgang.
c Ordne die dabei ablaufende Reaktion einer Reaktionsart zu und begründe.
2 Im Winter wird Kraftstoffen oder Scheibenwaschanlagen von Kraftfahrzeugen häufig Ethanol zugesetzt. Begründe diese Maßnahme.

3 Als Hausmittel zum Fensterputzen werden Spiritus und Zeitungspapier empfohlen. Führe diese Verwendung auf Eigenschaften der verwendeten Stoffe zurück.
4 Erkunde in deiner Wohnung alle flüssigen Stoffe, in denen Ethanol enthalten ist (z.B. Getränke, Medikamente, Reinigungsmittel). Erstelle dazu eine Tabelle. Gib darin den Namen der Flüssigkeit, den Alkoholgehalt und die Verwendung an. Führe die ermittelten Verwendungen auf die Eigenschaften von Ethanol zurück.

Aus Trauben wird Wein

Wein wird aus Weintrauben hergestellt. Aus den Trauben wird Rohmost gewonnen. Der Traubenmost wird mithilfe von Hefen vergoren, wobei der Zucker im Most in Alkohol umgewandelt wird.

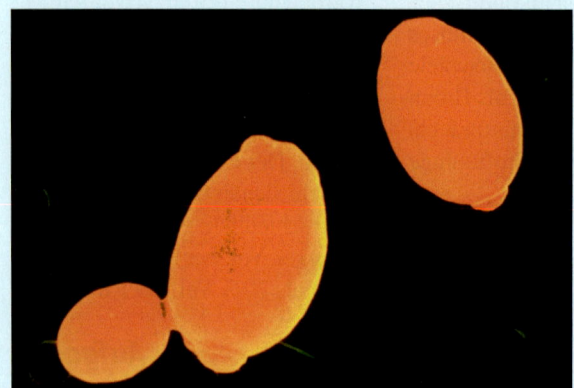

1 Mikroskopische Aufnahme von Hefezellen

→ Welche Weinsorten werden in Deutschland erzeugt und was kennzeichnet diese Sorten?
→ Welche Arbeiten muss ein Winzer während des ganzen Jahres durchführen?
→ Wie erfolgt die Weinherstellung von der Weinlese bis zur Abfüllung in Flaschen?
→ Wie kann man zu Hause selbst Wein herstellen?

Materialien für die Projektbearbeitung Nutzt die bereitgestellten Materialien, die Beschreibungen der Experimente und viele weitere Quellen zur Bearbeitung eurer Fragestellungen. Informiert euch auch im Internet und bei Weininstituten oder Weinkeltereien in eurer Umgebung.

Neben Alkohol entsteht bei der alkoholischen Gärung auch Kohlenstoffdioxid. Wegen seiner größeren Dichte als Luft kann es sich in den Weinkellern am Boden sammeln. Daher besteht im Gärkeller Erstickungsgefahr!
Bei der alkoholischen Gärung werden nur etwa 90 % der Zucker des Traubensaftes in Alkohol umgewandelt. Aus den restlichen 10 % entstehen in Nebenreaktionen viele weitere Stoffe, z. B. die wesentlichen Aromakomponenten des Weines.

Verwendung von Weintrauben

– Zum Verzehr als Tafelobst
– Herstellung von Traubenmost, Traubensaft und Wein
– Herstellung von Grappa (Branntwein aus Trester) und Beerenbranntwein
– Herstellung getrockneter Weinbeeren:
  Rosinen (Beeren mit Kernen)
  Sultaninen (große helle Beeren ohne Kerne)
  Korinthen (kleine schwarze Beeren ohne Kerne)

Weinanbau in Thüringen

Der Weinanbau in Thüringen ist bezogen auf ganz Deutschland unbedeutend. (Anbaufläche in Baden-Württemberg: 27 000 ha, in Thüringen: 98 ha.) Er hat aber in Thüringen eine über tausendjährige Tradition. Seit dem 13. Jahrhundert wird in der Region Bad Sulza Weinanbau betrieben. Die Thüringer Flächen gehören zum Anbaugebiet Saale-Unstrut. Sie konzentrieren sich in den Regionen: Bad Sulza, Kaatschen, Camburg, Jena und Weimar. 92 % der Rebflächen werden im Direktbezug bewirtschaftet, die restlichen befinden sich in Steil- und Terrassenlagen.

Zugelassene Rebsorten in Thüringen

Es werden etwa zu zwei Dritteln Weißweinsorten und zu einem Drittel Rotweinsorten angebaut.

Weißweinsorten: Müller-Thurgau, Ruländer, Weißer Burgunder, Weißer Riesling, Kerner, Weißer Gutedel und Auxerrois.

Rotweinsorten: Regent, Spätburgunder, Frühburgunder, Blauer Zweigelt, Dornfelder, Cabernet Dorsa, Blauer Portugieser.

1 Stelle verschiedene Obstweine her.

Fülle je einen 1000-ml-Stehkolben mit etwa 800 ml Fruchtsaft, z. B. Rohtraubensaft oder Apfelsaft aus rohen, ungewaschenen, aber ungespritzten Früchten. Verschließe die Stehkolben mit einem Gärröhrchen, in dem sich Bariumhydroxidlösung (gesättigt, $w \approx 1,8\,\%$) befindet. Lass die Kolben bei Zimmertemperatur etwa eine Woche lang stehen und betrachte sie jeden Tag. Prüfe die Lösungen auf Farbe, Geruch und Brennbarkeit.
Erläutere die Vorgänge der alkoholischen Gärung von Traubensaft und begründe, warum dabei keine Hefe zugesetzt werden muss.

2 Verschiedene Obstweine

2 Stelle Branntweine her.

Destilliere bei maximal 85 °C jeweils 100 ml der vergorenen Obstsäfte aus Experiment 1 sowie 100 ml Weißwein und 100 ml Rotwein. Gib zu Beginn in die Lösungen Siedesteinchen. Lies während des Destillierens alle 30 s die Temperatur ab und notiere die Werte. Beende die Destillation, wenn etwa ein Drittel der jeweiligen Lösung destilliert wurde.
Prüfe die ersten und die letzten Milliliter der Destillate auf Geruch, Farbe und Brennbarkeit.
Zeichne jeweils ein Temperatur-Zeit-Diagramm. Vergleiche die Eigenschaften der vier Destillate mit den Ausgangslösungen. Interpretiere die Temperatur-Zeit-Diagramme.

Vorgeschriebene Angaben für Qualitätswein

1. Anbaugebiet, aus dem der Wein stammt
2. Qualitätsstufe
3. Nennvolumen
4. Abfüller
5. amtliche Prüfungsnummer
6. Alkoholgehalt

Info

Von den 13 bedeutenden Weinanbaugebieten Deutschlands liegen sechs in Rheinland-Pfalz. Unter allen Bundesländern nimmt Rheinland-Pfalz mit über 6 Mio. Hektolitern jährlich erzeugten Weines den 1. Platz ein.

Hinweise für die Projektarbeit Stellt zu dem Thema einen Fragenkatalog zusammen. Ordnet die Fragen so, dass sie jeweils von einer Gruppe bearbeitet werden können. Fertigt über den Weinanbau in Deutschland eine Ausstellung an und stellt sie euren Mitschülern und euren Eltern vor.

Alkanole

N eben Ethanol gibt es noch andere Alkohole wie z. B. Methanol. Methanol wird in vielen Ländern als Treibstoff in Kraftfahrzeugen eingesetzt. Welche Eigenschaften und Bedeutung haben Methanol und andere Alkohole?
Worauf sind Unterschiede und Gemeinsamkeiten zwischen diesen Alkoholen zurückzuführen?

1 Methanol – ein Treibstoff der Zukunft?

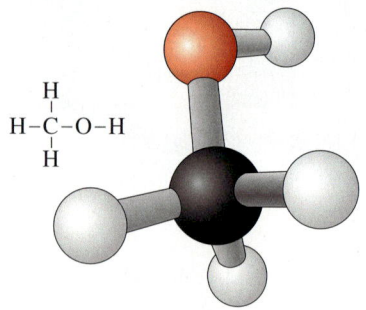

2 Strukturformel und Modell des Methanolmoleküls

Methanol Methanol ist eine farblose, leicht bewegliche, brennbare Flüssigkeit. Seine Dichte beträgt bei 25 °C $\varrho = 0{,}7869$ g/cm³, die Schmelztemperatur liegt bei –98 °C, die Siedetemperatur bei 64,5 °C. Methanol ist mit Wasser und mit Ethanol beliebig mischbar. Methanol ist sehr giftig. Etwa 5 bis 10 g können beim Menschen zur Erblindung und etwa 25 g zum Tod führen. Mit Borsäure verbrennt Methanol mit grüner Flamme. Dadurch kann es von Ethanol unterschieden werden. ↑E.10 S.77

Im Methanolmolekül ist ein Kohlenstoffatom mit drei Wasserstoffatomen und einer Hydroxylgruppe verbunden. Die vereinfachte Strukturformel lautet CH_3OH.

Methanol dient als Lösemittel z. B. bei der Herstellung von Farben, Lacken und Klebstoffen. Ebenso wird es bei der Herstellung von Chemiefaserstoffen benötigt. Als Treibstoff wird es in Verbrennungsmotoren oder als Brennstoff in Brennstoffzellen eingesetzt. Zunehmend gewinnt es an Bedeutung für die Eiweißgewinnung in der Technik durch biochemische Prozesse.

Die homologe Reihe der Alkanole Neben Methanol und Ethanol gibt es weitere von den Alkanen abgeleitete organische Verbindungen mit einer Hydroxylgruppe im Molekül, z. B. Propanol (C_3H_7OH), Butanol (C_4H_9OH) oder Decanol ($C_{10}H_{21}OH$). Alle Verbindungen, deren Moleküle aus einem Alkylrest mit einer Hydroxylgruppe bestehen, werden als **Alkanole** bezeichnet. Die Alkanole bilden eine homologe Reihe mit ähnlichen Molekülstrukturen und ähnlichen Eigenschaften. Die Moleküle benachbarter Glieder der homologen Reihe unterscheiden sich jeweils um eine $-CH_2-$ Gruppe. Der Name leitet sich vom Namen des entsprechenden *Alkans* mit der Endung **-ol** ab, z. B. *Propan***ol**. Die Alkanole haben die **allgemeine Summenformel $C_nH_{2n+1}OH$**. Kann die OH-Gruppe an unterschiedlichen Kohlenstoffatomen im Molekül gebunden sein, wird das im Namen angegeben, z. B.

$CH_3-CH_2-CH_2OH$ für Propan-1-ol oder
$CH_3-CH(OH)-CH_3$ für Propan-2-ol.

Zusammenhang von Struktur und Eigenschaften der Alkanole Alle Alkanole besitzen in ihren Molekülen eine Hydroxylgruppe. Sie bewirkt die Reaktionen der Alkanole, z. B. die der Alkanole mit Natrium zu Alkanolaten unter Wasserstoffbildung. ↑ E.12 Die Hydroxylgruppe ist das wesentliche Strukturmerkmal aller Moleküle der Alkanole. Solche Atomgruppen werden als **funktionelle Gruppen** bezeichnet. Die Hydroxylgruppe ist die funktionelle Gruppe der Alkanole.

Alkanolmoleküle sind Dipolmoleküle, da die Hydroxylgruppe polar ist. Das Wasserstoffatom hat einen positiven, das Sauerstoffatom einen negativen Ladungsschwerpunkt. Dadurch bilden sich zwischen den Alkanolmolekülen Wasserstoffbrücken. ↑ Abb.3 Sie bewirken die höheren Siedetemperaturen der Alkanole im Vergleich zu den Alkanen. ↑ Tabelle

Kurzkettige Alkanole lösen sich sehr gut in Wasser. Die längerkettigen Alkanole lösen sich dagegen schlecht in Wasser, aber sehr gut in Petroleumbenzin. ↑ E.6,7 S.77 Wie ist dieser Unterschied zu erklären? Bei den kurzkettigen Alkanolen dominiert der Einfluss der Hydroxylgruppe. Zwischen den Alkanolmolekülen und den Wassermolekülen bilden sich Wasserstoffbrücken, deshalb sind sie gut in Wasser löslich. Bei längerkettigen Alkanolen ist der Einfluss der Hydroxylgruppe gering, es dominiert der Einfluss des unpolaren Alkylrestes. Hierauf beruht deren schlechte Löslichkeit in Wasser und sehr gute Löslichkeit in Petroleum, das ein unpolarer Stoff ist.

Die Kettenlänge (Molekülgröße) beeinflusst weitere Eigenschaften der Alkanole. Kurzkettige Alkanole sind dünnflüssig, die mit mittlerer Kettenlänge sind ölig und langkettige etwa ab Dodecanol fest. Kurzkettige Alkanole reagieren z. B. mit Natrium heftiger als langkettige.

Alkanole reagieren nicht wie Hydroxidlösungen basisch, da in der Lösung keine Hydroxid-Ionen vorliegen. ↑ E.5 S.77

Alkanole bilden eine homologe Reihe. Die Hydroxylgruppe (OH-Gruppe) ist die funktionelle Gruppe der Alkanole. Die funktionelle Gruppe ist ein wesentliches Strukturmerkmal der Moleküle eines Stoffes. Sie bestimmt die Eigenschaften des Stoffes mit.

Längerkettige Alkanole Angenehm blumenartig riecht **Laurylalkohol** ($C_{12}H_{25}OH$, Dodecanol), der in Creme, Puder und Seifenparfüms verwendet wird, aber ebenso Ausgangsstoff für die Herstellung von waschaktiven Substanzen in Waschmitteln ist. Auch **Cetylalkohol** ($C_{16}H_{33}OH$, Hexadecanol) ist für die Herstellung von Waschmitteln, Salben und Kosmetika von Bedeutung.

Neben den Alkanolen gibt es weitere organische Stoffe, die als Strukturmerkmal die Hydroxylgruppe im Molekül besitzen. Alle zusammen bilden die Stoffklasse der **Alkohole**. Da Alkanole nur eine Hydroxylgruppe im Molekül besitzen, sind sie **einwertige Alkohole**.

Die ersten vier Glieder der homologen Reihe der Alkanole

Name	Vereinfachte Strukturformel
Methanol	CH_3OH
Ethanol	$CH_3{-}CH_2OH$
Propan-1-ol	$CH_3{-}CH_2{-}CH_2OH$
Butan-1-ol	$CH_3{-}CH_2{-}CH_2{-}CH_2OH$

Siedetemperaturen von Alkanen und Alkanolen in °C

Methan: −161,4	Methanol: 64,7
Ethan: −88,5	Ethanol: 78,4
Propan: −42,1	Propan-1-ol: 97,2
Butan: −0,5	Butan-1-ol: 117
Pentan: 36,2	Pentan-1-ol: 138

3 Modelldarstellung der Wasserstoffbrücken zwischen einem Ethanolmolekül und einem Wassermolekül.

Aufgaben

1 Erkläre, warum Methanol in Wasser sehr gut, dagegen Decanol in Wasser nicht löslich ist.

2 Gib in einer Tabelle wichtige Alkanole mit Namen, vereinfachter Strukturformel und Verwendung an.

3 Vergleiche die Siedetemperaturen der ersten fünf Alkane mit denen der ersten fünf Alkanole und begründe die festgestellten Unterschiede.

1 Überall begegnen uns Alkohole.

Alkohole um uns

Wenn in der Öffentlichkeit von Alkohol die Rede ist, wird meist die Verwendung von Ethanol in den verschiedenen Formen als Trinkalkohol gemeint. Das Foto oben zeigt einen kleinen Ausschnitt einer deutlich breiteren Verwendung von Alkoholen im Alltag.

→ In welchen Haushaltsprodukten ist Alkohol enthalten?

→ Welche Alkohole werden vor allem in diesen Produkten eingesetzt und welche Eigenschaften der Alkohole sind für deren Verwendungen von Bedeutung?

→ Lässt sich nachweisen, ob in Haushaltsprodukten Alkohol enthalten ist?

→ Welche Möglichkeit gibt es, selbst ein alkoholhaltiges Haushaltsprodukt herzustellen?

Materialien für die Projektbearbeitung Nutzt die Informationen dieser Seiten, die Beschreibungen der Experimente und weitere Quellen zur Bearbeitung dieser und eigener Fragestellungen. Sucht im Supermarkt nach Produkten, in denen Alkohole enthalten sind. Führt Internetrecherchen mit dem Ziel durch, weitere Verwendungsmöglichkeiten von Alkoholen zu finden.

Info

Ethanol kann in Flüssigkeiten durch die **Iodoformprobe** nachgewiesen werden. Die zu prüfende Flüssigkeit wird mit Iod-Kaliumiodid-Lösung und Natronlauge versetzt und leicht erwärmt. Ist Ethanol enthalten, fällt ein gelber Niederschlag von kristallinem Triiodmethan (Iodoform) aus und ein charakteristischer Geruch ist wahrnehmbar:

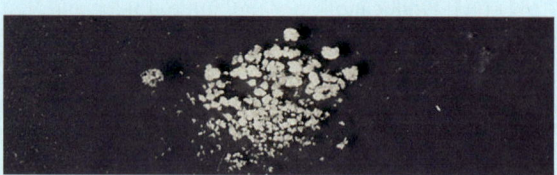

1 **Weise Ethanol in Haushaltschemikalien nach.**

Gib jeweils einen Tropfen einer Haushaltschemikalie, z. B. Allzweckreiniger, 4%ige Natriumhydroxidlösung (GHS05) und 23%ige Iod-Kaliumiodid-Lösung (GHS07|09) auf einen Objektträger. Vermische die Tropfen und erwärme vorsichtig. Betrachte den Objektträger unter dem Mikroskop. Entscheide, ob Ethanol in den Proben enthalten war.

**2 Prüfe Arzneimittel und Kosmetika
auf Ethanol.**

Prüfe einen Erkältungssaft, z. B. WICK MediNait®, auf Aussehen, Geruch und Brennbarkeit. Destilliere anschließend den Erkältungssaft. Gib vor der Destillation einige Siedesteinchen in den Rundkolben. Beende die Destillation, wenn sich etwa 5 ml Destillat (GHS02) angesammelt haben. Prüfe das Destillat auf Aussehen, Geruch und Brennbarkeit. Vergleiche die Eigenschaften mit denen des Erkältungssaftes. Wiederhole das Experiment mit anderen Medikamenten oder Kosmetika, z. B. Franzbranntwein und Birkenhaarwasser.

3 Prüfe Glycerin an der Luft.

Wiege eine mit Glycerin gefüllte große Petrischale. Lass die Schale eine Stunde lang offen stehen und wiege sie erneut. Vergleiche beide Messergebnisse. Leite aus dem Ergebnis des Experiments mögliche Verwendungen von Glycerin ab.

Info

Glycerin ist stark hygroskopisch. Deshalb wird es in vielen Hautcremes, Rasierseifen und Waschlotionen eingesetzt, um das Austrocknen der Haut zu verhindern. An Wunden darf es nicht gelangen, da durch Entzug von Flüssigkeit brennende Schmerzen verursacht werden. Auch in Produkten, die nicht austrocknen sollen, wird es eingesetzt, z. B. in Stempelkissen, Schuhcremes, Tinten, Schmiermitteln und Farbtuben.

**4 Untersuche die Wirkung von Glykol und
Glycerin als Gefrierschutzmittel.**

Gib 2 ml Wasser und 2 ml Glykol (GHS07) in ein Reagenzglas, in ein zweites 2 ml Wasser und 2 ml Glycerin und in ein drittes Reagenzglas 4 ml Wasser. Stelle die Reagenzgläser in eine Eis-Kochsalz-Kältemischung (Mischung aus etwa 100 g Wassereis und etwa 20 g Kochsalz). Beobachte die Reagenzgläser einige Zeit. Bestimme dabei in Abständen von 2 min die Temperatur der Lösungen in den Reagenzgläsern mit einem geeigneten Thermometer. Deute deine Beobachtungen.

2 Frostschutzmittel für die Scheibenwaschanlagen von Kraftfahrzeugen enthalten Glykol.

5 Prüfe Haushaltschemikalien auf Brennbarkeit.

Gib in eine Abdampfschale nacheinander jeweils etwa 3 ml verschiedene Haushaltschemikalien, z. B. Fensterputzmittel, flüssigen Teppichreiniger, Rasierwasser, WC-Duftspüler-Gel, Kölnischwasser, Glasreiniger. Versuche diese zu entzünden. Leite aus den Ergebnissen Schlussfolgerungen über den Umgang mit diesen Haushaltschemikalien ab.

Hinweise für die Projektarbeit Überlegt, welche Fragen euch zu diesem Thema interessieren. Bildet zur Bearbeitung der Fragen Arbeitsgruppen. Informiert euch in den Gruppen untereinander über die Arbeitsergebnisse. Überlegt für die Experimente Entsorgungsmöglichkeiten und stimmt diese mit eurer Lehrkraft ab. Gestaltet einen Infonachmittag für andere Klassen eurer Schule oder einen Elternabend über eure Arbeit und deren Ergebnisse.

Weitere Alkohole

Einige Insekten wie die Winter-mücke überleben tiefe Temperaturen unter dem Gefrierpunkt, bestimmte Laufkäfer in arktischen Gebieten sogar –85 °C. Das Blut dieser Insekten enthält bestimmte Alkohole, z. B. Glykol und Glycerin als „Gefrierschutzmittel". Was unterscheidet Glykol und Glycerin von Alkanolen? Welche Bedeutung besitzen Glykol und Glycerin?

1 Wintermücke

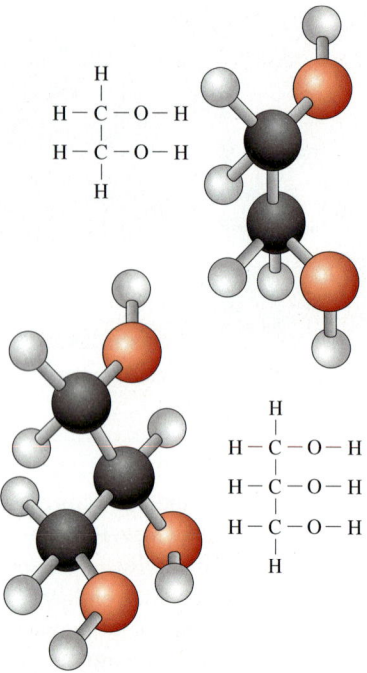

2 Modelle und Strukturformeln des Glykol- und des Glycerinmoleküls

Glykol und Glycerin Die bisher vorgestellten Alkanole hatten jeweils eine Hydroxylgruppe im Molekül und gehörten deshalb zu den einwertigen Alkoholen. **Glykol** (Ethan-1,2-diol) besitzt in seinen Molekülen zwei Hydroxylgruppen, **Glycerin** (Propan-1,2,3-triol) enthält sogar drei Hydroxylgruppen in seinen Molekülen. Da in ihren Molekülen mehr als eine Hydroxylgruppe gebunden ist, sind sie **mehrwertige Alkohole**.

Glykol und Glycerin sind farblose, ölige und brennbare Flüssigkeiten.↑E.8 S.77 Ihre Siedetemperaturen sind erheblich höher als die der entsprechenden Alkohole mit einer Hydroxylgruppe, da die Moleküle untereinander viele Wasserstoffbrückenbindungen bilden. Die polaren Moleküle bewirken, dass beide Stoffe stark wasseranziehend und gut mit Wasser aber nicht mit Heptan oder Petroleumbenzin mischbar sind.↑E.3 S.85, E.6,7 S.77 Beide Alkohole schmecken wie andere Alkohole mit mehreren Hydroxylgruppen süß (griech. glycys – süß). In größeren Mengen aufgenommen sind sie gesundheitsschädlich. Glykol-Wasser-Gemische im Verhältnis 1:1 gefrieren erst bei –40 °C.↑E.4 S.85 Deshalb wird Glykol als Frostschutzmittel in Kühlern von Kraftfahrzeugen und zum Enteisen von Flugzeugen eingesetzt. Außerdem dient es der Herstellung von Kunstfasern. Glycerin dient der Herstellung von Kunststoffen, Sprengmitteln, Medikamenten, und Kosmetika.

Alkohole wie Glykol und Glycerin, deren Moleküle mehr als eine Hydroxylgruppe enthalten, werden als mehrwertige Alkohole bezeichnet.

Aufgaben

1 Gib die vereinfachten Strukturformeln von Ethanol und Glykol sowie von Propan-1-ol und Glycerin an und vergleiche die Strukturen der Moleküle. Ordne diese Alkohole den einwertigen bzw. mehrwertigen Alkoholen zu und begründe.

2 Fertige eine Tabelle an, in der Ethan, Ethanol und Glykol nach folgenden Gesichtspunkten verglichen werden: Formeln, Aggregatzustand, Schmelztemperatur, Siedetemperatur, Dichte, Mischbarkeit mit Wasser und mit Benzin. Erkläre die Unterschiede.

Kaum eine Stoffgruppe wird in der Öffentlichkeit so negativ gesehen wie die Aldehyde. Das liegt vor allem am Methanal (Formaldehyd), einem Aldehyd mit nur einem Kohlenstoffatom im Molekül. Methanal ist giftig und möglicherweise krebserregend. Richtig eingesetzt ist es aber auch ein unentbehrlicher Stoff zur Herstellung von Kunststoffen, Lacken und Klebern. Methanallösung (Formalin) dient zur Desinfektion und zur Konservierung biologischer Präparate.

Aldehyde – viel gescholten und doch unentbehrlich

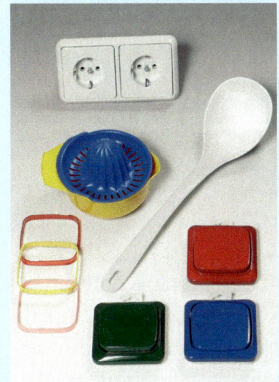

1 Einer der Ausgangsstoffe zur Herstellung dieser Kunststoffartikel ist Methanal.

2 Methanal dient in der Möbelindustrie als Bindemittel.

3 In Methanallösung werden biologische Präparate konserviert.

4 Der Rauch von nur drei bis vier Zigaretten belastet durch seinen hohen Methanalgehalt die Raumluft über die Verbotsgrenze.

Viele pflanzliche und synthetisch hergestellte Aldehyde sind wichtige Duft- und Aromastoffe. Sie werden insbesondere in der Lebensmittelindustrie sowie zur Parfümherstellung eingesetzt.

5 Die Kerne dieser Früchte enthalten Benzaldehyd. Dieser Aldehyd riecht stark nach bitteren Mandeln.

6 Aus der Rinde oder den Blättern der Zimtgewächse wird Zimtöl gewonnen, das Zimtaldehyd enthält.

7 Hexen-2-al kommt als Aromastoff in Lavendelöl vor.

8 Chanel N° 5 enthielt als erstes Parfüm einen synthetischen Aldehyd, das Dodecanal.

Aldehyde

Bevor es elektronische Atem-
alkohol-Messgeräte gab, muss-
ten Personen, die auf Alkoholkonsum getestet werden sollten, durch
ein Prüfröhrchen blasen. Enthielt
die Ausatemluft Alkohol, änderte
sich durch eine chemische Reaktion der Farbton des orangefarbenen
Stoffes im Prüfröhrchen nach
Grün.
Welche Stoffe sind bei dieser Reaktion entstanden? Welche Strukturmerkmale kennzeichnen deren
Moleküle? Wozu werden diese
Stoffe verwendet?

1 Prüfröhrchen zur Kontrolle des Alkoholkonsums

EXPERIMENT 13 [L]
**Reaktion von Ethanol mit
Kupfer(II)-oxid.**
Vorsicht!
Eine glühende Kupferdraht-
wendel wird mehrmals in ein mit
20 ml Ethanol (GHS02) gefülltes
Becherglas getaucht. Vor und nach
dem Experiment werden Geruchs-
proben durchgeführt.

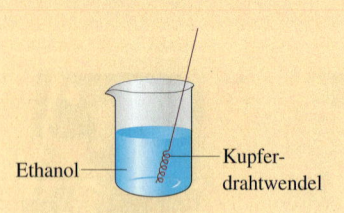

Ethanol — Kupfer-
drahtwendel

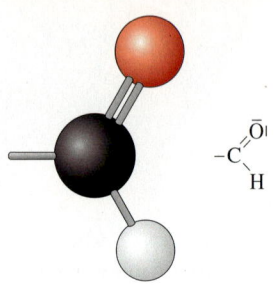

2 Modell und Strukturformel der
Aldehydgruppe

Vom Ethanol zum Ethanal Im Experiment 13 wurde eine Kupferdrahtwendel erhitzt, es bildete sich schwarzes Kupfer(II)-oxid. Nach dem Eintauchen in Ethanol war rötlich glänzendes Kupfer entstanden. Ein stechender Geruch statt des typischen Alkoholgeruchs war feststellbar. Was
war passiert?
Aus dem schwarzen Kupfer(II)-oxid entstand Kupfer. Das typisch riechende Ethanol reagierte unter Wasserstoffabgabe zu stechend riechendem
Ethanal. Die Dehydrierung von Ethanol ist eine Redoxreaktion. Kupferoxid ist Oxidationsmittel und wird zu Kupfer reduziert. Ethanol ist Reduktionsmittel und wird zu Ethanal oxidiert. Als weiteres Reaktionsprodukt entsteht Wasser. Bei dieser Redoxreaktion wird aus der Atomgruppe
$-CH_2OH$ des Ethanolmoleküls die Atomgruppe $-CHO$ des Ethanalmoleküls gebildet, die als **Aldehydgruppe** bezeichnet wird. Ethanal gehört zur
Stoffgruppe der Alkanale. Die Endung **-al** kennzeichnet die Aldehydgruppe im Molekül.

Reduktion

$$H-\underset{\underset{H}{|}}{\overset{\overset{H}{|}}{C}}-\underset{\underset{H}{|}}{\overset{\overset{H}{|}}{C}}-O-H \ + \ CuO \ \longrightarrow \ H-\underset{\underset{H}{|}}{\overset{\overset{H}{|}}{C}}-C\overset{O}{\underset{H}{\diagdown}} \ + \ Cu \ + \ H_2O$$

Oxidation

JUSTUS VON LIEBIG (1803 bis 1873), Professor für Chemie in Gießen und
München, bezeichnete 1835 den entstandenen Stoff *Alcohol dehydroge-
natus*, weil Ethanal durch Entziehung von zwei Wasserstoffatomen aus
Alkohol (Ethanol) erhalten werden konnte. Der Name **Aldehyd** steht heute für eine Stoffgruppe, zu der auch die Alkanale wie z. B. Ethanal (Acet-
aldehyd) und das umstrittene Methanal (Formaldehyd) gehören.

Selbst untersucht

14 **Untersuche das Verhalten von Propan-1-ol beim Kontakt mit einer erhitzten Kupferdrahtwendel.**
Gib in ein 100-ml-Becherglas 20 ml Propan-1-ol (GHS02|05|07) und tauche mehrmals eine glühende Kupferdrahtwendel ein. Führe vor und nach dem Experiment jeweils eine Geruchsprobe durch.

Gib anschließend 3 Tropfen fuchsinschweflige Säure (Schiffs Reagenz; GHS07) in das Becherglas und zum Vergleich auch in ein Reagenzglas mit 5 ml Propan-1-ol.
Deute die Ergebnisse des Experiments.
Entsorgung: Reste mit Wasser verdünnen und in Sammelbehälter für Abwasser geben.

Struktur des Ethanalmoleküls Im Ethanalmolekül sind an einem Kohlenstoffatom ein Wasserstoffatom mit einer Einfachbindung und ein Sauerstoffatom mit einer Doppelbindung gebunden. ↑2 Sie bilden die Aldehydgruppe. Diese ist mit einer Methylgruppe verbunden. ↑3 Die Aldehydgruppe ist wie die Hydroxylgruppe der Alkanole stark polar.
Alle Stoffe, in deren Molekülen als funktionelle Gruppe eine Aldehydgruppe enthalten ist, heißen **Aldehyde**.

Vorkommen und Bedeutung von Ethanal Ethanal ist Zwischenprodukt bei Stoffwechselvorgängen pflanzlicher und tierischer Organismen. Es entsteht auch bei der alkoholischen Gärung, weshalb es in geringen Mengen in allen alkoholischen Getränken wie Bier und Wein enthalten ist.
In der Industrie dient Ethanal zur Herstellung z.B. von Ethansäure. Es wird ebenso zur Erzeugung von Pharmazeutika, Kunststoffen und Farben verwendet.
In den früher bei Alkoholkontrollen verwendeten Teströhrchen wird das Ethanol der Ausatemluft durch ein gelbes Chromsalz zu Ethanal oxidiert. ↑1 Das Reaktionsprodukt des Chromsalzes ist grün. Diese Farbänderung gilt als Nachweis für Alkohol.

Nachweis der Aldehydgruppe Bei der Reaktion von Propanol am erhitzten Kupferdraht im Experiment 14 entstand Propanal. Propanal besitzt ebenfalls eine Aldehydgruppe im Molekül. Stoffe mit Aldehydgruppen im Molekül reagieren mit fuchsinschwefliger Säure (Schiffs Reagenz). Die farblose Lösung des organischen Farbstoffs Fuchsin in schwefliger Säure wird bei Zugabe von Stoffen mit einer Aldehydgruppe im Molekül rotviolett. ↑E.14 Diese Reaktion dient dem Nachweis der Aldehydgruppe.

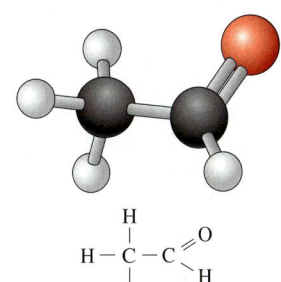

3 Modell und Strukturformel des Ethanalmoleküls

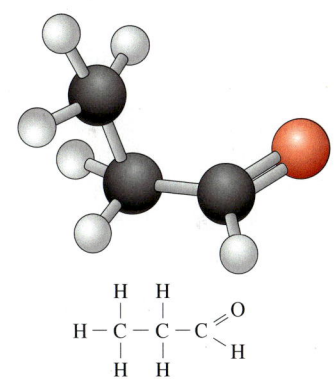

4 Modell und Strukturformel des Propanalmoleküls

Aufgaben

1 Fertige eine Tabelle an, in der Ethanol und Ethanal nach folgenden Gesichtspunkten betrachtet werden: Formeln, Aggregatzustand, Schmelztemperatur, Siedetemperatur, Dichte, Mischbarkeit mit Wasser, Geruch, Brennbarkeit.

2 Fertige einen Steckbrief für Ethanal an.

3 Stelle in einer Tabelle Verwendungsmöglichkeiten von Ethanol und Ethanal gegenüber.

4 Beschreibe einen Nachweis der Aldehydgruppe.

5 Ethanol und Ethanal haben in ihren Molekülen jeweils eine funktionelle Gruppe.
a Kennzeichne den Begriff „funktionelle Gruppe".
b Gib Formeln und Namen der zwei funktionellen Gruppen an.
c Beide Stoffe lösen sich gut in Wasser. Erkläre.

6 Erläutere am Beispiel der Darstellung von Ethanal aus Ethanol den Begriff Dehydrierung. Weise nach, dass diese Reaktion eine Redoxreaktionen ist.

1 Aus Traubensaft lässt sich unter Einwirkung von Enzymen bestimmter Hefepilze durch alkoholische Gärung Wein gewinnen. Ein so erzeugter junger Schwarzriesling hat einen Volumenanteil von 12,5 % Alkohol. Durch weitere Reaktionen der Hefe bilden sich Fuselöle. Dazu gehören u. a. die Alkohole: Propan-1-ol, 2-Methylpropan-1-ol, 2-Methylbutan-1-ol und 3-Methylbutan-1-ol. Fuselöle können einerseits Kopfschmerzen hervorrufen, andererseits tragen sie zum guten Aroma des Weines bei.

a Entwickle für die alkoholische Gärung die Reaktionsgleichung.

b Gib die Formeln für die Fuselöle an.

c Berechne die Masse an Glucose, die für die Herstellung einer Flasche (0,7 l) Schwarzriesling erforderlich ist [ϱ(Ethanol) = 0,79 g/cm^3].

2 Die funktionelle Gruppe im Ethanolmolekül (–OH-Gruppe) könnte mit den Hydroxid-Ionen (OH$^-$) in Basen verwechselt werden.

a Erläutere Unterschiede zwischen der Hydroxylgruppe und den Hydroxid-Ionen.

b Plane Experimente zur Veranschaulichung dieser Unterschiede. Zur Verfügung stehen folgende Geräte und Chemikalien: Calcium, Universalindikatorlösung, Leitfähigkeitsmessgerät, verdünnte Salzsäure, Ethanol, Natriumhydroxidlösung.

3 In einer Zeitung erschien folgende Meldung: Gestern Abend wurde ein 14-jähriges Mädchen bewusstlos auf einer Parkbank aufgefunden. In ihrem Blut wurde eine Alkoholkonzentration von 2,15 Promille festgestellt.

a Berechne, wie viele Flaschen eines Alkoholmischgetränks die Jugendliche getrunken haben muss, um in kürzester Zeit diesen bedrohlichen Zustand zu erreichen. Nutze dazu folgende Daten:

V(Mischgetränkflasche) = 0,5 l; φ(Ethanol) = 20 %; m(Körper) = 36 kg; Umrechnungsfaktor für weibliche Personen F = 0,55.

b Setze dich mit den Folgen des sogenannten Koma-Trinkens auseinander.

4 In einigen Wohnungen werden als modernes Gestaltungselement Kamine verwendet, die mit Bioethanol betrieben werden.

a Informiere dich im Internet über die Funktionsweise von solchen Bioethanolkaminen.

b Ermittle, was unter Bioethanol verstanden wird.

c Berechne das Volumen an freigesetztem Kohlenstoffdioxid, wenn 5000 dieser Kamine in Thüringen betrieben werden und dabei je Kamin jährlich 114 l Bioethanol [φ(Ethanol) = 96 %] verbrannt werden.

5 Informiere dich im Internet über den Aufbau eines Alkoholprüfröhrchens und über die darin ablaufenden chemischen Reaktionen.

6 Wird Methanol dehydriert, entsteht daraus gasförmiges Methanal. Berechne das gebildete Volumen an Methanal, wenn 1 kg Methanol zu 80 % dehydriert wird.

7 Plane ein Experiment, mit dem du Bittermandelöl auf das Vorhandensein einer Aldehydgruppe in den Molekülen prüfen kannst.

8 Das Wasserstoffatom der Hydroxylgruppe des Ethanolmoleküls kann Wasserstoffbrückenbindungen ausbilden, das Wasserstoffatom der Aldehydgruppe des Ethanalmoleküls dagegen nicht. Gib dafür eine Begründung an.

Alkohole	Organische Stoffe mit mindestens einer Hydroxylgruppe (–OH-Gruppe) als funktionelle Gruppe im Molekül. Werden sie von den Alkanen abgeleitet und besitzen sie nur eine Hydroxylgruppe im Molekül, bezeichnet man sie als **Alkanol**. Alkanole bilden eine homologe Reihe.
Funktionelle Gruppe	Atomgruppe, die die Eigenschaften eines Stoffes wesentlich mitbestimmt. Die funktionelle Gruppe der Alkohole ist die Hydroxylgruppe (–OH-Gruppe).
Einwertige Alkohole	Verbindungen mit einer Hydroxylgruppe im Molekül
Mehrwertige Alkohole	Verbindungen mit mehr als einer Hydroxylgruppe im Molekül

Wichtige Alkohole	Ethanol	Glykol	Glycerin
Verkürzte Strukturformel	$H_3C–CH_2–OH$	$HO–CH_2–CH_2–OH$	$\begin{array}{ccc} OH & & OH \\ | & & | \\ CH_2 & –CH– & CH_2 \\ & & | \\ & & OH \end{array}$
Funktionelle Gruppe	Hydroxylgruppe (–OH)	Hydroxylgruppe (–OH)	Hydroxylgruppe (–OH)
Beispiel für die Verwendung	 Ethanol in alkoholischen Getränken	 Glykol in Gefrierschutzmitteln	 Glycerin in Hautcremes

Aldehyde	Organische Stoffe mit mindestens einer Aldehydgruppe (–CHO-Gruppe) als funktioneller Gruppe im Molekül. Werden sie von den Alkanen abgeleitet und besitzen sie nur eine Aldehydgruppe im Molekül, bezeichnet man sie als Alkanal.

Beispiel Ethanal

Strukturformel

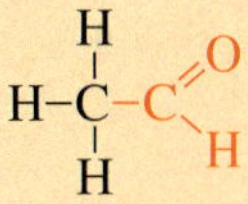

$$H–\overset{\displaystyle H}{\underset{\displaystyle H}{C}}–C\overset{\textstyle O}{\underset{\textstyle H}{\big<}}$$

Funktionelle Gruppe Aldehydgruppe (–CHO)

Check up

1 Ethanol ist ein wichtiger Stoff im Alltag, aber auch in Industrie und Technik.

a Nenne Verwendungen von Ethanol im Haushalt und in der Technik.

b Gib Eigenschaften des Ethanols an, die die benannten Verwendungen ermöglichen.

2 Ethanol kann durch alkoholische Gärung hergestellt werden.

a Beschreibe die Durchführung der alkoholischen Gärung.

b Formuliere eine Reaktionsgleichung für diese Reaktion.

c Erläutere, warum der Volumenanteil an Alkohol im Wein kaum höher als 11 bis 14 % sein kann.

3 Regelmäßiger Alkoholkonsum kann zur Abhängigkeit führen. In Deutschland gibt es über 4 Mio. Alkoholabhängige.

a Erläutere die Gefahren des Alkohols als Suchtmittel.

b Nenne Wirkungen des Alkohols auf den Menschen.

4 Alkanole bilden eine homologe Reihe.

a Gib Namen und vereinfachte Strukturformeln der ersten vier Glieder dieser Reihe an.

b Erläutere am Beispiel der Alkohole den Begriff homologe Reihe.

c Weise am Beispiel der Glieder der homologen Reihe den Zusammenhang zwischen Struktur und Eigenschaften nach.

5 Folgende Formeln sind bekannt:
$HO–CH_2–CH_2–OH$,
$CH_3–CH_2–CH_2–OH$,
$OHC–CH_2–CH_3$

a Benenne die Stoffe, deren Moleküle diese Formeln haben.

b Ordne die Stoffe jeweils einer Stoffklasse zu und begründe die Zuordnung.

6 Durch Dehydrieren von Ethanol kann Ethanal dargestellt werden.

a Formuliere die Reaktionsgleichung.

b Erläutere an diesem Beispiel, was unter Dehydrierung verstanden wird.

c Berechne die Masse an Ethanal und das Volumen an Wasserstoff, wenn 100 g Ethanol vollständig dehydriert werden.

7 Flambieren von Speisen erfolgt durch Verbrennen von Alkohol. Der Volumenanteil von Ethanol muss dabei mindestens 40 % betragen.

a Berechne die Masse an entstehendem Wasser, wenn beim Flambieren 100 ml von diesem Alkohol verbrannt werden.
Nutze zur Berechnung folgende Gleichung:
$$\varrho(\text{Ethanol}) = \frac{m(\text{Ethanol})}{V(\text{Ethanol})};$$
$\varrho(\text{Ethanol}) = 0{,}79\,\text{g/cm}^3$ (Tafelwerk)

b Berechne das Volumen an Kohlenstoffdioxid, das bei dieser Reaktion frei gesetzt wird.

8 Nenne Vorkommen und Verwendungen von Ethanal.

9 Vergleiche Propan-1-ol und Propanal nach folgenden Kriterien: Molekülbau, funktionelle Gruppe, vereinfachte Strukturformel.

10 Erläutere, wie aus Propan-1-ol experimentell Propanal hergestellt werden kann.

Aufgabe	Hilfe findest du auf Seite …	Verbindung der Aufgabe zu den Basiskonzepten ↑S.156f.
1	78, 79	S
2	79, 80	R
3	74, 75	S
4	83	T S
5	83, 86, 89	T S
6	23, 24, 88, 89, Band 7/8: S. 145, 147	R
7	21–24, 78, Band 7/8: S. 145, 147	S R
8	89	S
9	82, 83, 88, 89	T
10	88, 89	R

T Stoffe und ihre Teilchen, S Struktur und Eigenschaften der Stoffe, R Chemische Reaktionen, E Energie

➤ Die Lösungen findest du im Anhang.

Carbonsäuren

Die brennende Wirkung von Ameisenbissen oder Brennnesseln auf der Haut,
der unangenehme Geruch von ranziger Butter, der angenehme Geruch geschnittener
Früchte und der spritzige Geschmack frisch gepressten Fruchtsafts sind alle
auf das Vorhandensein von Carbonsäuren oder auf Verbindungen der Carbonsäuren
in diesen Stoffen zurückzuführen.

➡ Was sind Carbonsäuren und welche Eigenschaften besitzen sie?

➡ Wo kommen Carbonsäuren
in der Natur vor?

➡ Welche Bedeutung besitzen
Carbonsäuren in der Tier- und
Pflanzenwelt?

➡ Wie lassen sich Carbonsäuren
herstellen oder gewinnen?

➡ Welche Rolle spielen Carbonsäuren in unserem Leben?

Selbst untersucht Eigenschaften von Ethansäure und Methansäure

1 **Erkunde das Verhalten von Wein an der Luft.**

Fülle etwa 20 ml süßen Wein in einen Erlenmeyerkolben und lass den Kolben zwei Tage lang offen stehen. Verschließe dann den Kolben mit einem Wattebausch und prüfe nach einem weiteren Tag den Geruch und den pH-Wert der Lösung. Gib zu der Lösung unter Umrühren eine Spatelspitze Natriumcarbonat.

Interpretiere die Beobachtungsergebnisse.

Entsorgung: Reste in Sammelbehälter für Abwasser geben.

2 **Untersuche zu Hause Brennhaare einer Brennnessel.**

Betrachte Brennhaare einer Brennnessel unter einer Lupe. Drücke mit einer Pinzette einige Brennhaare gegen einen Objektträger. Gib einen Flüssigkeitstropfen aus den Brennhaaren auf ein Indikatorpapier.

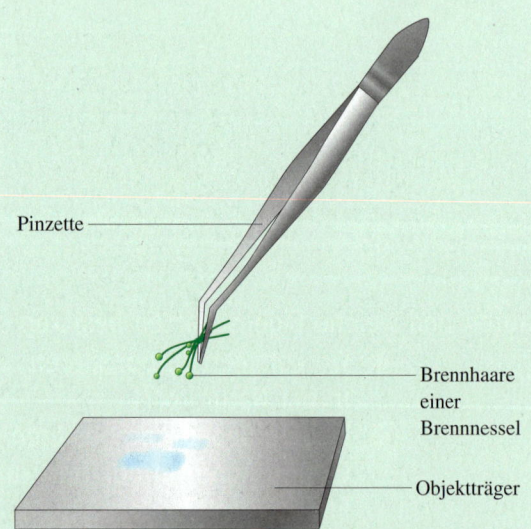

Pinzette

Brennhaare einer Brennnessel

Objektträger

Notiere deine Beobachtungen.

Beschreibe, was beim „Brennen" der Haut an einer Brennnessel passiert.

Entsorgung: Indikatorpapier in den Sammelbehälter für Hausmüll geben.

3 **Erkunde zu Hause die Wirkung von Essig auf Lebensmittel.**

Spüle jeweils ein Stück gekochten Schinken, ein Stück Schnittkäse und eine frische Gurke gut mit Wasser ab. Halbiere den Schinken, den Käse und die Gurke. Gib jedes der sechs Stücke in ein sauberes Marmeladenglas. Übergieße jeweils eine der Proben mit Essig und belasse die andere offen im Glas an der Luft. Führe alle Versuche parallel dazu auch mit Wasser statt mit Essig durch.

Tropfe auf eine Ecke einer frischen Scheibe Toastbrot drei Tropfen Essig. Lege die Scheibe Toast auf einen Teller offen an die Luft.

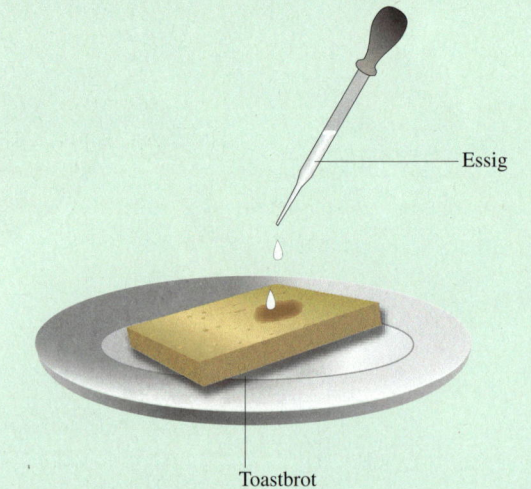

Essig

Toastbrot

Beobachte alle Proben eine Woche lang.

Entsorgung: Proben über den Hausmüll entsorgen.

4 **Prüfe das Verhalten von Ethansäure, Methansäure und Salzsäure gegenüber Indikatoren.**

Gib je 3 ml 10%ige Ethansäure (GHS07), 10%ige Methansäure (GHS05) und 10%ige Salzsäure (GHS07) in Reagenzgläser. Tropfe in jedes Reagenzglas jeweils das gleiche Volumen Lackmuslösung, wässrigen Rotkohlauszug oder Universalindikatorlösung.

Vergleiche die Beobachtungsergebnisse.

Entsorgung: Lösungen in Sammelbehälter für Abwasser geben.

5 **Untersuche die elektrische Leitfähigkeit von verdünnter Ethansäure, reiner Ethansäure (Eisessig), verdünnter Methansäure und verdünnter Salzsäure.**

Stelle eine Versuchanordnung zusammen, mit deren Hilfe die elektrische Leitfähigkeit von Lösungen geprüft werden kann. Gib 10 ml 10%ige Ethansäure (GHS07), 10 ml reine Ethansäure (GHS02|05), 10 ml 10%ige Methansäure (GHS05) und 10 ml 10%ige Salzsäure (GHS07) in jeweils ein Becherglas. Prüfe die Lösungen auf elektrische Leitfähigkeit. Interpretiere die Ergebnisse.
Entsorgung: Lösungen mit Wasser verdünnen und in den Sammelbehälter für Abwasser geben.

6 **Erkunde die Brennbarkeit von verdünnter Ethansäure, reiner Ethansäure (Eisessig) und verdünnter Methansäure.**

Vorsicht! Schutzhandschuhe und Schutzbrille tragen! Gib jeweils 3 ml der Lösungen (GHS02|05|07) in Porzellantiegel. Erhitze die Lösungen und halte über die Porzellanschälchen einen brennenden Holzspan. Beschreibe die Beobachtungen.
Entsorgung: Abgekühlte Lösungen mit Wasser verdünnt in den Sammelbehälter für Abwasser geben.

7 **Prüfe das Verhalten von verdünnter Ethansäure und verdünnter Methansäure auf Kalk und Rost.**

Gib jeweils 50 ml der Säurelösungen in vier Bechergläser. Tauche in je ein Becherglas mit Ethansäure (GHS07) bzw. Methansäure (GHS05) den verkalkten Heizstab eines Tauchsieders und in die anderen Bechergläser verrostete Eisendrähte oder Eisennägel. Nimm die Gegenstände nach 30 min aus den Bechergläsern. Spüle sie mit Wasser gründlich ab. Notiere deine Beobachtungen. Formuliere für die abgelaufenen Reaktionen Wortgleichungen.
Entsorgung: Tauchsiederheizstab und Eisenstücke in die Sammlung, Flüssigkeitsreste in den Sammelbehälter für Abwasser geben.

8 **Untersuche das Verhalten von Magnesium, Magnesiumoxid und Magnesiumhydroxid gegenüber verdünnter Schwefelsäure, verdünnter Ethansäure und verdünnter Methansäure.**

Vorsicht! Schutzhandschuhe und Schutzbrille tragen! Gib in drei Reagenzgläser jeweils zwei bis drei Magnesiumspäne (GHS02), in drei weitere Reagenzgläser jeweils eine Spatelspitze Magnesiumoxid und in weitere drei Reagenzgläser je 2 ml 5%ige Magnesiumhydroxidlösung.
Gib in je eines der Reagenzgläser etwa 3 ml 10%ige Ethansäure (GHS07), in jeweils das zweite Reagenzglas 3 ml 10%ige Methansäure (GHS05) und in das jeweils dritte Reagenzglas etwa 5 ml 5%ige Schwefelsäure (GHS07).
Notiere deine Beobachtungsergebnisse in einer Tabelle und vergleiche sie. Ziehe Schlussfolgerungen über das Verhalten von Methan- und Ethansäure im Vergleich zu Schwefelsäure.
Entsorgung: Salzlösungen in den Sammelbehälter für Abwasser geben.

9 **Untersuche das Verhalten von verdünnter Ethansäure und verdünnter Methansäure gegenüber Kupfer(II)-oxid und Eisen(III)-oxid.**

Vorsicht! Schutzbrille und Schutzhandschuhe tragen! Gib in zwei 50-ml-Bechergläser je 1 g Eisen(III)-oxidpulver (Fe_2O_3) und in zwei weitere Bechergläser je 1 g Kupfer(II)-oxidpulver (CuO, GHS07). Gib zu den Oxiden jeweils 25 ml 10%ige Ethansäure (GHS07) bzw. 10%ige Methansäure (GHS05). Erwärme unter Umrühren, bis die Oxide vollständig reagiert haben. Gieße die Lösungen in Kristallisierschalen.
Stelle die Schalen an einen warmen Ort und lass sie mehrere Tage ruhig stehen. Beobachte die Schalen täglich und notiere die Ergebnisse.
Interpretiere die Ergebnisse.
Entsorgung: Eisensalzlösung in das Abwasser geben, Kupfersalzlösung mit Hydroxid fällen. Flüssigkeit in Abwasser, Schlamm in Sammelbehälter für „anorganische Chemikalienreste" geben.

Essigsäure und Ameisensäure

Nach einer Feier wurde ein Rest Wein in der offenen Flasche vergessen. Nach längerer Zeit roch die Flüssigkeit in der Flasche sauer, ähnlich wie Essig beim Zubereiten eines Salats. Drückt man mit einer Pinzette die Brennhaare einer Brennnessel aus, erhält man Flüssigkeitströpfchen, die ebenfalls sauer riechen.

Sind die beiden sauer riechenden Flüssigkeiten Säuren? Welche Strukturmerkmale besitzen sie?

1 Essig zur Zubereitung eines Salats

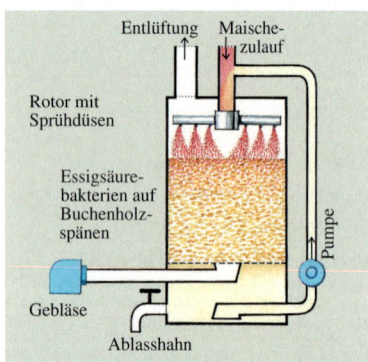

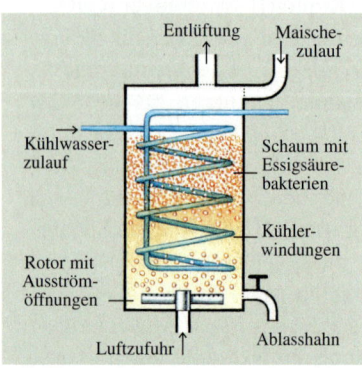

2 Schematische Darstellung des Schnellessigverfahrens und des Rundpumpverfahrens

Aus Wein wird Essig Wein, der längere Zeit offen steht, riecht unangenehm und schmeckt sauer. Dieser Wein ist zu Essig geworden. ↑E.1 S.94 Hervorgerufen wird der Vorgang, der als **Essigsäuregärung** bezeichnet wird, durch Essigsäurebakterien. Die Essigsäurebakterien und ihre Wirkung wurden bereits im 19. Jahrhundert von LOUIS PASTEUR (1822 bis 1895), einem französischen Chemiker und Biologen, entdeckt. Essigsäurebakterien bilden Enzyme, die das Ethanol des Weins mit dem Sauerstoff der Luft zu Essigsäure oxidieren. Bereits um 5000 v. Chr. war Essig bekannt und wurde durch Vergärung alkoholhaltiger Flüssigkeiten, z. B. Wein und Palmwein, hergestellt.

$$\text{Ethanol (l) + Sauerstoff (g)} \xrightarrow{\text{Enzyme}} \text{Essig(säure) (aq) + Wasser (l)}$$

Verfahren zur Essigherstellung Heute führt man die Reaktion zur Herstellung von Essig als **Schnellessigverfahren** durch. Dabei werden ethanolhaltige Flüssigkeiten über mit Essigbakterien geimpfte Buchenholzspäne gerieselt; von unten strömt Luft entgegen.

Bei einem anderen Verfahren, dem **Rundpumpverfahren**, wird in Gärbottichen Schaum erzeugt, der auf seiner Oberfläche noch mehr Essigbakterien aufnehmen kann als Buchenholzspäne.

Der bei diesen Verfahren hergestellte Essig enthält einen Volumenanteil von weniger als 15,5 % Essigsäure. Eine höhere Konzentration würde das Absterben der Essigsäurebakterien bewirken. Die im Essig enthaltene Essigsäure weist in jedem Molekül zwei Kohlenstoffatome auf und wird deshalb auch als **Ethansäure** bezeichnet.

Darstellung von Essigsäure Die enzymatische Gärung von Ethanol wird technisch zur Gewinnung von Speiseessig eingesetzt.

$$CH_3-CH_2OH \; + \; O_2 \; \xrightarrow{\text{Enzyme}} \; CH_3-COOH + H_2O$$
Ethanol   Essigsäure

Da Essig einen Volumenanteil an Ethansäure von maximal 15,5 % enthält, erfolgt die Herstellung höher konzentrierter Ethansäure durch katalytische Oxidation von Ethanol. ↑E.10

$$2\,CH_3-CHO \; + \; O_2 \; \xrightarrow{\text{Katalysator}} \; 2\,CH_3-COOH$$
Ethanal   Ethansäure

Essigsäure wird industriell durch enzymatische Gärung aus Ethanol oder durch katalytische Oxidation von Ethanal hergestellt.

Bau des Ethansäuremoleküls Ein Ethansäuremolekül besteht aus zwei Kohlenstoffatomen, vier Wasserstoffatomen und zwei Sauerstoffatomen. Das erste Kohlenstoffatom bildet mit zwei Sauerstoffatomen und einem Wasserstoffatom die funktionelle Gruppe der Ethansäure. Die Atomgruppe

$$-C\begin{smallmatrix}\bar{\underline{O}}|\\[2pt]\bar{\underline{O}}-H\end{smallmatrix} \qquad\text{bzw.}\quad -COOH$$

wird als **Carboxylgruppe** bezeichnet. Sie bestimmt wesentlich die Eigenschaften der Säure. Am zweiten Kohlenstoffatom sind drei Wasserstoffatome gebunden. Zwischen den Kohlenstoffatomen befindet sich eine Einfachbindung. Die vereinfachte Strukturformel ist: CH_3-COOH. Ethansäure ist eine **Alkansäure**. Die Moleküle der Alkansäuren sind kettenförmig, haben zwischen den Kohlenstoffatomen Einfachbindungen und enthalten eine Carboxylgruppe als funktionelle Gruppe im Molekül. Alle organischen Stoffe, in deren Molekülen eine oder mehrere Carboxylgruppen enthalten sind, werden als **Carbonsäuren** bezeichnet.

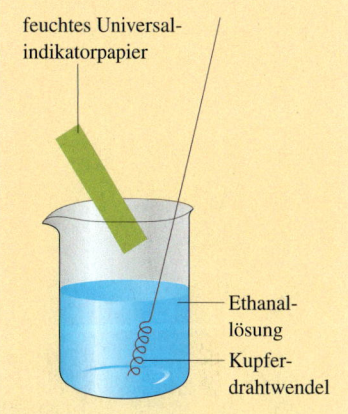

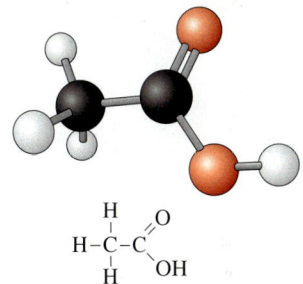

3 Modell und Strukturformel eines Ethansäuremoleküls

1 Beschreibe die Essigsäuregewinnung durch Gärung von Ethanol und begründe, warum mit diesem Verfahren keine hoch konzentrierte Ethansäure hergestellt werden kann.

2 Für die Gärung von Alkohol zu Essigsäure werden die Enzyme der Essigbakterien genutzt; bei der industriellen Oxidation von Ethanal zu Essigsäure werden Mangansalze als Katalysatoren eingesetzt. Erläutere die Aufgaben von Enzymen und Katalysatoren. Nenne Gemeinsamkeiten und Unterschiede von biochemischer und katalytischer Herstellung von Essigsäure.

3 Im Handel gibt es verschiedene Essigsorten zu kaufen, u.a. Weinessig.
Zeige schematisch den Weg von der Weintraube bis zum Weinessig auf.
Formuliere für die dabei ablaufenden chemischen Reaktionen Wortgleichungen und Reaktionsgleichungen.

4 Vergleiche von Ethanol, Ethanal und Ethansäure:
a die Summenformel
b die vereinfachte Strukturformel
c die Strukturformel
d die Namen und Formeln der funktionellen Gruppe

EXPERIMENT 11 [L]
**Verhalten reiner Ethan-
säure beim Abkühlen.**
In ein Reagenzglas mit 5 ml reiner
Ethansäure (GHS02|05) wird ein
Thermometer eingeführt. Das Reagenzglas wird in ein Becherglas mit
einer Kältemischung aus Kochsalz
und Eis gestellt und das Verhalten
der Ethansäure in Abhängigkeit von
der Temperatur beobachtet.

1 Verkalkte Blumentöpfe lassen sich
mit Ethansäure reinigen.

2 Kupferacetat auf einem Kupferblech
und auf der Oberfläche eines Kupfer-
kessels

Eigenschaften und Reaktionen von Ethansäure Wasserfreie Ethansäure, auch Eisessig genannt, ist eine farblose, stechend riechende und stark
ätzende Flüssigkeit. Sie siedet bei 118,1 °C und erstarrt bei 16,6 °C zu
klaren Molekülkristallen. ↑E.11

Reine Ethansäure ist brennbar. Sie leitet den elektrischen Strom nicht.
↑E.5,6 S.95 Ethansäure löst sich gut in Wasser. Dabei entsteht verdünnte
Ethansäure. Verdünnte Ethansäure riecht ebenfalls stechend und schmeckt
sauer. Sie leitet im Unterschied zu reiner Ethansäure den elektrischen
Strom und reagiert sauer. ↑E.4,5 S.94/95 Diese Eigenschaften werden
durch die Dissoziation der Ethansäure in Wasser zu Wasserstoff-Ionen und
Acetat-Ionen (Ethanat-Ionen) hervorgerufen. Die Wasserstoff-Ionen in der
Lösung bewirken die saure Reaktion und damit die typische Färbung der
Indikatoren durch Ethansäurelösung. ↑E.4 S.94

$$CH_3-COOH \longrightarrow H^+ + CH_3-COO^-$$
Ethansäuremolekül   Wasserstoff-Ion   Acetat-Ion

Ethansäure reagiert wie andere Säuren mit Carbonaten. Deshalb eignet sie
sich als Entkalker für Heizstäbe von Wasserkochern, Geschirrspülmaschi-
nen und Waschmaschinen sowie zur Reinigung von Toiletten- und Sani-
tärarmaturen. ↑E.7 S.95

Verdünnte Ethansäure reagiert wie andere verdünnte Säuren, z.B. Salzsäure und Schwefelsäure, mit unedlen Metallen, Metalloxiden und Metallhydroxiden zu Salzlösungen. ↑E.8,9 S.95

$$2\ CH_3COO^-\ (aq) + 2\ H^+\ (aq) + Mg\ (s)$$
Ethansäurelösung

$$\longrightarrow 2\ CH_3COO^-\ (aq) + Mg^{2+}\ (aq) + H_2\ (g)$$
Magnesiumacetatlösung

$$2\ CH_3COO^-\ (aq) + 2\ H^+\ (aq) + CuO\ (s)$$
Ethansäurelösung

$$\longrightarrow 2\ CH_3COO^-\ (aq) + Cu^{2+}\ (aq) + H_2O\ (l)$$
Kupferacetatlösung

$$CH_3COO^-\ (aq) + H^+\ (aq) + Na^+\ (aq) + OH^-\ (aq)$$
Ethansäurelösung

$$\longrightarrow CH_3COO^-\ (aq) + Na^+\ (aq) + H_2O\ (l)$$
Natriumacetatlösung

Die Salze der Ethansäure heißen **Acetate** oder Ethanate. Viele Acetate
sind leicht wasserlöslich. Natrium-, Kalium- und Calciumacetate sind un-
bedenkliche Lebensmittelzusatzstoffe. Andere Acetate, z.B. Zink- und
Kupferacetat, sind giftig. Deshalb sollten mit Essig zubereitete Speisen
und Salate nicht in Zink- oder Kupfergefäßen serviert oder aufbewahrt
werden, andernfalls kann sich giftiges Zink- bzw. Kupferacetat (Grün-
span) bilden.

Natrium-, Blei-, Aluminium- und Zinkacetat dienen als Hilfsmittel in der
Textilindustrie und in der Lederindustrie. Außerdem werden sie in der
Textilfärberei und zur Herstellung medizinischer Präparate benötigt.

**Verdünnte Ethansäure reagiert sauer und leitet den elektrischen
Strom. Ethansäure reagiert mit unedlen Metallen, Metalloxiden und
Metallhydroxiden zu Salzen. Die Salze der Essigsäure heißen Acetate.**

Verwendung von Ethansäure Ethansäure wird als Speiseessig [φ(Ethansäure) = 5 bis 8 %] oder Essigessenz [φ(Ethansäure) = 25 %] zum Würzen, Säuern und Konservieren von Lebensmitteln verwendet. Essig und einige Salze der Ethansäure sind wichtige Säuerungs- und Konservierungsmittel, da sie schädliche Bakterien und Pilze zerstören, ohne die menschliche Gesundheit zu beeinträchtigen. ↑E.3 S.94 Als Lebensmittelzusatzstoffe erhalten sie sogenannte E-Nummern, die auf den Etiketten der Lebensmittel angegeben sein müssen, z. B. E 260 Essigsäure. Essig ist durch seine bakterientötende sowie seine kalk- und rostlösende Wirkung auch ein altbekannter Haushaltsreiniger. ↑E.7 S.95

Ethansäure ist Ausgangsstoff zur Herstellung von Lacken und Farben, Arzneimitteln, Lösemitteln, Kunststoffen und Kunstfasern. Sie dient zur Herstellung von Riechstoffen und ist Hilfsmittel bei der Latexherstellung. Außerdem wird sie zur Entkalkung von Häuten und als Hilfsmittel in der Textilindustrie sowie in Färbereien eingesetzt.

3 Feuchtes Indikatorpapier wird durch Ameisensäure im Ameisenhaufen rot gefärbt.

Ameisensäure – eine weitere Carbonsäure Ameisen produzieren zu ihrem Schutz und zur Abwehr von Feinden in ihren Giftdrüsen eine Säure. Nach diesem Vorkommen wird sie als **Ameisensäure** bezeichnet. Ameisensäure findet sich in den Brennhaaren von Brennnesseln ↑E.2 S.94, in Tannennadeln, im Nesselgift von Quallentieren und in verschiedenen Laufkäferarten, Bienen und Wespen. Sie trägt zum sauren Geschmack vieler Früchte bei.

Als einfachste Alkansäure enthält sie nur ein Kohlenstoffatom im Molekül. Deshalb ist ihr systematischer Name **Methansäure**.

Ameisensäure ist eine farblose, stechend riechende und stark ätzende Flüssigkeit. Sie reagiert wie alle Säuren, z. B. Salzsäure oder Schwefelsäure, mit unedlen Metallen, Metalloxiden und Metallhydroxiden. ↑E.8,9 S.95 Die dabei entstandenen Salze heißen **Formiate** oder Methanate.

Methansäure wird im Labor zur Darstellung von Kohlenstoffmonooxid verwendet. Sie und einige ihrer Salze sind gute Konservierungsmittel für Erfrischungsgetränke, Fruchtsäfte und Salate. Methansäure wird zum Entkalken von Kaffeemaschinen oder Heizstäben von Waschmaschinen ↑E.7 S.95 ebenso verwendet wie zur Herstellung von Lösemitteln und Geruchsstoffen.

In der Textil- und Lederindustrie dienen Formiate zum Imprägnieren, Beizen und Mattieren. In der Landwirtschaft werden Formiate zum Ansäuern von Silofutter verwendet, in der Getränkeindustrie zum Desinfizieren von Bier- und Weinfässern. Ein Gemisch aus Ameisensäure, Ethanol und Wasser dient zum Einreiben bei rheumatischen Beschwerden.

4 Um die Ausbreitung der Vogelgrippe zu verhindern, werden Kraftfahrzeuge mit Ameisensäure desinfiziert.

Aufgaben

1 Vergleiche die Strukturformeln von Methansäure und Ethansäure. Begründe, warum beide Säuren zur Gruppe der Alkansäuren sowie zu den Carbonsäuren gehören.

2 Verdünnte Ethansäure leitet den elektrischen Strom und färbt Indikatorpapier, reine Ethansäure zeigt diese Eigenschaften nicht. Erkläre das unterschiedliche Verhalten.

3 Eine Kaffeemaschine kann mit Methan- oder Ethansäure entkalkt werden. Entwickle für die Reaktion Wortgleichungen sowie entsprechende Reaktions- und Ionengleichungen.

4 Warum sollten Salatbestecke nicht aus Neusilber (Kupfer-Nickel-Zink-Legierung) hergestellt werden?

Natürliche Carbonsäuren

Vogelbeeren (großes Bild) enthalten Äpfelsäure, saure Früchte wie die Johannisbeere (kleines Bild) Citronensäure. Diese Säuren gehören zu den Carbonsäuren und enthalten wie die Alkansäuren die Carboxylgruppe im Molekül. Welche Carbonsäuren kommen in der Natur vor?

1

2 In Milchprodukten ist Milchsäure enthalten.

3 Oxalsäure lässt Sauerampfer sauer schmecken.

Vielfalt der Carbonsäuren Neben Essigsäure und Ameisensäure gibt es weitere organische Stoffe mit der Carboxylgruppe im Molekül. Viele von ihnen sind in der Natur weitverbreitet, z. B. in sauer schmeckenden Pflanzen und Früchten oder in saurer Milch und Milchprodukten. Wie bereits bekannt, werden alle organischen Verbindungen, in deren Molekülen eine oder mehrere Carboxylgruppen enthalten sind, als **Carbonsäuren** bezeichnet. Da sie sich in Art, Anzahl und Anordnung der funktionellen Gruppen oder in anderen Strukturmerkmalen voneinander unterscheiden können, gibt es eine Vielzahl von Carbonsäuren. In pflanzlichen oder tierischen Organismen enthaltene heißen **natürliche Carbonsäuren**.

Die gebunden in Fetten vorkommenden Carbonsäuren Palmitinsäure, Stearinsäure, Ölsäure und Linolsäure gehören zu den Fettsäuren. Fettsäuren ohne Doppelbindungen zwischen Kohlenstoffatomen in ihrem Molekül, wie Palmitin- und Stearinsäure, werden als **gesättigte Fettsäuren** bezeichnet. **Ungesättigte Fettsäuren** haben dagegen eine oder mehrere Doppelbindungen zwischen den Kohlenstoffatomen im Molekül. Beispiele hierfür sind die Ölsäure mit einer und Linolsäure mit zwei Doppelbindungen.

Carbonsäuren mit weiteren funktionellen Gruppen Andere Carbonsäuren können mehrere gleiche oder unterschiedliche funktionelle Gruppen im Molekül enthalten. Oxalsäure besitzt in ihren Molekülen zwei Carboxylgruppen. Sie gehört deshalb zu den **Dicarbonsäuren**. Milchsäure, Weinsäure und Citronensäure sind **Hydroxycarbonsäuren**. Sie besitzen neben Carboxylgruppen auch Hydroxylgruppen im Molekül.

Aminopropansäure (Alanin) besitzt neben der Carboxylgruppe noch die Aminogruppe ($-NH_2$-Gruppe) im Molekül. Diese Säuren heißen Aminocarbonsäuren, kurz **Aminosäuren**. Carboxlygruppen können auch gebunden an ringförmigen Molekülstrukturen vorkommen. Ein wichtiger Vertreter ist die Benzoesäure. Da Benzen ein aromatischer Kohlenwasserstoff ist, wird diese Säure zu den **aromatischen Carbonsäuren** gezählt.

Vorkommen und Verwendung ausgewählter Carbonsäuren

Säure	Verkürzte Strukturformel	Vorkommen (•) und Verwendung (▪)
Stearinsäure	$C_{17}H_{35}-COOH$	• gebunden in Fetten und Ölen; in Kerzen
Ölsäure	$C_{17}H_{33}-COOH$	▪ Nahrungsmittel, zur Herstellung von Seifen, Waschmitteln,
Linolsäure	$C_{17}H_{31}-COOH$	Kosmetika, Kerzen, Pharmazeutika, Farbstoffen, Imprägnier- und Schmiermitteln
Oxalsäure	$HOOC-COOH$	• in Sauerklee, Sauerampfer, Rhabarber, Spinat- und Rübenblättern; Stoffwechselprodukt des Menschen im Urin ▪ Bleichmittel, Rohstoff für Färbereien und Tintenherstellung, zur Entfernung von Tinten- und Rostflecken, Analysensubstanz
Milchsäure	$CH_3-\underset{OH}{CH}-COOH$	• in Milch, Fleischsaft, Sauergemüse; Zwischenprodukt des menschlichen Stoffwechsels ▪ Desinfektions- und Beizmittel, zur Herstellung von Limonaden, Essenzen, Salben und Mundwässern, Hilfsstoff in Woll- und Lederfärbereien
Citronensäure	$HOOC-CH_2-\underset{OH}{\overset{COOH}{C}}-CH_2-COOH$	• in Zitrusfrüchten, Beerenobst, Milch; Zwischenprodukt des menschlichen Stoffwechsels ▪ Textilhilfsmittel, zur Herstellung von Likören, Salaten, Essenzen, Limonaden und Säuglingsnahrung
Aminopropansäure (Alanin)	$CH_3-\underset{NH_2}{CH}-COOH$	• gebunden in Eiweißen (z.B. Naturseide), in Steinpilzen, in Milchsäurebakterien; Produkt im menschlichen Stoffwechsel ▪ zur Entfernung von Schwefelwasserstoff aus Gasen
Benzoesäure	⬡$-COOH$	• in Früchten, Obstschalen, Blättern und Rinden ▪ zur Herstellung von Seifen, Klebstoffen und Farbstoffen, Konservierungsmittel, Analysensubstanz

Konservieren mit Carbonsäuren Neben physikalischen Verfahren zur Konservierung von Lebensmitteln, z.B. Einkochen, Trocknen, sind auch zahlreiche chemische Stoffe als Konservierungsstoffe geeignet. Sie verhindern die Entwicklung von Mikroorganismen und unterbinden ihre Vermehrung. Konservierungsstoffe müssen von der Europäischen Union als Lebensmittelzusatzstoff zugelassen und durch eine dreistellige Zahl, die mit 2 beginnt, z.B. E 210 für Benzoesäure, gekennzeichnet werden. Nur wenige Stoffe sind als Konservierungsstoffe zugelassen, die wichtigsten sind einige Carbonsäuren, besonders die Benzoesäure und ihre Salze.

Aufgaben

1 Nenne Namen, Vorkommen und Verwendung wichtiger Carbonsäuren.

2 Stearinsäure ist eine gesättigte und Ölsäure eine ungesättigte Fettsäure. Erläutere diese Begriffe.

3 Welche Arten der Konservierung sind gebräuchlich?
Erläutere einzelne Methoden der Konservierung von Lebensmitteln und gib Beispiele für auf diese Weise konservierte Lebensmittel an.

4 Was sind Konservierungsstoffe und wie müssen diese gekennzeichnet sein?

5 Ermittle im Internet die E-Nummern und die Namen von zugelassenen Konservierungsstoffen.

6 Erkundige dich bei der Verbraucherzentrale über Lebensmittelzusatzstoffe. Diskutiere mit deinen Mitschülerinnen und Mitschülern die Bedenklichkeit bzw. Unbedenklichkeit dieser Stoffe.

7 Informiere dich anhand von Etiketten, welche Lebensmittel Konservierungsstoffe enthalten.

8 Ermittle Unterschiede und Gemeinsamkeiten von Propansäure, Milchsäure und Alanin.

9 An einer Heizspirale befindet sich Kalk.
Berechne die Masse an Calciumcarbonat, die mit 100 g 5%igem Essig entfernt werden kann.
Berechne das Volumen an Kohlenstoffdioxid, das dabei entsteht.

Ester

Betritt man einen Raum, in dem eine reife Ananas aufgeschnitten wird, ist das sofort an dem angenehmen Geruch erkennbar. Der Geruch ist auf über 200 leichtflüchtige Stoffe zurückzuführen, die in einer Ananas enthalten sind. Viele dieser Stoffe entstehen durch Reaktionen von Carbonsäuren und gehören zu der Stoffklasse der Ester. Was sind Ester?

1   Reife Ananas riecht und schmeckt gut.

2 In vielen Süßwaren sind Fruchtester enthalten.

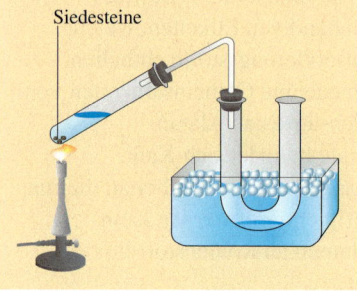

EXPERIMENT 12 [L]

Darstellung eines Ananasesters.

Vorsicht! Ein Gemisch aus Butansäure (GHS05), Ethanol (GHS02) und konzentrierter Schwefelsäure (GHS05) wird erhitzt. Die Gerüche der Ausgangsstoffe und des Destillats werden geprüft.

Siedesteine

Vorkommen und Bedeutung von Estern Duft und Geschmack vieler Früchte werden durch ähnliche Verbindungen hervorgerufen. Diese Verbindungen werden als **Fruchtester** bezeichnet. Der Mensch nutzt diese natürlichen oder synthetisch hergestellten Fruchtester zur Verfeinerung des Geruchs vieler Produkte, z. B. von Kosmetika, Seifen, Backaromen und Süßwaren. ↑2 Auch **Wachse** gehören zu den Estern. Sie können in Kerzen, Polituren, Schmiermitteln, Imprägniermitteln und Kosmetika verwendet werden. Bestreichen wir unser Brot mit Butter, Margarine oder Schmalz, nutzen wir zur Zubereitung eines Salats Leinöl oder Olivenöl, nehmen wir ebenfalls Ester als **Fette** oder **fette Öle** zu uns. Bestimmte Sprengstoffe wie Nitroglycerin sowie Nervengifte oder das für den Stoffwechsel so lebensnotwendige Adenosintriphosphat (ATP) gehören ebenfalls zur Stoffklasse der Ester. Was ist allen diesen Stoffen gemeinsam?

Synthese von Estern Ester können durch chemische Reaktion aus Säuren und Alkoholen dargestellt werden. Je nach eingesetzter Säure werden die Ester bezeichnet, z. B. aus Carbonsäuren entstehen **Carbonsäureester**.
Für die Reaktion sind Wärme und ein Katalysator, z. B. Schwefelsäure, erforderlich. ↑E.12,13 Neben dem Ester entsteht als weiteres Reaktionsprodukt Wasser. Diese chemische Reaktion wird als **Veresterung** bezeichnet oder, da bei dieser Reaktion Wasser entsteht, als **Kondensation**. Da bei der Veresterung zwischen den Molekülen der Carbonsäure und denen des Alkohols Atome ausgetauscht werden, gehört sie zu den Substitutionsreaktionen.

$$R^1{-}C{\overset{\displaystyle \bar{O}|}{\underset{\displaystyle \bar{O}{-}H}{}}} \;+\; H{-}\bar{O}{-}\underset{\displaystyle H}{\overset{\displaystyle H}{C}}{-}R^2 \;\longrightarrow\; R^1{-}C{-}\bar{O}{-}\underset{\displaystyle H}{\overset{\displaystyle H}{C}}{-}R^2 \;+\; H_2O$$

Carbonsäure +   Alkohol   ⟶   Carbonsäureester + Wasser

Die Veresterung ist eine chemische Reaktion von Säuren mit Alkoholen unter Bildung von Estern und Wasser. Die Veresterung ist eine Kondensation, da Wasser ein weiteres Reaktionsprodukt ist.

Selbst untersucht

13   Stelle verschiedene Fruchtester her.
Schutzhandschuhe! Durchführung unter Aufsicht!
Gib jeweils in ein Demonstrationsreagenzglas:
a) 2,5 ml Ethansäure (GHS02|05) und 2,5 ml
3-Methylbutan-1-ol (GHS02|07),
b) 2,5 ml Ethansäure (GHS02|05) und 2,5 ml
2-Methyl-1-propanol (Isobutanol, GHS02|05|07),
c) 1 g Benzoesäure (GHS07) und 5 ml Ethanol
(GHS02).
Gib anschließend in jedes Glas 3 Tropfen konzentrierte Schwefelsäure (GHS05) und einige Siedesteine. Erhitze die Gemische im Wasserbad auf
etwa 70 °C.

Gieße die Lösungen nach dem Abkühlen jeweils in ein mit 10 ml Wasser gefülltes Becherglas und nimm die obere ölige Phase mit einer
Pipette vorsichtig ab. Tropfe einige Tropfen
auf Filterpapier und stelle den Geruch fest.
Vergleiche den Geruch mit dem Geruch der jeweiligen Ausgangsstoffe. Beschreibe den Geruch der
drei Carbonsäureester. Begründe, weshalb man diese
Ester auch als Fruchtester bezeichnet. Überlege,
welche Frucht einen ähnlichen Geruch aufweist.
Entsorgung: Carbonsäureester in die Sammlung aufnehmen, Reste in Sammelbehälter für organische
Stoffe geben.

Struktur und Benennung von Carbonsäureestern Die Moleküle der Alkansäureester enthalten als charakteristisches Strukturmerkmal die **Estergruppe**:

$$-C{\overset{\overline{O}|}{\underset{\overline{O}-}{}}} \qquad \text{bzw.} \quad -COO-$$

Die Alkylgruppen wurden mit R^1 und R^2 bezeichnet. Durch experimentelle Untersuchungen lässt sich ermitteln, dass neben den Reaktionsprodukten Ester und Wasser auch noch die Ausgangsstoffe Säure und Alkohol
vorliegen. Die Veresterung verläuft nicht vollständig.
Der Name eines Esters wird aus dem Namen der Säure und der Ethylgrup-
pe des Alkanols abgeleitet.

$$\underset{\text{Butansäure}}{C_3H_7-COOH} + \underset{\text{Ethanol}}{HO-C_2H_5} \longrightarrow \underset{\text{Butansäureethylester}}{C_3H_7-\overset{O}{\overset{\|}{C}}-O-C_2H_5} + \underset{\text{Wasser}}{H_2O}$$

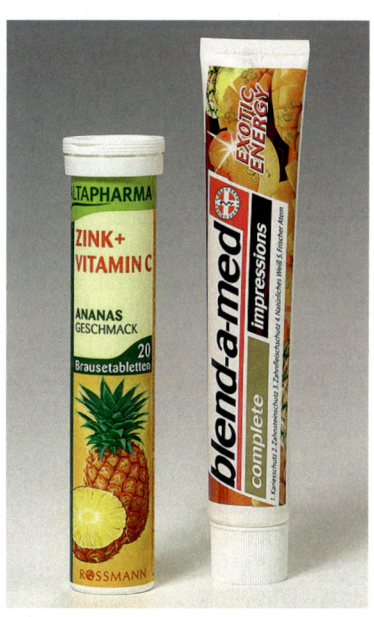

3 Produkte mit synthetisch
hergestelltem Fruchtester

Name der Säure	Name des Alkylrestes des Alkanols	Name der Stoffgruppe „ester"
Butansäure	ethyl	ester
	Butansäureethylester	

Aufgaben

1 Entwickle Wortgleichung und Reaktionsgleichung
zur Esterbildung zwischen Ethansäure und Ethanol.
Benenne den entstandenen Ester.
2 Nenne die Ausgangsstoffe zur Darstellung von
a Ethansäurepropylester,
b Triölsäureglycerolester und
c Propansäurebutylester.

3 Vergleiche die Salzbildung und die Veresterung an
folgenden Beispielen
a Bildung von Natriumacetat und
b Bildung von Ethansäureethylester.
4 Einige Ester kurzkettiger Alkansäuren und kurzkettiger Alkanole, z. B. der Essigsäureethylester,
sind gute Lösemittel. Unterbreite Vorschläge zur
experimentellen Überprüfung dieser Aussage.

1 Bratheringe werden in Essig konserviert.

1 Essigsäure ist ein gutes Konservierungsmittel.
a Erläutere die konservierende Wirkung von Essigsäure.
b Informiere dich im Internet, welche Konservierungsverfahren außerdem angewendet werden und auf welchen Prinzipien ihre Wirkung beruht.

2 Bleibt Wein in einer Flasche zwei Wochen lang offen stehen, schmeckt die Flüssigkeit darin sauer. Wird diese Flüssigkeit mit Kalkablagerungen in Berührung gebracht, so kann man feststellen, dass diese nach einer Weile verschwinden.
a Plane je ein Experiment zur Bestätigung dieser beiden Beobachtungen.
b Formuliere jeweils die Wortgleichung und die Reaktionsgleichung für die chemischen Reaktionen.

3 Ein Haushaltsessig hat einen Volumenanteil an Essigsäure von 5 %. Essigessenz hat einen Volumenanteil von 25 %. Berechne für den Haushaltsessig und für die Essigessenz die Stoffmengenkonzentration.

4 Methansäure kann durch chemische Reaktion aus Methanal und dieses wiederum durch chemische Reaktion aus Methanol hergestellt werden.
a Entwickle Reaktionsgleichungen für die chemische Reaktionen.
b Benenne alle Reaktionspartner.
c Bestimme die Reaktionsarten und begründe.

5 **Gewinne Zellflüssigkeit aus den Brennhaaren von Brennnesseln.**
Sammle unter Verwendung von Gummihandschuhen die Blätter von frischen Brennnesseln. Betrachte jeweils ein Blatt unter einer Lupe und brich mit einer Pinzette die Brennhaare ab. Gewinne auf diese Art und Weise auf einem Uhrglas etwas Flüssigkeit aus diesen Brennhaaren. Gib einen Tropfen der Flüssigkeit auf ein Indikatorpapier.
a Werte das Beobachtungsergebnis aus und gib an, welche Verbindung in der Flüssigkeit enthalten ist.

2 Etikett einer Essigflasche mit Angabe des Volumenanteils an Essigsäure

b Entwickle die Dissoziationsgleichung dieser Verbindung. Benenne die Reaktionspartner.
c Gibt man einige Tropfen dieser Verbindung auf ein Zinkblech, wird das Zink an dieser Stelle zerstört. Entwickle die Reaktionsgleichung und ordne die Reaktion begründet einer Reaktionsart zu.
d Recherchiere im Internet, warum die Blätter älterer, welker Brennnesseln nicht mehr auf der Haut brennen.

6 Im Kaugummi befindet sich ein Aroma, das aus Salicylsäure (Strukturformel siehe Bild) und Methanol hergestellt werden kann.
Entwickle die Reaktionsgleichung für die Reaktion.

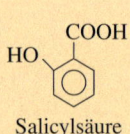

Salicylsäure

7 Aspirin® entsteht durch Reaktion von Salicylsäure mit Essigsäure. Entwickle die Reaktionsgleichung. Verwende dazu auch die Angaben zur Aufgabe 1.
8 Kernseife ist ein Gemisch von Natriumsalzen langkettiger Alkansäuren, z. B. Hexadecansäure [$CH_3–(CH_2)_{14}–COOH$]. Leite aus den Reaktionen der Alkansäuren eine Möglichkeit zur Herstellung eines Natriumsalzes dieser Säure ab. Entwickle die Reaktionsgleichung.

Carbonsäuren

Organische Stoffe mit mindestens einer Carboxylgruppe im Molekül. Die Carboxylgruppe –COOH ist die funktionelle Gruppe der Carbonsäuremoleküle. Gesättigte kettenförmige Carbonsäuren mit einer Carboxylgruppe im Molekül sind **Alkansäuren**, z. B. Ethansäure CH_3–COOH.

Reaktionen vom Alkanol zur Alkansäure

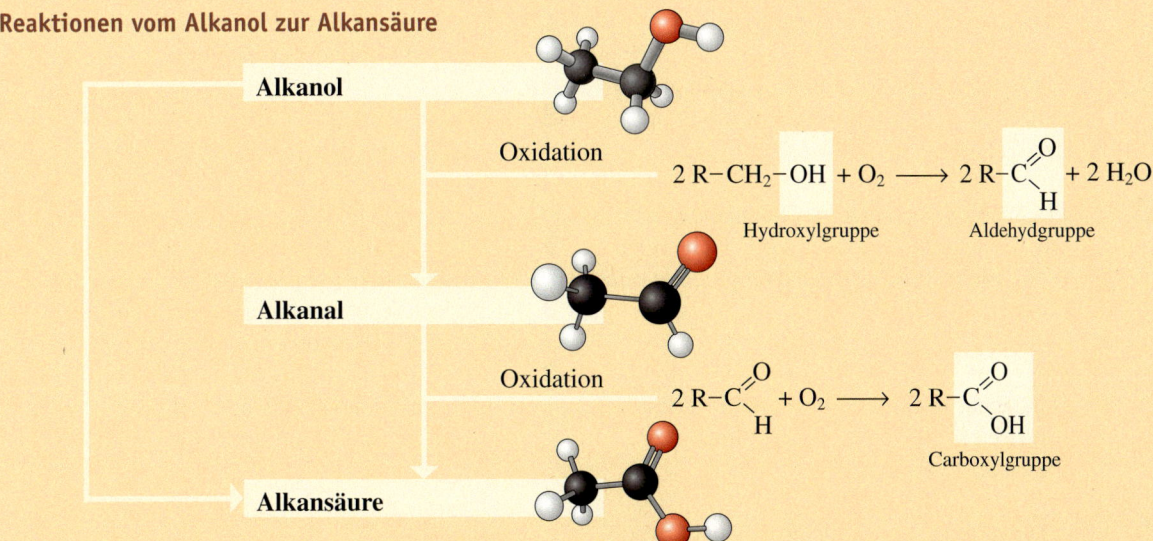

Alkanol

Oxidation

$$2\ R{-}CH_2{-}OH + O_2 \longrightarrow 2\ R{-}C\!\!\begin{smallmatrix}O\\H\end{smallmatrix} + 2\ H_2O$$

Hydroxylgruppe · · · · · Aldehydgruppe

Alkanal

Oxidation

$$2\ R{-}C\!\!\begin{smallmatrix}O\\H\end{smallmatrix} + O_2 \longrightarrow 2\ R{-}C\!\!\begin{smallmatrix}O\\OH\end{smallmatrix}$$

Carboxylgruppe

Alkansäure

Reaktionen der Carbonsäuren

Dissoziation von Carbonsäuren in Wasser

$$CH_3{-}COOH \longrightarrow H^+ + CH_3{-}COO^-$$

Ethansäuremolekül · · · Wasserstoff-Ion · · Acetat-Ion

Reaktionen von Carbonsäuren mit unedlen Metallen, Metalloxiden und Metallhydroxiden

$$2\ CH_3COO^-\,(aq) + 2\ H^+\,(aq) + Mg\,(s)$$
Ethansäurelösung
$$\longrightarrow 2\ CH_3COO^-\,(aq) + Mg^{2+}\,(aq) + H_2\,(g)$$
Magnesiumacetatlösung

$$CH_3COO^-\,(aq) + H^+\,(aq) + Na^+\,(aq) + OH^-\,(aq)$$
Ethansäurelösung
$$\longrightarrow CH_3COO^-\,(aq) + Na^+\,(aq) + H_2O\,(l)$$
Natriumacetatlösung

Reaktionen von Carbonsäuren mit Alkoholen

$$CH_3{-}COOH(l) + CH_3{-}CH_2{-}OH(l)$$
Ethansäure · · · · · · · · · Ethanol
$$\longrightarrow CH_3{-}CO{-}O{-}H_2C{-}CH_3(l) + H_2O(l)$$
Ethansäureethylester · · · · · Wasser

Carbonsäureester

Organische Stoffe, die bei der Reaktion von Carbonsäuren mit Alkoholen entstehen, deren Moleküle als funktionelle Gruppe die Estergruppe –COO– besitzen.

Check up

1 ___ Essigsäure kann leicht zu Hause hergestellt werden.

a ___ Beschreibe dafür eine einfache Experimentdurchführung.

b ___ Gib an, wie du experimentell nachweisen kannst, dass wirklich Essigsäure entstanden ist.

c ___ Entwickle die Reaktionsgleichung.

2 ___ Nenne Eigenschaften und Verwendungsmöglichkeiten von Essigsäure im Haushalt und in der Technik.

3 ___ Ein Schüler behauptet im Chemieunterricht, dass Essig und Essigsäure das Gleiche seien. Weise nach, ob diese Behauptung richtig oder falsch ist.

4 ___ Essiggemüse und Essiggurken gibt es im Handel nur in Gläsern nicht aber in Konservendosen zu kaufen. Erläutere Gründe für diesen Sachverhalt.

5 ___ Alkansäuren gehören zur Gruppe der Carbonsäuren und diese wiederum zur Stoffklasse der Säuren.

a ___ Kennzeichne die Begriffe Alkansäure, Carbonsäure und Säure.

b ___ Ordne folgende Säuren den genannten Stoffgruppen zu und begründe: Salzsäure, Buttersäure (C_3H_7–COOH), Benzoesäure C_6H_5–COOH und Phosphorsäure.

6 ___ Ameisensäure und Essigsäure zeigen gleiche Reaktionen wie anorganische Säuren, z. B. Salzsäure.

a ___ Nenne wichtige Reaktionen von Säuren und deren Lösungen.

b ___ Entwickle für mindestens drei Reaktionen von Salzsäure und von Ameisensäure die Reaktionsgleichungen und benenne alle an der Reaktion beteiligten Stoffe.

7 ___ Durch Reaktion von Säuren und Alkoholen können Ester hergestellt werden.

a ___ Erläutere die Strukturmerkmale eines Carbonsäureesters an einem selbst gewählten Beispiel.

b ___ Entwickle die Reaktionsgleichung für die Herstellung von Methansäureethylester.

c ___ Ordne die Esterbildung einer Reaktionsart zu und begründe die Zuordnung.

8 ___ Nenne Verwendungsmöglichkeiten von mindestens drei verschiedenen Gruppen von Estern.

9 ___ Viele organische Stoffe besitzen funktionelle Gruppen im Molekül.

a ___ Erläutere, was unter einer funktionellen Gruppe verstanden wird.

b ___ Gib Namen und Formel der funktionellen Gruppe von Alkoholen, Aldehyden, Carbonsäuren und Carbonsäureestern an.

Aufgabe	Hilfe findest du auf Seite …	Verbindung der Aufgabe zu den Basiskonzepten ↑S.156f.
1	96, 97	T S R
2	98, 99	S
3	96	S
4	98	S
5	96, 97, Band 7/8: S. 189, 192, 193	T S
6	98, 99, Band 7/8: S. 189, 191	T S R
7	102, 103	T S R
8	102	S
9	83, 89, 97, 103	T S

T Stoffe und ihre Teilchen, **S** Struktur und Eigenschaften der Stoffe, **R** Chemische Reaktionen, **E** Energie

❯ Die Lösungen findest du im Anhang.

Stickstoffverbindungen

Stickstoff ist Hauptbestandteil der Luft. Er ist auch Bestandteil von Ammoniak, Salpetersäure und Eiweißen. Allein an Stickstoffdüngemitteln werden in Deutschland jährlich etwa 1,8 Millionen Tonnen auf die Felder gebracht. Zu deren Herstellung nutzt die Industrie letztlich den Stickstoff aus der Luft.

→ Welche Bedeutung haben Ammoniak, Salpetersäure und deren Salze für Industrie und Landwirtschaft?

→ Wie können diese Verbindungen unter Nutzung des Stickstoffs der Luft hergestellt werden?

→ Welche Gesetzmäßigkeiten liegen diesen Reaktionen zugrunde?

Stickstoff

Stickstoff gehört mit weiteren Elementen zur V. Hauptgruppe des Periodensystems der Elemente. Er ist nicht nur das wichtigste Element dieser Gruppe, er hat auch den größten Anteil an der Erdatmosphäre. Für seine vielseitigen Verwendungen in der Industrie wird er in flüssiger Form zum entsprechenden Einsatzort gebracht. Wie kann Stickstoff technisch gewonnen werden? Welche Eigenschaften und Verwendungen besitzt er?

1 Flüssiger Stickstoff wird in Tankwagen transportiert.

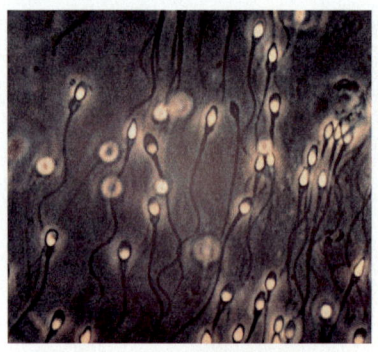

2 Spermienzellen bleiben in flüssigem Stickstoff lange lebensfähig.

Eigenschaften und Bedeutung von Stickstoff Stickstoff ist ein farbloses, geruchloses und ungiftiges Gas. Er kondensiert bei einer Temperatur von −195,79 °C zu einer farblosen Flüssigkeit. Flüssiger Stickstoff dient als Kältemittel in der Lebensmitteltechnologie, Medizin und Pharma-Industrie, z. B. zum Schockgefrieren und zur Gefriertrocknung von empfindlichen Nahrungsmitteln und biologischen Materialien, wie Zellen, Gewebe und Blut. In der Technik wird er zur Kaltmahlung von Materialien wie Kunststoffen und Kautschuk, z. B. Altreifen, eingesetzt.

Stickstoff ist unter Normalbedingungen sehr reaktionsträge. Deshalb besitzt er technische Bedeutung als Schutzgas, z. B. in der Elektro- und Metall-Industrie, zum Abpressen und Aufbewaren brennbarer Flüssigkeiten, als Treibmittel für Sprays, zum Verdünnen leicht entzündlicher Gase sowie als Gasfüllung von Glühlampen. Stickstoff brennt nicht und erstickt Flammen. Ein brennender Holzspan erlischt, wenn er in ein Gefäß mit Stickstoff gebracht wird. Stickstoff hat eine geringere Dichte als Luft und ist etwa nur halb so gut in Wasser löslich wie Sauerstoff.

Hauptsächlich dient Stickstoff als Rohstoff zur Herstellung von Stickstoffverbindungen wie Ammoniak, Aminen, Cyaniden, Nitriden und Stickstoffoxiden, vor allem aber zur Herstellung von Stickstoffdünger.

Selbst untersucht

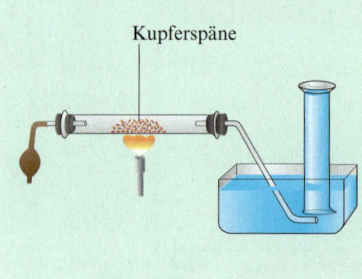

Kupferspäne

1   Gewinne Stickstoff aus der Luft

Baue eine Apparatur gemäß nebenstehender Abbildung auf. Erhitze die Kupferspäne kräftig. Leite dann langsam und kontinuierlich Luft über die Späne. Nachdem die Luft aus der Apparatur verdrängt ist, wird das entstandene Gas pneumatisch aufgefangen und mit der Glimmspanprobe geprüft. Interpretiere die Beobachtungsergebnisse.

Entsorgung: Reste der Kupferspäne einsammeln, werden wieder verwendet.

Vorkommen von Stickstoff Die weitaus größten Mengen an Stickstoff mit einem Volumenanteil von $\varphi = 78{,}1\,\%$ finden sich in der Lufthülle der Erde. Kleinere Mengen von Stickstoff sind auch in den Gasen mancher Quellen und in Gesteinseinschlüssen vorhanden. Der Massenanteil an Stickstoff an der obersten 16 km dicken Gesteinskruste wird auf etwa $w = 0{,}03\,\%$ geschätzt. Stickstoffhaltige Minerale sind verhältnismäßig selten. Das einzige größere Vorkommen ist Natriumnitrat ($NaNO_3$, Chilesalpeter). In kleineren Mengen findet man gelegentlich Calciumnitrat ($Ca(NO_3)_2$, Mauersalpeter), Kaliumnitrat (KNO_3, Salpeter), Ammoniumchlorid (NH_4Cl, Salmiak) und einige andere Verbindungen. Stickstoff ist in Form von Eiweißen und anderen organischen Verbindungen, z. B. in den Nucleinsäuren der Erbsubstanz, in allen Organismen verbreitet.

Darstellung von Stickstoff Stickstoff wird aus der Luft gewonnen. Dazu wird in der Technik Luft nach dem Linde-Verfahren verflüssigt und anschließend die flüssige Luft destilliert.

Zur Verflüssigung wird die gereinigte Luft stark komprimiert und in einem Kühler abgekühlt. Anschließend wird der Druck wieder erniedrigt, wodurch die Temperatur stark absinkt. In einem Kreislauf werden diese Vorgänge so lange wiederholt, bis der größte Teil der Luft bei $-200\,°C$ flüssig vorliegt. In Destillationsanlagen wird flüssige Luft in ihre Bestandteile zerlegt. Man lässt die Temperatur von $-200\,°C$ auf $-196\,°C$ ansteigen. Bei dieser Temperatur siedet Stickstoff, der als Gas aufgefangen und wieder kondensiert werden kann. In der Folge werden die weiteren Gase entsprechend ihren Siedetemperaturen gewonnen. Eine einmalige Destillation würde keine reinen Gase liefern. Deshalb werden sie mehrmals destilliert und kondensiert, bis die Stoffe rein vorliegen.

Eine weitere Möglichkeit ist die chemische Reaktion von Luft mit Metallen. Der Luftsauerstoff reagiert mit dem Metall, Stickstoff und die anderen Luftbestandteile bleiben übrig. Der so erhaltene Stickstoff ist damit nicht rein.

Siedetemperaturen von Luftbestandteilen	
Stoff	**Siedetemperatur in °C**
Helium	−269
Neon	−246
Stickstoff	−196
Argon	−186
Sauerstoff	−183
Krypton	−152
Xenon	−108

$$2\,Cu\,(s) \quad + \quad O_2\,(g) + 4\,N_2\,(g) \quad \longrightarrow \quad 4\,N_2\,(g) \quad + \quad 2\,CuO\,(s)$$
Kupfer   Luft   Stickstoff   Kupferoxid

Bau von Stickstoff Stickstoff kommt in der Natur molekular vor. In jedem Stickstoffmolekül sind zwei Atome Stickstoff durch drei gemeinsame Elektronenpaare (Atombindung) miteinander verbunden. Durch diese Elektronenanordnung erreicht jedes Stickstoffatom im Molekül ein stabiles Elektronenoktett.

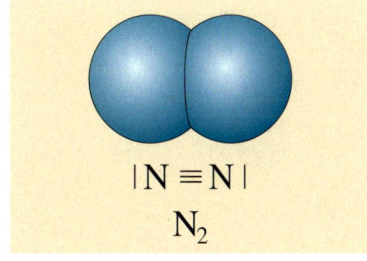

$$|N \equiv N|$$
$$N_2$$

4 Modell und Formeln eines Stickstoffmoleküls

Aufgaben

1 Vergleiche Eigenschaften und Verwendung von Stickstoff und Sauerstoff.

2 Leite alle Aussagen über den Atombau von Stickstoff aus seiner Stellung im Periodensystem der Elemente ab.

3 Stickstoff und Sauerstoff können pneumatisch aufgefangen werden, Kohlenstoffdioxid dagegen nicht. Erläutere dieses Verhalten der drei Gase.

4 Erläutere das Prinzip der Trennung der Luftbestandteile nach dem Linde-Verfahren. Gib Eigenschaften und Verwendung der dabei erhaltenen Gase an.

5 Vergleiche Molekülbau und chemische Bindung von Stickstoff, Sauerstoff und Wasserstoff.

6 Informiere dich, wie bestimmte Pflanzen Luftstickstoff in pflanzenverfügbare Stickstoffverbindungen umwandeln.

Ammoniak – ein wichtiger Grundstoff

In Viehställen ist häufig ein scharfer und stechender Geruch nach Ammoniak festzustellen. Wie aber kommt diese Chemikalie in einen Tierstall?

1

2 Die Atmosphäre des Planeten Saturn enthält Ammoniak.

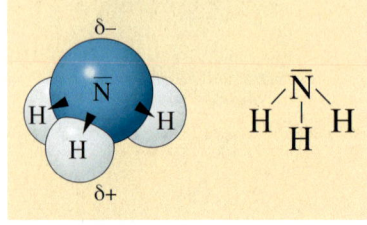

3 Modell und Formel eines Ammoniakmoleküls

Vorkommen von Ammoniak In der Natur entsteht Ammoniak durch Abbau stickstoffhaltiger pflanzlicher und tierischer Stoffe, vor allem Eiweiße und Harnstoff. Geringe Mengen davon gelangen in die Atmosphäre und in den Boden. Beim Abbau von Eiweißen im Harn von Kühen durch Mikroorganismen entsteht ebenfalls Ammoniak, was den Geruch in den Ställen erklärt. In freier Form kommt Ammoniak in der Natur sehr selten vor. Meist wird es durch chemische Reaktionen in andere Stoffe umgewandelt. Eine Ausnahme findet sich beim Aaskäfer, der als Wehrsekret eine 4,5%ige wässrige Ammoniaklösung zu seiner Verteidigung absondert.

Bau von Ammoniak In jedem Ammoniakmolekül (Formel: NH_3) sind drei Wasserstoffatome durch jeweils ein gemeinsames Elektronenpaar durch polare Atombindung mit einem Stickstoffatom verbunden. Das Stickstoffatom besitzt außerdem ein freies Elektronenpaar. Das Ammoniakmolekül ist ein Dipolmolekül mit gewinkeltem Bau. ↑3

Bedeutung von Ammoniak Flüssiges Ammoniak dient als Kühlmittel in Kältemaschinen von Kühlhäusern oder Kunsteisbahnen. Wässrige Lösungen von Ammoniak (Salmiakgeist) finden in Haushaltsreinigern und Fensterputzmitteln Verwendung. In der Industrie ist Ammoniak Ausgangsstoff für die Herstellung z. B. von Harnstoff, Arzneimitteln, Kunststoffen, Salpetersäure und Sprengstoffen. Etwa 85 % der Weltjahresproduktion an Ammoniak werden zur Produktion von Düngemitteln eingesetzt.

Selbst untersucht

2   Prüfe den Geruch von Ammoniak
Vorsicht! Prüfe vorsichtig durch Zufächeln 10%ige wässrige Ammoniaklösung (GHS05) sowie Fensterputzmittel (GHS05) auf ihren Geruch.

Untersuche anschließend beide Lösungen mit Universalindikator. Notiere deine Beobachtungen.
Entsorgung: Lösungen in den Sammelbehälter für Abwasser geben.

Eigenschaften und Nachweis von Ammoniak Ammoniak ist ein farbloses, stechend riechendes, giftiges Gas. Ammoniakdämpfe wirken schon in geringen Volumenanteilen auf die Schleimhäute der Atemwege und der Augen reizend. In höheren Volumenanteilen verursachen Ammoniakdämpfe Verätzungen. Die Dichte von Ammoniak beträgt 0,771 g/ l (bei $\vartheta = 0\,°C$ und $p = 101,3$ kPa). Das Gas kann bei 20 °C bereits durch einen Druck von 800 bis 900 kPa verflüssigt werden. Flüssiges Ammoniak ist farblos, leicht beweglich und siedet bei − 33,5 °C.

Ammoniak zersetzt sich beim Belichten mit ultraviolettem Licht und durch Einwirkung einer elektrischen Funkenentladung. Gemische aus Ammoniak und Luft sind in bestimmten Grenzen explosiv. Ammoniak verbrennt in Sauerstoff mit fahlgelber Flamme zu Stickstoff und Wasser.

$$4\,NH_3\,(g) + 3\,O_2\,(g) \longrightarrow 2\,N_2\,(g) + 6\,H_2O\,(l) \mid \text{exotherm}$$

Ammoniak ist in Wasser sehr gut löslich. Die Löslichkeit ist temperaturabhängig (in 1 l Wasser lösen sich bei 0 °C und 101,3 kPa 1176 l Ammoniakgas, bei 20 °C dagegen nur noch 702 l). Eine wässrige Lösung von Ammoniak nennt man Ammoniakwasser. Handelsübliche konzentrierte Ammoniaklösung enthält einen Massenanteil an Ammoniak von 28 bis 29 %. Verdünntes Ammoniakwasser enthält einen Massenanteil von etwa 10 % an Ammoniak (Salmiakgeist). Beim Lösen von Ammoniak in Wasser reagiert ein geringer Teil des Ammoniaks mit Wasser zu einer alkalischen Lösung. Hält man über ein Gefäß mit Ammoniak feuchtes Universalindikatorpapier, färbt es sich blau. Diese Eigenschaft kann zum Nachweis von Ammoniak genutzt werden. Beim Erhitzen einer wässrigen Ammoniaklösung entweicht Ammoniak vollständig. In der verbleibenden Lösung kann keine alkalische Reaktion mehr nachgewiesen werden.

Bildung von Ammoniak Ammoniak kann in Gegenwart eines Katalysators aus den Elementen Stickstoff und Wasserstoff hergestellt werden. Diese Reaktion wird in der Technik als Ammoniaksynthese durchgeführt.

$$N_2\,(g) + 3\,H_2\,(g) \rightleftharpoons 2\,NH_3\,(g) \mid \text{exotherm}$$

Im Labor erhält man Ammoniak durch Erhitzen eines Gemisches aus Ammoniumchlorid und Calciumhydroxid.

Ammoniak ist eine wichtige Grundchemikalie. Es ist ein stechend riechendes, ätzendes Gas. Es lässt sich leicht verflüssigen und löst sich gut in Wasser. Wässrige Ammoniaklösung reagiert alkalisch. Als Nachweis von Ammoniak dient die charakteristische Blaufärbung von feuchtem Universalindikatorpapier.

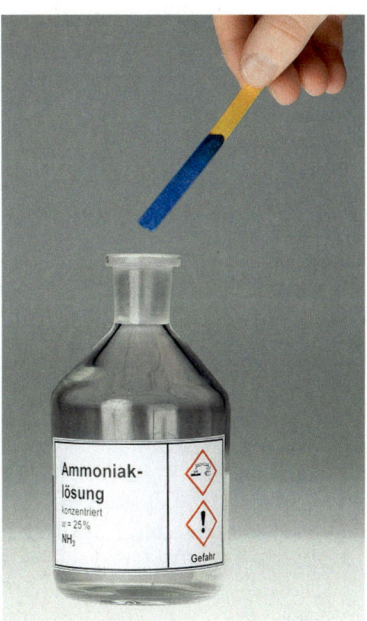

EXPERIMENT 3 [L]
Austreiben von Ammoniak.
Vorsicht! Abzug! Aus 5%iger wässriger Ammoniaklösung (GHS05) wird durch Erwärmen Ammoniak (GHS06|05|09) ausgetrieben. Die Restlösung ist mit Universalindikator zu prüfen.

4 Ammoniak entweicht aus einer Ammoniaklösung auf ein angefeuchtetes Indikatorpapier.

Aufgaben

1 Fertige einen Steckbrief über Ammoniak an.

2 Definiere die Begriffe Säure und Base und nenne Eigenschaften von sauren, neutralen und alkalischen Lösungen.

3 Beschreibe den Bau eines Ammoniakmoleküls und die chemische Bindung in dem Molekül.

4 Vergleiche das Ammoniakmolekül mit dem Wassermolekül und begründe ihre Dipoleigenschaften.

Strukturformel mit Elektronegativitätswerten	Oxidationszahlen der Elemente in der Verbindung
$\overset{2,1}{H} - \overset{3,0}{Cl}$	$\overset{+1\ -1}{HCl}$
$\overset{3,5}{O}$ $\underset{2,1}{H}\quad\underset{2,1}{H}$	$\overset{+1\ -2}{H_2O}$
$\overset{3,5}{O} = \overset{2,5}{C} = \overset{3,5}{O}$	$\overset{+4\ -2}{CO_2}$
$\overset{2,1}{H}$ $\underset{2,1}{H} - \overset{2,5}{\underset{\|}{C}} - \overset{3,5}{\underset{\|}{O}} - \overset{2,1}{H}$ $\underset{2,1}{H}$	$\overset{-2\ +1\ -2\ +1}{CH_3OH}$

1 Bestimmen von Oxidationszahlen in polaren Molekülen

Regeln zur Bestimmung von Oxidationszahlen

1 Die Oxidationszahl von Elementen ist immer ± 0.
2 In Molekülen ist die Summe aller Oxidationszahlen ± 0.
3 Wasserstoff erhält in organischen Verbindungen die Oxidationszahl $+1$.
4 Sauerstoff erhält in organischen Verbindungen die Oxidationszahl -2.
5 Die Oxidationszahl von einfachen Ionen entspricht der elektrischen Ladung des Ions.
6 In zusammengesetzten Ionen entspricht die Summe aller Oxidationszahlen der elektrischen Ladung des Ions.
7 In organischen Verbindungen beträgt die Summe der Oxidationszahlen eines Kohlenstoffatoms und der daran gebundenen Atome und Atomgruppen ± 0.

Aufgabe

1 Weise nach, dass die Bildung von Ammoniak aus den Elementen als Redoxreaktion betrachtet werden kann.

Oxidationszahlen Betrachtet man einige Reaktionen von Ammoniak, lässt sich feststellen, dass es sich dabei um Redoxreaktionen handelt. Allerdings nur sehr schwer oder gar nicht, lässt sich der dabei für Redoxreaktionen typische Elektronenübergang feststellen. Das trifft im Prinzip für viele Reaktionen zu, an denen Stoffe teilnehmen, die wie Ammoniak aus Molekülen aufgebaut sind. Die Atombindungen in diesen Molekülen sind meist polar. Das bedeutet: Elektronen werden jeweils durch das elektronegativere Atom im Molekül stärker. Im Fall des Ammoniakmoleküls zieht das Stickstoffatom mit einer Elektronegativität von 3,0 die Elektronenpaare stärker an.↑3, S. 110 Zur Erklärung der Elektronenübergänge nutzt man eine Modellvorstellung. Man stellt sich vor, die Elektronen einer polaren Atombindung würden vollständig vom elektronegativeren Atom aufgenommen. Man denkt sich die Moleküle somit aus einfachen Ionen aufgebaut. Die elektrischen Ladungen, die diese Ionen dann hätten, werden als **Oxidationszahlen** bezeichnet. Diese gedachten elektrischen Ladungen spiegeln nicht die wirklichen Bindungsverhältnisse im Molekül wider.

Die Oxidationszahl eines Elements in einer chemischen Verbindung gibt die Art und Anzahl der elektrischen Ladung an, die das Element hätte, wenn es in der chemischen Verbindung als Ion vorläge.

Angabe der Oxidationszahl Ist die Formel einer Verbindung bekannt, werden die Oxidationszahlen der Elemente als Zahlen über den Elementsymbolen angegeben. Je nach Elektronegativität der Elemente im Vergleich zueinander, bekommen die Oxidationszahlen ein positives oder negatives Vorzeichen.↑1 Zur Festlegung aller Oxidationszahlen in einer Verbindung ist die Beachtung einiger Regeln erforderlich.↑Tabelle

Beispiele: $\overset{\pm0}{O_2}$, $\overset{+1\ -1}{HCl}$, $\overset{-3\ +1}{NH_3}$, $\overset{+1\ +5\ -2}{HNO_3}$, $\overset{-1}{Cl^-}$, $\overset{-4\ +1}{CH_4}$, $\overset{-2\ +1\ -2\ +1}{CH_3OH}$

Verbrennen von Ammoniak – eine Redoxreaktion Mithilfe der Oxidationszahlen ist es möglich, Redoxreaktionen zu erkennen, auch wenn kein vollständiger Elektronenübergang zwischen den Teilchen der reagierenden Stoffe stattfindet. Das wird am Beispiel der Verbrennung von Ammoniak deutlich.

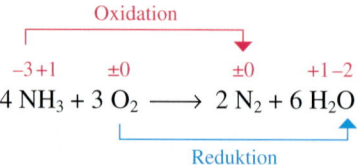

$$\overset{-3\ +1}{4\,NH_3} + \overset{\pm0}{3\,O_2} \longrightarrow \overset{\pm0}{2\,N_2} + \overset{+1\ -2}{6\,H_2O}$$

Es ist erkennbar, dass sich die Oxidationszahl des Stickstoffatoms von -3 im Ammoniak auf ± 0 im Stickstoff erhöht. Gleichzeitig verringert sich die Oxidationszahl der Sauerstoffatome im Sauerstoffmolekül von ± 0 auf -2 im Wassermolekül.

Eine chemische Reaktion wird dann als Redoxreaktion bezeichnet, wenn Änderungen der Oxidationszahlen von Elementen auftreten. Die Oxidation ist eine Teilreaktion, bei der eine Erhöhung der Oxidationszahl eines Elements erfolgt. Bei der Reduktion erfolgt dagegen eine Verringerung der Oxidationszahl eines Elements.

Kreislauf des Stickstoffs

Der Stickstoff der Luft und die Stickstoffverbindungen befinden sich in der Natur in einem ständigen Kreislauf.

Bereits 1840 hat JUSTUS VON LIEBIG (1803 bis 1873) über diesen Prozess in seinem Buch „Die Organische Chemie in ihrer Anwendung auf Agrikultur und Physiologie" geschrieben (Auszug):

> *„Kohlensäure, Ammoniak und Wasser enthalten in ihren Elementen die Bedingungen zur Erzeugung aller Tier- und Pflanzenstoffe während ihres Lebens. Kohlensäure, Ammoniak und Wasser sind die letzten Producte des chemischen Prozesses ihrer Fäulniß und Verwesung."*

Stickstoffverbindungen sind unentbehrlich für die Eiweißsynthese der Pflanzen. Nur die Schmetterlingsblütler (Leguminosen), wie z.B. Klee oder Lupinen, können mithilfe von Knöllchenbakterien Stickstoff direkt aus der Luft aufnehmen. Alle anderen Pflanzen sind auf Stickstoffverbindungen in Form von Nitrat- und Ammonium-Ionen aus dem Boden angewiesen. Menschen und Tiere können körpereigenes Eiweiß aus pflanzlicher Nahrung aufbauen.

Über Ausscheidung und Verwesung gelangen die Stickstoffverbindungen wieder in den Boden und werden dort durch Bakterien zu Ammoniak und Ammoniumsalzen abgebaut. Diese können wieder zu Nitraten umgewandelt und von den Pflanzen aufgenommen werden. Ein Teil der anorganischen Stickstoffverbindungen wird außerdem durch denitrifizierende Bakterien in elementaren Stickstoff zurückverwandelt und an die Atmosphäre abgegeben.

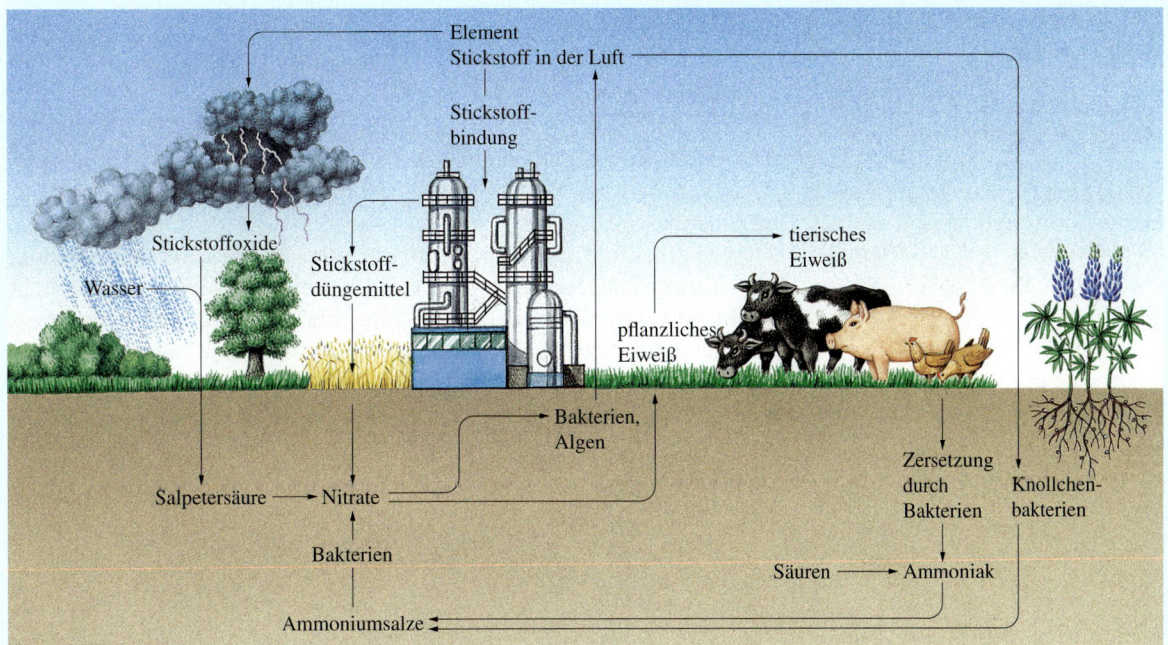

Luftstickstoff kann aber nicht nur durch Schmetterlingsblütler gebunden werden. Bei Gewitter können durch Blitzentladungen aus Stickstoff und Sauerstoff Stickstoffoxide entstehen, die zu Salpetersäure reagieren und mit dem Regenwasser in den Boden gelangen. Der Kreislauf ist aber nur in der freien Natur weitgehend geschlossen. Veränderungen des natürlichen Stickstoffkreislaufs ergeben sich vor allem durch eine intensive landwirtschaftliche Nutzung des Bodens sowie infolge industrieller und anderer Stickstoffoxidemissionen, was zu weitreichenden ökologischen, medizinischen und klimatologischen Folgen führen kann. Umweltmaßnahmen zum Schutz der Natur sollten diese Zusammenhänge berücksichtigen.

Technische Ammoniaksynthese

Erst durch die technische Ammoniaksynthese wurde die Herstellung von Stickstoffdüngemitteln möglich. Diese wird z.B. in dieser Anlage in der SKW Stickstoffwerke Piesteritz durchgeführt. Wie und unter welchen Bedingungen verläuft die Herstellung von Ammoniak in solchen technischen Anlagen?

1 Moderne Anlage zur Ammoniaksynthese

EXPERIMENT 4 [L]

Herstellen von Ammoniak
Ein Gemisch aus Stickstoff und Wasserstoff (GHS02) im Verhältnis 1 : 3 wird durch ein Reaktionsrohr über einen Cer-Eisen-Katalysator geleitet. Die Einstellung des Verhältnisses erfolgt mithilfe zweier mit Paraffinöl gefüllter Gaswaschflaschen als Blasenzähler. Erst wenn das die Apparatur verlassende Gasgemisch sauerstofffrei ist *(Vorsicht: Knallgasprobe durchführen!)*, wird das austretende Gasgemisch entzündet. Jetzt wird der Katalysator kräftig erhitzt. ↑3

Chemische Grundlagen Werden Stickstoff und Wasserstoff im Experiment mithilfe eines Cer-Eisen-Katalysators zur Reaktion gebracht, kann eine Rotfärbung der wässrigen Phenolphthaleinlösung beobachtet werden. Dies ist ein Hinweis darauf, dass Stickstoff und Wasserstoff mithilfe eines Katalysators tatsächlich zu Ammoniak reagieren. ↑E.4

$$N_2\,(g) \quad + \quad 3\,H_2\,(g) \quad \rightleftharpoons \quad 2\,NH_3\,(g) \quad | \quad \text{exotherm}$$

1 Volumenteil   3 Volumenteile   2 Volumenteile

Die Rotfärbung des Phenolphthaleins beim Einleiten von Ammoniak in Wasser beruht auf der Bildung einer alkalischen Lösung durch Protonenübertragung. ↑S.118

Obwohl Stickstoff und Wasserstoff unter dem Einfluss eines Katalysators miteinander reagieren, entstehen dabei keine nennenswerten Mengen an Ammoniak. Der Volumenanteil an Ammoniak im Reaktionsgemisch liegt deutlich unter 5 %. Vielmehr liegen im Reaktionsgemisch neben Ammoniak weiterhin auch Wasserstoff und Stickstoff vor. Was ist die Ursache hierfür?

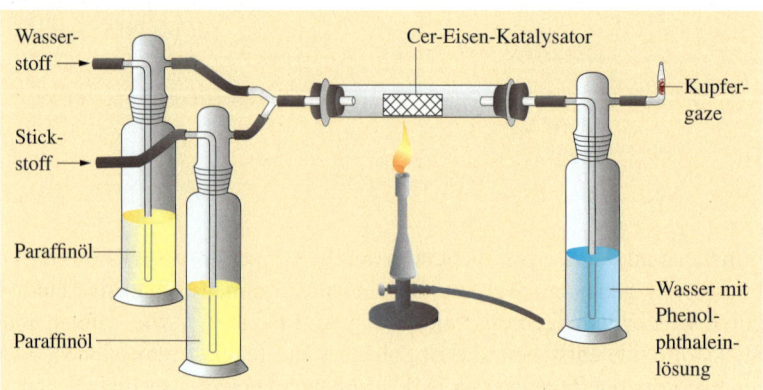

2 Abhängigkeit des Volumenanteils an Ammoniak von Temperatur und Druck

3 Experimentaufbau zum Herstellen von Ammoniak

Volumenanteile Ammoniak (in %) in Abhängigkeit von Temperatur und Druck					
Temperatur ϑ in °C	Druck p in MPa				
	0,1	10	30	60	100
200	15,3	81,5	89,9	95,4	98,3
400	0,44	25,1	42,0	65,2	79,8
500	0,13	10,6	26,4	42,2	57,5
700	0,02	2,2	7,3	12,6	12,9

Die Bildung von Ammoniak aus Stickstoff und Wasserstoff ist eine umkehrbare Reaktion. Bei der Hinreaktion wird Ammoniak gebildet. Bei der Rückreaktion zerfällt Ammoniak wieder in Stickstoff und Wasserstoff. Die Hinreaktion verläuft exotherm und unter Volumenverkleinerung, die Rückreaktion verläuft endotherm und unter Vergrößerung des Volumens. Deshalb sind Bildung und Zerfall von Ammoniak von Temperatur und Druck abhängig und durch diese zu beeinflussen.

Aus den Werten der Tabelle lässt sich ableiten, dass eine relativ niedrige Temperatur die Bildung von Ammoniak begünstigt, während bei hoher Temperatur der Zerfall besser verläuft. Die endotherme Reaktion läuft also bei hoher Temperatur, die exotherme Reaktion bei niedriger Temperatur besser ab. Was passiert nun bei einer Druckerhöhung? Die Hinreaktion verläuft unter Volumenverminderung, die Rückreaktion unter Volumenzunahme. Wird der Druck bei der Ammoniaksynthese erhöht, verläuft die Hinreaktion besser. Bei Druckerniedrigung wird dagegen der Ammoniakzerfall begünstigt. Dieses Prinzip wurde von dem französischen Chemiker HENRY LOUIS LE CHATELIER (1850 bis 1936) und dem deutschen Physiker KARL FERDINAND BRAUN (1850 bis 1918) entdeckt und als **Prinzip des kleinsten Zwangs** bezeichnet.

Die Bildung von Ammoniak ist eine exotherme Reaktion unter Volumenverminderung. Sie wird durch niedrige Temperatur und hohen Druck begünstigt.

Reaktionsbedingungen Stickstoff und Wasserstoff sind die Ausgangsstoffe für die technische Ammoniakherstellung. Stickstoff wird nach dem Linde-Verfahren gewonnen.↑S.109 Wasserstoff wird über viele Reaktionsstufen aus Erdgas und Wasser oder aus Erdöl und Wasser hergestellt. Das sogenannte Synthesegas aus Stickstoff und Wasserstoff muss für einen optimalen Reaktionsverlauf in folgendem Volumenverhältnis vorliegen: V(Stickstoff) : V(Wasserstoff) = 1 : 3. Nach dem Prinzip des kleinsten Zwangs gelten als theoretisch optimale Reaktionsbedingungen niedrige Temperatur und hoher Druck.

Um die Wirtschaftlichkeit bei der technischen Ammoniaksynthese zu gewährleisten, muss ein Katalysator eingesetzt werden und bei einer Temperatur zwischen 400 und 500 °C und einem hohen Druck von 30 MPa gearbeitet werden. Als technische Katalysatoren dienen eisenoxidhaltige Mischkatalysatoren, hauptsächlich Eisen(II/III)-oxid (Fe_3O_4), die noch geringe Zusätze an Aluminiumoxid, Kaliumoxid, Calciumoxid und Siliciumdioxid enthalten.

4 GERHARD ERTL (geb. 1936, emeritierter Professor am Fritz-Haber-Institut der Max-Planck-Gesellschaft, Berlin)

Aufgabe

1 Interpretiere die Volumenanteile Ammoniak bei der Ammoniaksynthese in Abhängigkeit von Temperatur und Druck.↑Tabelle

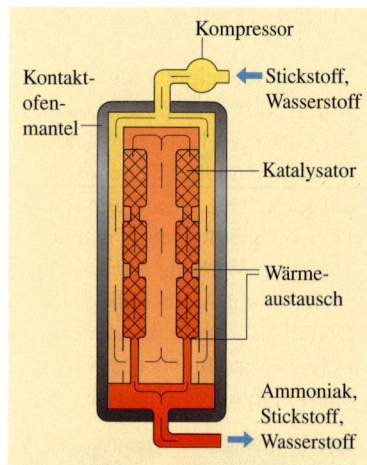

1 Schematische Darstellung eines Kontaktofens

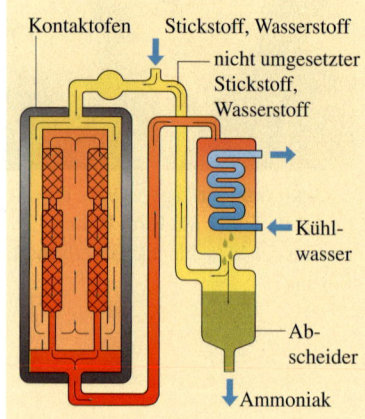

2 Schematische Darstellung des Kontaktofens zur Herstellung von Ammoniak nach dem Kreislaufprinzip

Technische Umsetzung Die Reaktion wird in 40 bis 60 m hohen Synthesetürmen, den so genannten Kontaktöfen durchgeführt. Von oben strömt kaltes Synthesegas mit einem Druck von 30 MPa in die Türme und gelangt nach unten in die Wärmeaustauscher. Dort wird das kalte Gas im Gegenstrom vorgewärmt und strömt anschließend durch die Katalysatorschichten (Kontakte). ↑1 An den Kontakten erfolgt die Umsetzung von Stickstoff und Wasserstoff zu Ammoniak. Das entstandene Gasgemisch aus etwa 17 % Ammoniak und 83 % Wasserstoff und Stickstoff ist wegen der exothermen Reaktion sehr heiß und gibt einen Teil seiner Wärme in den Wärmeaustauschern an das entgegenströmende kalte Synthesegas ab.

Das den Kontaktofen verlassende Reaktionsgemisch wird abgekühlt. Dabei kondensiert Ammoniak, sodass es im Abscheider als flüssiges Ammoniak aus dem Reaktionsgemisch entfernt werden kann. Stickstoff und Wasserstoff können mit frischem Synthesegas nach dem **Kreislaufprinzip** dem Kontaktofen erneut zugeführt werden. Dadurch können praktisch die gesamten Ausgangsstoffe ohne Verlust in das Reaktionsprodukt Ammoniak umgesetzt werden. Die Ammoniaksynthese findet im Kontaktofen stetig und ohne Unterbrechung statt. Diese Führung des Produktionsprozesses wird als **kontinuierliche Arbeitsweise** bezeichnet. ↑2

Energetische und stoffliche Betrachtungen zur Ammoniaksynthese
Die Ammoniaksynthese ist insgesamt ein sehr energieintensiver Prozess. Er liegt bei etwa 600 kWh/t erzeugten Ammoniaks. Das liegt vor allem daran, dass zur Erzeugung des hohen Drucks sehr viel elektrische Energie benötigt wird. Die bei der exothermen Reaktion der Bildung von Ammoniak aus Stickstoff und Wasserstoff ist zwar sehr groß. Da sie aber in Form von Wärme auftritt, ist ihre Verwertung nur begrenzt möglich.

Bei der Ammoniaksynthese werden durch das Kreislaufprinzip die Ausgangsstoffe Stickstoff und Wasserstoff vollständig umgesetzt.

Reaktionsbedingungen	Arbeitsweise
Temperatur: 450 bis 500 °C (optimale Temperatur für den Katalysator)	Thermischer Gegenstrom: kaltes Synthesegas strömt heißem Reaktionsgas entgegen und wird vorgewärmt.
Druck: 30 MPa	Kontinuierliche Arbeitsweise: Reaktion findet stetig und ohne Unterbrechung statt.
Katalysator: Eisenoxidmischkatalysator	Kreislaufprinzip: Nicht umgesetzter Stickstoff und Wasserstoff werden dem Prozess erneut zugeführt.

Aufgaben

1 Vergleiche die theoretisch optimalen Bedingungen zur Darstellung von Ammoniak mit den Bedingungen in der Technik. Begründe auftretende Unterschiede.

2 Erläutere die Wirkungsweise eines Katalysators und beschreibe dessen Aufgabe bei der Ammoniaksynthese.

3 Die Produktion an Ammoniak nimmt weltweit ständig zu. Begründe diesen Sachverhalt Informiere dich über Herstellungsmengen von Ammoniak in der Bundesrepublik und weltweit.

4 Informiere dich über Leben und Werk von FRITZ HABER und CARL BOSCH und setze dich kritisch mit dem Wirken von Wissenschaftlern auseinander.

Der jährliche Ernteertrag war noch vor wenigen Jahrzehnten in Europa ein bedeutender Faktor, der Überleben und Wohlstand der gesamten Bevölkerung sicherte. Keineswegs sicher jedoch war ein ausreichend hoher Ernteertrag, da dieser von verschiedenen äußeren Bedingungen, wie Boden und Witterung, abhängt. Ein bedeutendes Kriterium für das Pflanzenwachstum ist die Nährstoffzufuhr, z. B. durch Düngemittel.

Geschichte der Ammoniaksynthese

Verschiedene Mineraldünger konnten bereits im 19. Jahrhundert auf die Felder aufgebracht werden. Der bedeutendste Pflanzennährstoff Stickstoff jedoch war in ausreichenden Mengen nicht verfügbar. Zwar wurde im 19. Jahrhundert Chilesalpeter (Natriumnitrat), der in Chile abgebaut wurde, nach Europa importiert. Die Ressourcen waren jedoch begrenzt. Der englische Chemiker SIR WILLIAM CROOKES (1832 bis 1919) formulierte deshalb: *„Die Bindung des atmosphärischen Stickstoffs ist eine der großen Entdeckungen, die auf die Genialität der Chemiker warten."*

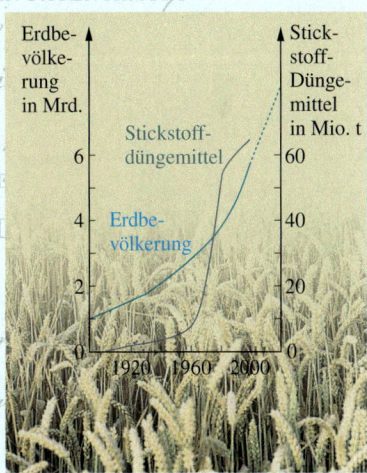

Stickstoff in der Luft stand in unbegrenztem Maße zur Verfügung. Da elementarer Stickstoff jedoch in der Regel nicht direkt von Pflanzen verwertet werden kann, stand die Chemie vor einer riesigen Herausforderung. Der Durchbruch gelang am 2. Juli 1909. Der Karlsruher Professor für Chemie FRITZ HABER (1868 bis 1934) erzeugte unter Nutzung eines Osmium-Katalysators Ammoniak aus Stickstoff und Wasserstoff.

1 Zunahme der Erdbevölkerung und Weltverbrauch an Stickstoffdünger

Im Auftrag der Badischen Anilin- und Sodafabrik (BASF) erforschte CARL BOSCH (1874 bis 1940, Nobelpreis für Chemie 1931) die Umsetzung der Reaktion aus dem Labor in die industrielle Produktion. Gleichzeitig suchten PAUL ALWIN MITTASCH (1869 bis 1953) und seine Mitarbeiter nach einem Katalysator, der nicht so teuer wie Osmium sein durfte. Nach jahrelangen Versuchsreihen konnte 1913 die erste Industrieanlage bei der BASF in Ludwigshafen die industrielle Ammoniakproduktion aufnehmen. Die Synthese wurde in Gegenwart eines hochreinen Eisenkatalysators mit Zusätzen aus Aluminium- und Alkalimetallhydroxiden durchgeführt.

Der Grundstoff Ammoniak wurde zum Segen, aber auch zum Fluch für die Menschen, da er sowohl für die wertvolle Düngemittelproduktion als auch zur Munitionsherstellung verwendet wurde. Auch das wissenschaftliche Wirken FRITZ HABERS muss kritisch betrachtet werden. Neben seinen Verdiensten um die Entwicklung der Ammoniaksynthese arbeitete er im Ersten Weltkrieg maßgeblich an der Herstellung von Kampfgasen (Phosgen- und Chlor-Arsen Kampfstoffe) mit. Trotzdem erhielt HABER 1918 für die Ammoniaksynthese den Nobelpreis für Chemie.

2 Ammoniak war auch Grundstoff für Sprengstoffe im Ersten Weltkrieg.

Reaktionen des Ammoniaks

Lösen von Ammoniak in Wasser.

Schutzbrille! Eine Kristallisierschale wird mit Wasser gefüllt, das mit Universalindikator versetzt ist. Ein mit Ammoniak (GHS06|05|09) gefüllter Rundkolben wird in die Kristallisierschale getaucht. Mit einer Pipette ist etwas Wasser in den Rundkolben einzuspritzen. Die entstandene Lösung wird auf elektrische Leitfähigkeit geprüft.

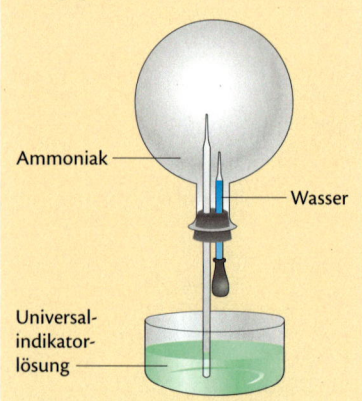

Ammoniak —

— Wasser

Universalindikatorlösung —

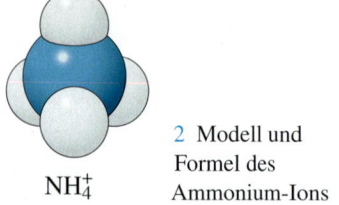

NH$_4^+$

2 Modell und Formel des Ammonium-Ions

Reaktion von Ammoniak mit Wasser Wie bereits bekannt, ist Ammoniak sehr gut in Wasser löslich.↑S.112 Dieses Verhalten zeigt auf sehr anschauliche Weise das sogenannte Springbrunnenexperiment. Sobald mithilfe der Spritzpipette wenig Wasser in den Rundkolben gelangt ist, löst sich sehr schnell darin Ammoniakgas, das im gelösten Zustand ein sehr viel geringeres Volumen als im gasförmigen Zustand einnimmt. Der dabei entstehende starke Unterdruck sorgt dafür, dass weiteres Wasser in den Kolben spitzt und wiederum ein Unterdruck vorliegt. Dieser sich fortsetzende Prozess wird immer stärker, das Wasser schießt wie in einem Springbrunnen in den Kolben. Wie ist nun die alkalische Reaktion der entstandenen Lösung zu erklären?

Beim Lösen von Ammoniak in Wasser geht ein Wasserstoff-Ion vom Wassermolekül zum Ammoniakmolekül über. Ein Wasserstoff-Ion besteht nur aus einem Proton im Atomkern und besitzt keine Elektronen in der Atomhülle. Deshalb wird es häufig auch als **Proton** bezeichnet. Aus dem Wassermolekül entsteht ein Hydroxid-Ion, das für die basische Reaktion der Lösung verantwortlich ist. Aus dem Ammoniakmolekül entsteht ein Ammonium-Ion (NH$_4^+$).↑1 Da bei dieser Reaktion ein Proton vom Wassermolekül auf das Ammoniakmolekül übertragen wird, handelt es sich um eine Reaktion mit **Protonenübergang**. Das Wassermolekül gibt ein Proton ab, es ist ein **Protonendonator** (lat. donare – schenken): Das Ammoniakmolekül nimmt ein Proton auf, es wirkt als **Protonenakzeptor** (lat. accipere – aufnehmen).

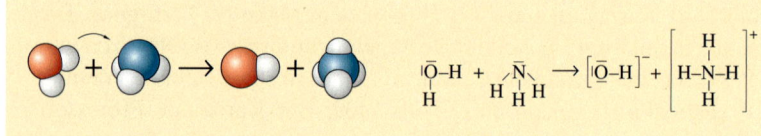

1 Reaktion mit Protonenübergang zwischen Ammoniak und Wasser im Modell

Protonenabgabe: H_2O $\longrightarrow$ H^+ + OH^-
                               Protonendonator

Protonenaufnahme: H^+ + NH_3 $\longrightarrow$ NH_4^+
                                                 Protonenakzeptor

Protonenübergang: H_2O + NH_3 $\longrightarrow$ NH_4^+ + OH^-

Selbst untersucht

6   Prüfe das Verhalten von Ammoniak gegenüber Chlorwasserstoff

Schutzbrille! Gib in ein Ende eines Glasrohres Watte, die mit 35%iger Salzsäure (GHS05|07) getränkt ist, und in das andere Ende Watte, die mit 25%iger Ammoniaklösung (GHS05) getränkt ist. Verschließe beide Enden mit einem Stopfen. Beobachte das Rohr und deute die Ergebnisse.

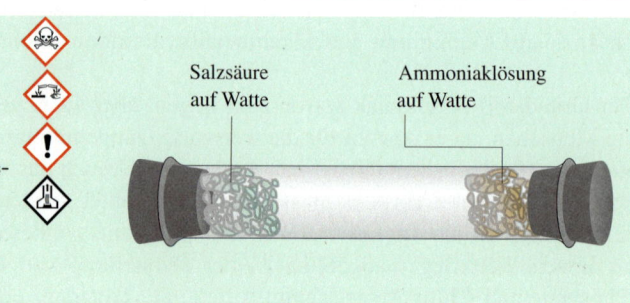

Salzsäure auf Watte

Ammoniaklösung auf Watte

Reaktion von Ammoniak mit Chlorwasserstoff Werden zwei geöffnete Flaschen mit konzentrierter Salzsäure und mit konzentrierter Ammoniaklösung sehr dicht nebeneinander gestellt, bildet sich weißer Rauch. ↑4 Rauch ist ein Stoffgemisch aus festen und gasförmigen Stoffen. In diesem Fall liegt festes, weißes Ammoniumchlorid fein verteilt in der Luft vor. Auch im Experiment 6 ist Ammoniumchlorid entstanden. Durch welche Reaktion ist Ammoniumchlorid gebildet worden?

Aus der Salzsäureflasche entweicht Chlorwasserstoffgas, aus der Flasche mit der Ammoniaklösung gasförmiges Ammoniak. Chlorwasserstoff und Ammoniak reagieren zu Ammoniumchlorid.

$$HCl\ (g) + NH_3\ (g) \longrightarrow NH_4Cl\ (s)$$

Die Reaktion ist ebenfalls eine Reaktion mit Protonenübergang. Das Chlorwasserstoffmolekül gibt ein Proton ab und wirkt als Protonendonator, das Ammoniakmolekül als Protonenakzeptor nimmt ein Proton auf.

Protonenabgabe: $HCl \longrightarrow H^+ + Cl^-$
   Protonendonator

Protonenaufnahme: $H^+ + NH_3 \longrightarrow NH_4^+$
   Protonenakzeptor

Protonenübergang: $HCl + NH_3 \longrightarrow NH_4^+ + Cl^-$

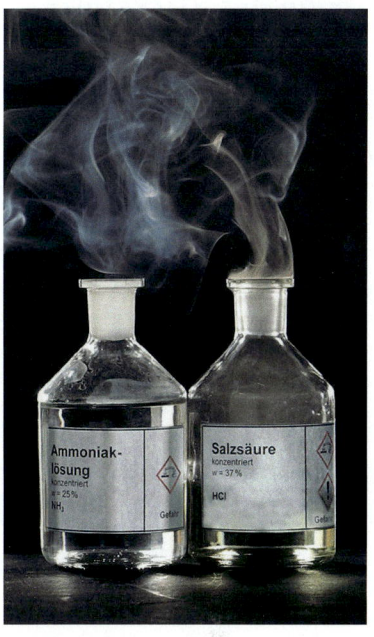

4 Chemische Reaktion von Chlorwasserstoff mit Ammoniak

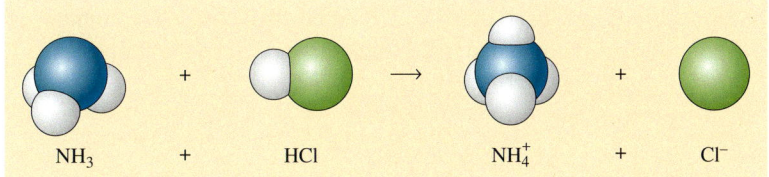

3 Reaktion mit Protonenübergang zwischen Ammoniak und Chlorwasserstoff im Modell

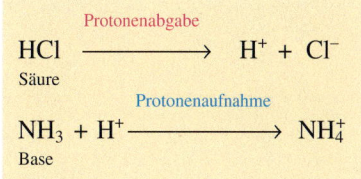

5 Die Reaktion von Ammoniak mit Chlorwasserstoff als Säure-Base-Reaktion

Das Donator-Akzeptor-Prinzip bei Säure-Base-Reaktionen Der dänische Chemiker JOHANNES N. BRÖNSTED (1879 bis 1947) betrachtete Teilchen, die bei einer Reaktion Protonen abgeben, als Säuren. Basen sind dementsprechend Teilchen, die Protonen aufnehmen, es sind Protonenakzeptoren. Reaktionen, bei denen zwischen den reagierenden Teilchen Protonen übertragen werden, bezeichnete BRÖNSTED als **Säure-Base-Reaktionen**.

Säuren sind Teilchen, die Protonen abgeben (Protonendonator).
Basen sind Teilchen, die Protonen aufnehmen (Protonenakzeptor).

Aufgaben

1 Begründe, weshalb Ammoniakmoleküle als Basen reagieren können.

2 Eine wässrige Lösung von Ammoniak reagiert als basische Lösung. Erläutere diesen Sachverhalt und nenne eine experimentelle Möglichkeit zu dessen Bestätigung.

3 Vergleiche die Reaktion von Natriumhydroxid mit Wasser mit der Reaktion von Ammoniak mit Wasser.

4 Interpretiere die Reaktionen von Ammoniak mit Wasser und von Ammoniak mit Chlorwasserstoff als Säure-Base-Reaktionen.

Oxide des Stickstoffs

Stickstoffoxide sind mit anderen Stoffen der Luft unter Bildung von saurem Regen am „Waldsterben" beteiligt. Im Widerspruch dazu steht eine alte Bauernregel, die besagt, dass die Pflanzen nach einem Gewitter besonders gut wachsen.
Wie lässt sich das erklären?

1 Untersuchung der Auspuffgase auf Stickstoffoxide mit einem Gasspürgerät

2 Durch Blitze entstehen Stickstoffoxide.

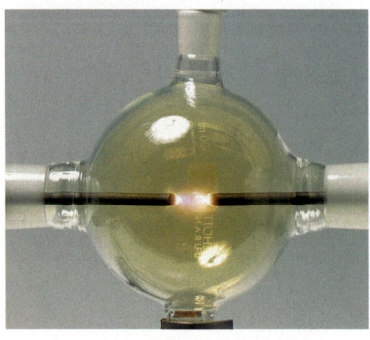

3 Verbrennung von Stickstoff im elektrischen Lichtbogen

Bildung und Verwendung von Stickstoffoxiden Die Oxide lassen sich nicht einfach durch Verbrennen von Stickstoff herstellen. Erst bei sehr hohen Temperaturen (über 3000 °C), z. B. in einem elektrischen Lichtbogen, in Verbrennungsmotoren und in Wärmekraftwerken reagiert Stickstoff mit Sauerstoff zu farblosem **Stickstoffmonooxid**.

$$\overset{\pm 0}{N_2}(g) + \overset{\pm 0}{O_2}(g) \longrightarrow 2\,\overset{+2-2}{NO}(g) \qquad \mid endotherm$$

Bei niedrigen Temperaturen wird Stickstoffmonooxid zu braunem **Stickstoffdioxid** oxidiert.

$$2\,\overset{+2-2}{NO}(g) + \overset{\pm 0}{O_2}(g) \longrightarrow 2\,\overset{+4-2}{NO_2}(g) \mid exotherm$$

Bei Abkühlung geht das braune Stickstoffdioxid in farbloses **Distickstofftetraoxid** über. Diese Reaktion ist durch Erwärmen umkehrbar.

$$2\,NO_2(g) \underset{\text{Erwärmen}}{\overset{\text{Abkühlen}}{\rightleftharpoons}} N_2O_4(g)$$

Bei der Verbrennung von Benzin in Kraftfahrzeugmotoren entsteht immer ein Gemisch aus verschiedenen Stickstoffoxiden, die in unterschiedlichen Volumenanteilen vorliegen. Gasgemische aus Stickstoffoxiden werden als nitrose **Gase NO$_x$** bezeichnet. Sie sind starke Atemgifte und schädigen die Atmosphäre. Am Kraftfahrzeugkatalysator werden die Stickstoffoxide in den Verbrennungsgasen des Motors zu Stickstoff reduziert.
Stickstoffmonooxid und Stickstoffdioxid werden zur Herstellung von Salpetersäure verwendet.
Ein weiteres Stickstoffoxid ist **Distickstoffmonooxid** (Lachgas) **N$_2$O**, das bei der mikrobiellen Zersetzung von Nitraten entsteht. Es wird als Narkosegas und als Treibgas in Sahnepatronen verwendet.

Bau von Stickstoffmonooxid und Stickstoffdioxid Beide Oxide sind aus Molekülen aufgebaut. In den Molekülen von Stickstoffmonooxid und Stickstoffdioxid sind die Atome durch **polare Atombindungen** miteinander verbunden. Dabei wirken auf die bindenden Elektronenpaare Anziehungskräfte unterschiedlicher Stärke, was zu einer unsymmetrischen Verteilung der bindenden Elektronenpaare im Molekül führt. Im Stickstoffmonooxidmolekül und auch im Stickstoffdioxidmolekül sind die Bindungselektronen stärker zum Sauerstoffatom hin verschoben.

Eigenschaften von Stickstoffmonooxid und Stickstoffdioxid Der unterschiedliche Bau der Moleküle der Stickstoffoxide führt zu deren unterschiedlichen Eigenschaften.

Steckbriefe von Stickstoffoxiden		
Eigenschaft	Stickstoffmonooxid	Stickstoffdioxid
Aggregatzustand bei 25 °C und 0,1 MPa	gasförmig	gasförmig
Farbe	farblos	braun-rot
Löslichkeit in Wasser	wenig löslich	leicht löslich
Dichte bei 0 °C	$1,34 \, g \cdot l^{-1}$	$1,45 \, g \cdot l^{-1}$
Schmelztemperatur in °C	−164	−11
Siedetemperatur in °C	−152	21
Giftigkeit	starkes Atemgift	starkes Atemgift

Schon gewusst?

Lachgas N_2O ist in Kombination mit Sauerstoff ein häufig angewendetes Inhalationsnarkotikum. Es wirkt sehr schnell und ist im Gemisch mit ausreichend Sauerstoff ungiftig. Der Name Lachgas weist darauf hin, dass das Einatmen zu Halluzinationen führen kann, die sich oft in Lachlust und Heiterkeit äußern.

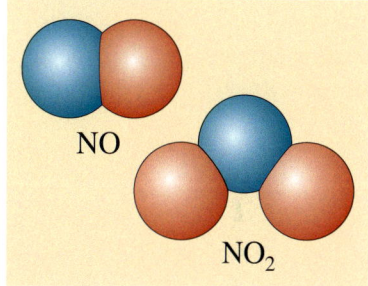

4 Modelle und Formeln eines Stickstoffmonooxid- und Stickstoffdioxidmoleküls

Stickstoffoxide als Luftschadstoffe In Deutschland werden jährlich etwa 3 Mio. t Stickstoffoxide an die Umwelt abgegeben und weltweit sind es etwa 160 Mio. t. Die Hauptverursacher sind Kraftfahrzeuge und Heizwerke. Stickstoffoxide sind sehr reaktionsfreudig und gehören deshalb zu den schädlichsten Abgasstoffen. Schon bei sehr niedrigen Volumenanteilen greifen sie die Atmungsorgane an. Stickstoffoxide wirken aber auch auf die Vegetation. Sie verringern die Assimilationsfähigkeit der Pflanzen, verursachen Blattabwurf und hemmen das Wachstum der Pflanzen.
Eine Verminderung der Schadstoffemission bei Kraftfahrzeugen kann durch die Treibstoffart, die Betriebsweise des Motors und durch den Einbau eines geregelten Katalysators in die Abgasleitung des Kraftfahrzeuges erreicht werden. Dabei werden am Katalysator zuerst die Stickstoffoxide zu Stickstoff reduziert und danach die Kohlenstoffverbindungen oxidiert. Auch bei den Kraftwerken gibt es inzwischen Anlagen zur „Entstickung" der Rauchgase. In DENOX-Anlagen werden die Stickstoffoxide durch Reaktion mit Ammoniak in Anwesenheit von Katalysatoren in Stickstoff und Wasser umgewandelt. Dieses Verfahren ist auch als SCR-Verfahren (Abkürzung für Selective Catalytic Reduction) bekannt

5 Durch Luftschadstoffe stark geschädigte Eiche

Aufgaben

1 Begründe, warum Stickstoffoxide als Umweltgifte gelten.
2 Nenne Luftschadstoffe, die durch Heizkessel in Wohnhäusern entstehen können.
3 Ermittle die Oxidationszahlen für die Elemente im Distickstofftetraoxid und im Distickstoffmonooxid.
4 Erkunde, welche Abgaswerte vom Schornsteinfegermeister im Messprotokoll festgehalten werden.

Salpetersäure

Im November 2001 kam es in Krefeld beim Abpumpen von konzentrierter Salpetersäure aus einem Tankschiff zu einem Unfall. Durch ein Leck traten große Mengen Salpetersäure aus. Teile des Tankers gerieten in Brand. Giftige braune Gase stiegen auf. Welche Eigenschaften der Salpetersäure waren für das Entstehen des Brandes verantwortlich? Welche giftigen Gase entstanden bei dem Brand?

1 Feuerwehren löschen einen mit Salpetersäure beladenen havarierten Tanker.

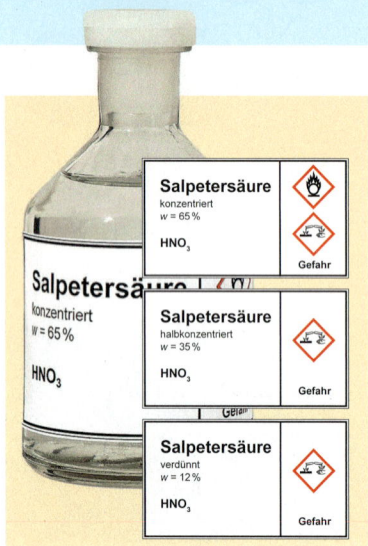

2 Salpetersäurelösungen

Eigenschaften Reine, 100%ige Salpetersäure ist eine farblose, stechend riechende Flüssigkeit mit einer Siedetemperatur von 86 °C. Sie bildet an der Luft Nebel und wird auch als **„rauchende" Salpetersäure** bezeichnet. Da sie durch Lichteinwirkung zerfällt, muss sie in braunen Flaschen aufbewahrt werden. Rauchende Salpetersäure enthält gelöstes Stickstoffoxid.

Verdünnte Salpetersäure Sie ist eine farblose, ätzende Lösung. Beim Lösen von Salpetersäure in Wasser bilden sich Wasserstoff-Ionen und Nitrat-Ionen.

$$HNO_3 \text{ (l)} \longrightarrow H^+ \text{ (aq)} + NO_3^- \text{ (aq)} \mid \text{exotherm}$$

Verdünnte Salpetersäure reagiert wie andere verdünnte Säuren. Mit Metalloxiden, Hydroxidlösungen und wässriger Ammoniaklösung entstehen dabei Nitratlösungen und Wasser. ↑E.7

$$CaO \text{ (s)} + 2\,HNO_3 \text{ (aq)} \longrightarrow Ca(NO_3)_2 \text{ (aq)} + H_2O \text{ (l)} \mid \text{exotherm}$$

Selbst untersucht

7   **Untersuche das Verhalten von Metallen und Metalloxiden gegenüber Salpetersäure.**
Schutzbrille! Gib in ein Reagenzglas etwa 100 mg Calciumoxid (GHS05) und versetze das Oxid mit 5 ml 10%iger Salpetersäure (GHS05). Dampfe etwa 1 ml der Lösung ein.
Wiederhole das Experiment mit 100 mg Magnesiumoxid und 100 mg schwarzem Kupferoxid (GHS07). Eventuell ist das Reagenzglas kurz zu erwärmen.

Gib einige Zink-, Magnesium- und Kupferspäne in jeweils ein Reagenzglas. Versetze die Späne mit je 5 ml 6%iger Salpetersäure (GHS05). Prüfe, ob Wärme frei wird. Dampfe etwa 1 ml der Lösungen ein. Versuche, deine Beobachtungen zu deuten. Entwickle im Fall einer Reaktion die Reaktionsgleichung.
Entsorgung: Kupfer und Kupferoxidabfälle in den Sammelbehälter II, übrige Feststoffe in den Sammelbehälter für Hausmüll, saure Lösungen in den Sammelbehälter I geben.

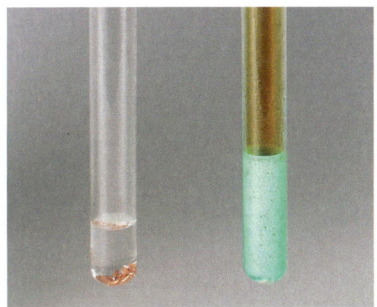

3 Reaktion von Kupfer mit Salpetersäure

4 Reaktion von konzentrierter Salpetersäure mit Holzkohle

Verdünnte Salpetersäure reagiert auch mit unedlen Metallen wie Magnesium und Zink, aber nicht mit edlen Metallen wie Kupfer und Silber. ↑E.7

Konzentrierte Salpetersäure Sie ist farblos, giftig und wirkt ätzend. Sie ist ein starkes Oxidationsmittel, das nicht nur mit Kupfer, sondern sogar mit Silber und Quecksilber reagiert. Dabei werden Stickstoffoxide frei. ↑E.8

$$Cu\ (s)\ +\ 4\ HNO_3\ (aq)$$
$$\longrightarrow\ Cu^{2+}\ (aq)\ +\ 2\ NO_3^-\ (aq)\ +\ 2\ NO_2\ (g)\ +\ 2\ H_2O\ (l)\ |\ exotherm$$

Auch Nichtmetalle wie Kohlenstoff oder Schwefel werden von konzentrierter Salpetersäure oxidiert, dabei entstehen nitrose Gase.
Ein Gemisch aus konzentrierter Salpetersäure und konzentrierter Salzsäure im Verhältnis 1:3 wird **Königswasser** genannt, weil es Gold und Platin auflösen kann.
Auf Eiweiße wirkt konzentrierte Salpetersäure ätzend und zerstörend. Außerdem färbt sie diese Stoffe intensiv gelb, was zum **Nachweis von Eiweißen** genutzt werden kann (Xanthoprotein-Reaktion). ↑E.9

Verwendung Salpetersäure findet in der chemischen Industrie vielseitige Verwendung. So dient sie zur Herstellung von Nitratdüngemitteln, Sprengstoffen, Farbstoffen, Arznei- und Lösemitteln. Außerdem wird konzentrierte Salpetersäure in der Metallbearbeitung zum Ätzen, Beizen und Passivieren genutzt.

Schon gewusst?

Gebräuchliche Sprengstoffe sind häufig Stickstoffverbindungen. So enthält das früher verwendete Schwarzpulver Salpeter, dessen Explosionskraft im Vergleich zu modernen Sprengstoffen allerdings gering ist.
Das bekannte Nitroglycerin ist der Salpetersäureester des Glycerols (Glycerins). Es explodiert bei Stoß, Schlag oder Überhitzung sehr heftig.

Aufgaben

1 Eisen und Aluminium reagieren mit stark verdünnter Salpetersäure unter Wasserstoffentwicklung. Entwickle die Reaktionsgleichung in Ionenschreibweise. Bestimme und interpretiere die Reaktionsart.

2 Vergleiche verdünnte Salpetersäure mit verdünnter Salzsäure in ihrer Reaktion mit Metallen anhand selbst gewählter Beispiele.

3 Konzentrierte Salpetersäure wird auch als Scheidewasser bezeichnet. Worauf ist das zurückzuführen?

4 Informiere dich, was unter Passivierung zu verstehen ist.

5 Zeichne für Salpetersäure die Formel in Elektronenschreibweise und bestimme die Oxidationszahlen der Elemente.

6 Erläutere, wie es zu dem Brand auf dem mit Salpetersäure beladenen Tanker kommen konnte. ↑1 Gib an, welche giftigen Gase bei der Katastrophe entstanden.

Vom Ammoniak zur Salpetersäure

Ein großer Teil des nach dem Haber-Bosch-Verfahren gewonnenen Ammoniaks wird zu Salpetersäure weiterverarbeitet. Wie wird Salpetersäure großtechnisch hergestellt? Welche chemischen Reaktionen laufen dabei ab?

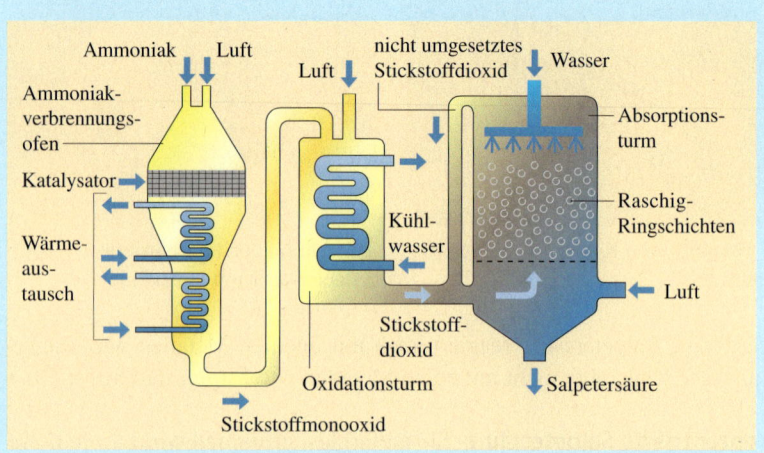

| Schema der Herstellung von Salpetersäure nach dem Ostwald-Verfahren

EXPERIMENT 10 [L]
Katalytische Oxidation von Ammoniak.
Abzug! Die Versuchsapparatur wird entsprechend der Abbildung unten zusammengebaut. Die Gaswaschflasche wird mit etwa 20 ml Ammoniaklösung (GHS05) und der Erlenmeyerkolben mit etwa 20 ml destilliertem Wasser gefüllt. Das Reaktionsrohr mit dem platinhaltigen Perlkatalysator wird auf 600 °C erhitzt und gleichzeitig Luft durch die Apparatur geblasen (GHS06|05). Die Luftzufuhr wird nach etwa 5 min beendet. Die Lösung im Erlenmeyerkolben wird mit Universalindikator und mit Schnellteststäbchen auf Nitrat geprüft.

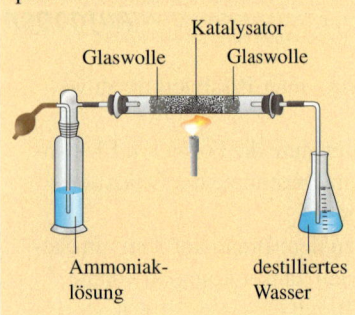

Oxidation von Ammoniak Ausgangsstoffe für die Herstellung von Salpetersäure sind Ammoniak, Luft und Wasser. ↑E.10 Aus Ammoniak und dem Sauerstoff der Luft wird mithilfe eines Katalysators bei einer Temperatur von 600 bis 700 °C zunächst Stickstoffmonooxid und Wasser hergestellt.

$$4\,NH_3\,(g) + 5\,O_2\,(g) \xrightarrow{\text{\textit{Katalysator}}} 4\,NO\,(g) + 6\,H_2O\,(g) \mid \text{exotherm}$$

Das farblose, giftige Stickstoffmonooxid setzt sich mit weiterem Sauerstoff der Luft sofort zu braunem Stickstoffdioxid um.

$$4\,NO\,(g) + 2\,O_2\,(g) \longrightarrow 4\,NO_2\,(g) \mid \text{exotherm}$$

Stickstoffdioxid reagiert mit Wasser und Sauerstoff zu **Salpetersäure**.

$$4\,NO_2\,(g) + 2\,H_2O\,(l) + O_2\,(g) \longrightarrow 4\,HNO_3\,(aq) \mid \text{exotherm}$$

Technische Herstellung – Ostwald-Verfahren Im Jahre 1908 entwickelte der deutsche Chemiker WILHELM OSTWALD (1853 bis 1932) das nach ihm benannte Verfahren zur Herstellung von Salpetersäure.
Die katalytische Oxidation von Ammoniak erfolgt in einem Ammoniakverbrennungsofen an einem äußerst feinmaschigen Platinnetz (etwa 2000 Maschen je cm²), an dem das Gasgemisch mit hoher Geschwindigkeit vorbeiströmt. Die Verweilzeit des Gasgemisches am Katalysator darf nicht mehr als 10^{-3} s betragen. In dieser Zeit reagiert das Gasgemisch aus Ammoniak und Sauerstoff (Luft) bei einer Temperatur von über 800 °C zu Stickstoffmonooxid und Wasserdampf. Das Mischungsverhältnis zwischen Ammoniak und Sauerstoff muss dabei genau eingehalten werden, da die beiden Gase auch zu Stickstoff und Wasser reagieren können.
Die bei dieser exothermen Reaktion erwärmten Reaktionsprodukte müssen in Wärmeaustauschern rasch auf etwa 30 bis 40 °C abgekühlt werden.

Hohe Temperaturen würden den Zerfall des Stickstoffmonooxids in Stickstoff und Sauerstoff bewirken. Das mit Luft gemischte Gas wird in die **Oxidationstürme** geführt. Hier erfolgt die Oxidation von Stickstoffmonooxid zu Stickstoffdioxid. Durch intensive Abkühlung soll ein möglichst vollständiger Umsatz erreicht werden. Zu diesem Zweck wurden in die Oxidationstürme Kühlrohre eingebaut.

Die Umsetzung zu Salpetersäure findet in den **Absorptionstürmen** statt. Diese Türme sind etwa 18 m hoch und mit mehreren Raschig-Ringschichten gefüllt. Die Durchmesser der Türme betragen 3 m. Das oxidierte Gas wird komprimiert, mit komprimierter Luft gemischt und von unten in die Absorptionstürme eingeleitet. Im Gegenstrom zum Gas rieselt von oben Wasser oder verdünnte Salpetersäure. Jeder Absorptionsturm besitzt einen Säurekreislauf. Es bildet sich dabei eine etwa 60%ige Salpetersäure.

Mit einer Abgasreinigung wird versucht, die Umweltbelastung durch Stickstoffoxide gering zu halten. Beim Arbeiten an einer Salpetersäureanlage kann es durch Ammoniak, nitrose Gase und Salpetersäure zur Gefährdung kommen. Die arbeitshygienischen Normen sind deshalb unbedingt einzuhalten, wie z.B. das Vorhandensein von Spritzschutzeinrichtungen an Rohrleitungen und von Atemschutz- und Sauerstoffkreislaufgeräten.

Stickstoffmonooxid wird durch katalytische Oxidation von Ammoniak hergestellt. Stickstoffmonooxid reagiert mit dem Sauerstoff der Luft zu Stickstoffdioxid. Aus Stickstoffdioxid, dem Sauerstoff der Luft und Wasser entsteht Salpetersäure.

Bedeutung 1988 wurden weltweit 28,1 Mio. t Salpetersäure produziert. Mit über 2 Mio. t pro Jahr gehören die USA, Deutschland und Polen zu den Haupterzeugern. In Deutschland gehen davon etwa 75 % in die Düngemittelherstellung.

2 Bis 1880 gab es in der Atacamawüste (Chile) große Vorkommen von Chilesalpeter.

3 Ammoniakverbrennungsofen

4 Salpetersäureanlage

Aufgaben

1 Kennzeichne die Reaktion von Ammoniak mit Sauerstoff mithilfe der Oxidationszahlen als Redoxreaktion.

2 Beschreibe die Herstellung von Salpetersäure nach dem Ostwald-Verfahren. ↑1

3 Die Verweilzeit des Ammoniak-Luft-Gemisches am Katalysator darf nur sehr gering sein. Begründe.

4 Überlege, wie man aus konzentrierter Salpetersäure „rauchende" Salpetersäure herstellen kann.

Nitrate – Düngemittel

Über die Medien erreichen uns immer wieder solche oder ähnliche Schlagzeilen: Vorsicht! Nitrat im Trinkwasser! Kopfsalat und anderes Gemüse nitratbelastet! Brunnenwasser nicht unbedenklich – Nitratgefahr!
Sind Nitrate wirklich so gefährlich? Wie gelangen Nitrate in die Lebensmittel und ins Trinkwasser?

1 Bei der Düngung mit Gülle gelangen Nitrate auf das Feld.

Schon gewusst?

Auf der Erde gibt es nur wenige bedeutende Lagerstätten von Nitraten. Als Kaliumnitrat, **Salpeter** (griech./lat. sal petrae – Felsensalz), kommt es in Nordafrika, Indien, China und Ungarn vor. **Chilesalpeter** (Natriumnitrat) findet man vor allem in Nordchile. Chilesalpeter war lange Zeit ein wichtiges Handelsgut. Um seine Lagerstätten ging es im „Salpeterkrieg" (1879 bis 1883) zwischen Chile, Bolivien und Peru.
An den Wänden von Tierbehausungen sind häufig Ausblühungen von Mauersalpeter (Calciumnitrat) zu sehen.

Eigenschaften Nitrate sind salzartige Stoffe, Ionenverbindungen. Die Ionengitter der Nitrate sind aus positiv elektrisch geladenen Metall-Ionen oder Ammonium-Ionen und einfach negativ elektrisch geladenen Nitrat-Ionen aufgebaut. Alle Nitrate lösen sich leicht in Wasser. ↑E.11
Der Nachweis von Nitrat-Ionen ist deshalb auch nicht wie bei anderen Säurerest-Ionen durch Fällungsreaktionen möglich. Zum Nachweis der Nitrat-Ionen werden Farbreaktionen genutzt. So färben sich Nitrat-Teststäbchen beim Eintauchen in nitrathaltige Lösungen violett.
Einige Nitrate geben beim Erhitzen Sauerstoff ab.

$$2\ NaNO_3\ (s) \longrightarrow 2\ NaNO_2\ (s) + O_2\ (g)\ |\ \text{endotherm}$$

Schwermetallnitrate, wie z.B. Bleinitrat, zerfallen beim Erhitzen in die entsprechenden Metalloxide, Stickstoffoxid und Sauerstoff. Nitrate sind also wie die Salpetersäure gute Oxidationsmittel. Sie werden deshalb u.a. bei der Herstellung von Feuerwerkskörpern verwendet.
Nitrite sind Salze der salpetrigen Säure mit der Formel HNO_2.

Nitrate sind Ionenverbindungen. Sie lösen sich leicht in Wasser und lassen sich thermisch zersetzen. Sie sind gute Oxidationsmittel.

Selbst untersucht

11 Erkunde die Löslichkeit von Nitraten in Wasser.
Plane ein Experiment, in dem Ammoniumnitrat (GHS03), Natriumnitrat (GHS03), Kaliumnitrat (GHS03) und Kupfernitrat (GHS03|07|09) auf ihre Löslichkeit in Wasser geprüft werden können.

Führe das Experiment nach Rücksprache durch. Notiere deine Beobachtungen. Informiere dich in Nachschlagewerken über die Löslichkeit von Nitraten in Wasser bei 20 °C.
Entsorgung: Lösungen in den Sammelbehälter für Abwasser geben.

12   Untersuche einige Nahrungsmittel auf das Vorhandensein von Nitrat-Ionen.

Zerkleinere etwa 50 g der zu untersuchenden Nahrungsmittel, z. B. Kartoffeln, Kohlrabi oder Rettich. Gib die Proben in je ein Becherglas. Versetze sie mit 50 ml destilliertem Wasser und erhitze etwa 5 min bis zum Sieden. Filtriere nach dem Abkühlen.

Prüfe die Lösung mit dem Teststäbchen auf Nitrat. Notiere deine Beobachtungen. Interpretiere die Ergebnisse.
Entsorgung: Nitrat-Teststäbchen in Sammelbehälter für Sondermüll, Lösungen in den Sammelbehälter für Abwasser, Nahrungsmittelreste in den Sammelbehälter für Hausmüll.

Verwendung als Düngemittel Nitrathaltige Düngemittel werden neben den Ammoniumverbindungen und Harnstoff zur Deckung des Stickstoffbedarfs der Pflanzen eingesetzt. Die Pflanzen nehmen vor allem Nitrat-Ionen und Ammonium-Ionen als Eiweißbausteine durch die Wurzeln auf. Alle Stickstoffdünger werden von im Boden lebenden Bakterien im Laufe der Zeit in die leicht löslichen Nitrate umgewandelt. Dieser Vorgang wird als **Nitrifikation** bezeichnet.

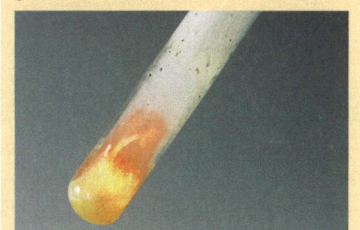

EXPERIMENT 13 [L]
Reaktion von Natriumnitrat mit Kohlenstoff.
Vorsicht! Abzug! Schutzbrille!
Auf eine Schmelze von Natriumnitrat (GHS03) wird ein erbsengroßes Stück Holzkohle gegeben (GHS03|06|05).

Einige feste Stickstoffdüngemittel					
Name der Düngemittel	Kalisalpeter	Natronsalpeter	Kalkammonsalpeter	Ammoniumsulfat	Mischdünger
Wirksame Ionen	K^+, NO_3^-	NO_3^-	NH_4^+, NO_3^-, Ca^{2+}	NH_4^+	NH_4^+, NO_3^-, K^+, Ca^{2+}, PO_4^{3-}

Nitrate als Schadstoffe Pflanzen können den Stickstoff aus den Düngemitteln nur zu 35 bis 70 % nutzen. Bei erhöhtem Angebot, z. B. durch Überdüngung oder durch kostengünstige Beseitigung von großen Mengen anfallender Fäkalien, werden Nitrate in den Pflanzen gespeichert.
Da Nitrate sehr gut wasserlöslich sind, wird ein großer Stickstoffanteil der Düngemittel als Nitrat-Ionen durch den Regen aus dem Boden gewaschen und gelangt so in das Oberflächen- und Grundwasser.
Die Trinkwasserverordnung von 2001 legt einen Nitratgrenzwert von 50 mg/l Trinkwasser fest. Für die Zubereitung von Säuglingsnahrung gilt ein Grenzwert von 10 mg/l. Im Stoffwechsel von Mensch und Tier wird Nitrat in Nitrit umgewandelt, aus dem sich krebserregende Nitrosamine bilden können. Bei Säuglingen und Kleinkindern kann es zur Blausucht, einer Sauerstoffmangelerscheinung, kommen.

hoch
> 1000 mg/kg

mittel
500–1000 mg/kg

niedrig
< 500 mg/kg

2 Mittlerer Massenanteil an Nitraten in Nahrungsmitteln

Aufgaben

1 Entwickle die Reaktionsgleichungen für das Lösen der im Experiment 11 verwendeten Nitrate.

2 Nitrat ist im Grundwasser nachweisbar. Nenne Ursachen für überhöhte Werte.

3 Stelle Möglichkeiten zur Verminderung der Nitratbelastung zusammen.

4 Informiere dich bei den Stadtwerken über die Nitratwerte im örtlichen Trinkwasser.

5 Bleinitrat wird thermisch zersetzt. Formuliere die Reaktionsgleichung. Die Reaktion kann formal als Redoxreaktion betrachtet werden. Belege das mithilfe der Oxidationszahlen.

weiter gedacht

1 Gasförmiges Ammoniak, flüssiges Ammoniak und eine wässrige Ammoniaklösung sollen auf elektrische Leitfähigkeit untersucht werden.
a Entwickle dafür eine Experimentieranordnung.
b Formuliere eine Voraussage über das jeweils zu erwartende Ergebnis und begründe diese.

2 Nach folgender schematisch dargestellter Vorschrift wird ein Experiment durchgeführt. Als Ammoniumverbindung wird Ammoniumchlorid verwendet. Das feuchte Universalindikatorpapier färbt sich blau, ein Geruch von Ammoniak ist feststellbar.

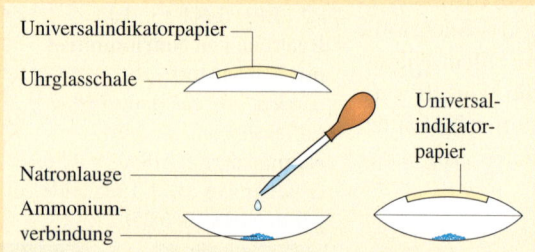

1 Schematische Darstellung des Experiments

a Begründe, warum sich ein trockenes Indikatorpapier nicht blau färben würde.
b Weise nach, dass die Blaufärbung auf einer Säure-Base-Reaktion beruht und gib die Donator- und die Akzeptor-Reaktion als Reaktionsgleichung an.

3 In einem Reaktionsapparat werden täglich 2 240 m³ Ammoniak durch Synthese aus Wasserstoff und Stickstoff hergestellt. Das Reaktionsgemisch, das den Synthesereaktor verlässt, enthält aber nur etwa 17 % Ammoniak.

a Begründe, warum nur etwa 17 % Ammoniak erhalten werden.
b Erläutere, warum der niedrige Volumenanteil an Ammoniak im Reaktionsgemisch nicht zur Vergeudung des eingesetzten Synthesegases führt.
c Berechne das für die Synthese von 2 240 m³ Ammoniak erforderliche Volumen an Wasserstoff, wenn kein Ausgangsstoff vergeudet wird.

4 Salmiakpastillen sind ein bewährtes Hustenmittel.

2 Salmiakpastillen

a Erkunde, welche stickstoffhaltige Verbindung in Salmiakpastillen enthalten ist. Gib die Formel an und bestimme für die Elemente in der Verbindung die Oxidationszahlen.
b Entwickle einen Steckbrief dieser Verbindung und leite aus den Eigenschaften weitere Verwendungen ab.

5 Am 21. September 1921 explodierte in der Nähe von Ludwigshafen ein Düngemittellager. Die Explosion kostete 561 Menschen das Leben. Es entstand ein Krater mit einer Länge von 125 Metern und einer Breite von 60 Metern. Recherchiere, um welches Düngemittel es sich handelte, wodurch dieser Unfall ausgelöst wurde, und welche Schlussfolgerungen daraus abgeleitet wurden.

3 Historische Aufnahme der Katastrophe von Ludwigshafen im Jahr 1921

Stickstoff	Farbloses, geruchloses, ungiftiges Gas, das unter Normbedingungen sehr reaktionsträge ist. Stickstoff wird durch Destillation aus flüssiger Luft gewonnen und ist der Rohstoff zur Herstellung von Stickstoffverbindungen.
Ammoniak	Farbloses, stechend riechendes, giftiges Gas. Es lässt sich leicht verflüssigen und löst sich gut in Wasser. Eine wässrige Ammoniaklösung reagiert alkalisch. Nachweis: Blaufärbung von feuchtem Universalindikatorpapier
Technische Ammoniaksynthese	Nach dem Haber-Bosch-Verfahren aus Wasserstoff und Stickstoff. $$N_2\,(g) \;+\; 3\,H_2\,(g) \;\underset{}{\overset{\text{Katalysator}}{\rightleftharpoons}}\; 2\,NH_3\,(g) \quad | \quad \text{exotherm}$$ Reaktionsbedingungen und technische Prinzipien: Einsatz eines eisenoxidhaltigen Mischkatalysators; $\vartheta \approx 450\,°C$; $p \approx 30\,MPa$; kontinuierliche Arbeitsweise, stoffliches Kreislaufprinzip
Reaktion mit Protonenübergang/ Säure-Base-Reaktion	Chemische Reaktion, bei der zwischen den reagierenden Teilchen Protonen übertragen werden. Protonenabgabe: $HCl \longrightarrow H^+ + Cl^-$ Säure (Protonendonator) Protonenaufnahme: $H^+ + NH_3 \longrightarrow NH_4^+$ Base (Protonenakzeptor) Protonenübergang: $HCl + NH_3 \longrightarrow NH_4^+ + Cl^-$
Oxide des Stickstoffs	Gemische aus Stickstoffoxiden, nitrose Gase NO_x, sind starke Atemgifte und für die Umwelt schädlich. Stickstoffmonooxid und Stickstoffdioxid werden zur Herstellung von Salpetersäure verwendet.
Salpetersäure	Farblose Flüssigkeit, die nach dem Ostwald-Verfahren durch katalytische Oxidation von Ammoniak hergestellt werden kann. Verdünnte Salpetersäure ist eine farblose und ätzende Lösung, die beim Lösen in Wasser Wasserstoff-Ionen und Nitrat-Ionen bildet. Konzentrierte Salpetersäure ist giftig, ätzend und wirkt als starkes Oxidationsmittel. Sie reagiert mit Proteinen unter Gelbfärbung (Nachweis von Eiweißen).
Nitrate	Ionensubstanzen, die sich alle gut in Wasser lösen. Nitratlösungen entstehen bei der Reaktion von unedlen Metallen, Metalloxiden und Hydroxidlösungen mit verdünnter Salpetersäure. Zum Nachweis der Nitrat-Ionen werden Farbreaktionen genutzt, z. B. mithilfe von Nitrat-Teststäbchen. Nitrate werden als Düngemittel zur Deckung des Stickstoffbedarfs der Pflanzen eingesetzt, z. B. Natronsalpeter $NaNO_3$.

1 Beschreibe Bau und Bindungsverhältnisse eines Ammoniakmoleküls und vergleiche beides mit einem Stickstoffmolekül.

2 Ammoniak kann katalytisch mit Luftsauerstoff in einer exothermen Reaktion zu Stickstoffmonooxid und Wasser umgesetzt werden.
a Formuliere die Reaktionsgleichung für diese Reaktion.
b Diese Reaktion gehört zu den Redoxreaktionen. Weise die Richtigkeit dieser Aussage mithilfe der Oxidationszahlen der Elemente in den Ausgangsstoffen und den Reaktionsprodukten nach.
c Kennzeichne die Redoxreaktion unter Verwendung der Begriffe „Elektronen" und „Oxidationszahl".

3 Bei der Ammoniaksynthese besteht zwischen Temperatur, Druck und Volumenanteil Ammoniak im Reaktionsgemisch eine Abhängigkeit (Tabelle).

Temperatur ϑ in °C	Druck p in MPa			
	1	5	30	60
250	28,34	56,33	81,83	90,66
350	7,41	25,23	59,12	75,62
450	2,11	9,15	35,82	53,71
550	0,76	3,45	19,13	31,63
650	0,33	1,53	9,92	16,02

a Erläutere die Abhängigkeit mithilfe der Tabelle.
b In der Technik wird bei einer Temperatur zwischen 450 und 500 °C gearbeitet. Prüfe mithilfe der Tabelle, ob diese Bedingung theoretisch günstig oder ungünstig ist.
c Begründe, warum man in der Technik bei dieser Temperatur arbeitet.

4 Zwischen Ammoniak und Salpetersäure ist eine Reaktion nach folgender Reaktionsgleichung möglich: $NH_3 + HNO_3 \longrightarrow NH_4NO_3$
a Interpretiere diese Reaktion als Säure-Base-Reaktion.
b Entwickle die Reaktionsgleichungen für die Donator- und die Akzeptorreaktion.
c Definiere die Begriffe Säure und Base unter Verwendung des Wortes Protonen.

5 Stickstoffoxide sind Umweltgifte.
a Nenne drei Beispiele für Stickstoffoxide. Gib dafür die Formeln an und bestimme die Oxidationszahlen der Elemente.
b Beschreibe den Bau von Stickstoffdioxid und zeichne ein Modell eines Moleküls.
c Erläutere, was man unter nitrosen Gasen versteht. Nenne Möglichkeiten, wie deren Anteil in der Luft verringert werden kann.

6 Verdünnte Salpetersäure reagiert wie andere verdünnte Säuren.
a Erläutere am Beispiel die Richtigkeit der Aussage. Entwickle die Reaktionsgleichung.
b Bestimme die Reaktionsart und erläutere sie.
c Begründe die Aussage zur Reaktionsart mithilfe der Oxidationszahlen.

7 Die technische Herstellung von Salpetersäure erfolgt nach dem Ostwald-Verfahren.
a Nenne dafür die Ausgangsstoffe und wesentliche Reaktionsbedingungen. Entwickle die Reaktionsgleichung.
b Erläutere das Ostwald-Verfahren.
c Begründe den weltweiten Anstieg der Salpetersäureproduktion.

8 Kaliumnitrat ist ein gutes Oxidationsmittel.
a Ordne Kaliumnitrat einer Stoffklasse zu.
b Beschreibe den Bau von Kaliumnitrat.
c Entwickle die Reaktionsgleichung für die thermische Zersetzung von Kaliumnitrat.

Aufgabe	Hilfe findest du auf Seite ...	Verbindung der Aufgabe zu den Basiskonzepten ↑S.156f.
1	109, 110	S
2	111, 112, 120	R E
3	114, 115, 116	R
4	118, 119	T
5	120, 121	T S R E
6	112, 122, 123	T R E
7	124, 125	R E
8	126	T S R E

T Stoffe und ihre Teilchen, S Struktur und Eigenschaften der Stoffe, R Chemische Reaktionen, E Energie

▷ Die Lösungen findest du im Anhang.

Systematisierung

Atommodell, Basen, Calciumcarbonat, Doppelbindung, Elektronenübergang, Flammenfärbung, Graphit, ..., Temperatur, Universalindikator, Volumenverhältnisse, Wasserstoff-Ion, Xenon, ..., Zink – chemische Begriffe von A bis Z. Du kennst sie alle. Zeige, wie gut du in der Chemie bereits Bescheid weißt. Wende dein Wissen über Stoffe und chemische Reaktionen an, um die Begriffe in einen chemischen Zusammenhang zu bringen, sie zu ordnen und zu systematisieren. Genaues Beobachten, selbstständiges Experimentieren und präzises Auswerten beobachteter Erscheinungen verhilft dir zum Durchblick.

Stoffe – Stoffklassen

Eigenschaften von Stoffen

– Aggregatzustand
– Farbe
– Geruch
– Löslichkeit
– elektrische Leitfähigkeit
– Wärmeleitfähigkeit
– Brennbarkeit
– Schmelztemperatur
– Siedetemperatur
– Dichte

Beispiele für Symbole und Formeln

Symbol	kennzeichnet
C	– das Element (den Stoff) Kohlenstoff – 1 Atom des Elements Kohlenstoff
Fe	– das Element (den Stoff) Eisen – 1 Atom des Elements Eisen

Formel	kennzeichnet
H_2O	– die chemische Verbindung (den Stoff) Wasser – 1 Molekül Wasser
$CaCO_3$	– die chemische Verbindung (den Stoff) Calciumcarbonat – 1 Baueinheit Calciumcarbonat

Vielfalt der Stoffe Alle Gegenstände bestehen aus Stoffen. Stoffe können in Reinstoffe und Stoffgemische eingeteilt werden. Durch Trennverfahren lassen sich Stoffgemische in Reinstoffe trennen.

Reinstoffe lassen sich in chemische Elemente und in chemische Verbindungen einteilen. Ein chemisches Element ist ein Reinstoff, der nur aus einer Atomart aufgebaut ist. Eine chemische Verbindung ist ein Reinstoff, der sich chemisch in zwei oder mehrere Stoffe zerlegen lässt.
So kann z. B. die chemische Verbindung Wasser durch Elektrolyse in Wasserstoff und Sauerstoff zerlegt werden. Wasserstoff und Sauerstoff sind jeweils nur aus einer Atomart aufgebaut – es sind chemische Elemente.

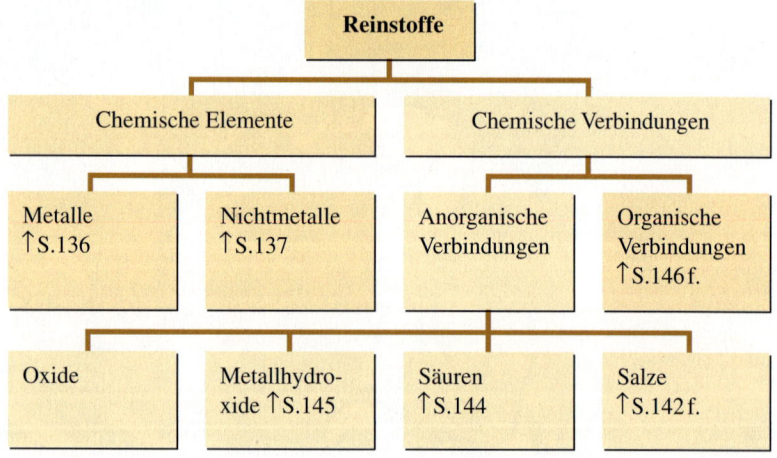

Reinstoffe werden durch chemische Zeichen gekennzeichnet:
Ein Symbol kennzeichnet ein chemisches Element (den Stoff) oder ein Atom eines Elements.
Eine Formel kennzeichnet eine chemische Verbindung (den Stoff) oder ein Molekül bzw. eine Baueinheit einer Verbindung.

Bau und Eigenschaften von Stoffen Nach dem Bau der Reinstoffe aus Teilchen unterscheidet man drei Stoffklassen: **Metalle**, **Ionensubstanzen** und **Molekülsubstanzen**. Zwischen Bau und Eigenschaften der Stoffe einer Stoffklasse bestehen wesentliche Zusammenhänge.

Stoffe bestehen aus Teilchen. Es gibt drei Arten von Teilchen: Atome, Moleküle und Ionen.

Teilchen in Stoffen

Teilchen	Atom	Moleküle	Ion
Beispiele	Heliumatom, Argonatom	Chlormolekül, Wassermolekül	Calcium-Ion, Chlorid-Ion
Modell	Heliumatom / Argonatom	Chlormolekül / Wassermolekül	Calcium-Ion ($2+$) / Chlorid-Ion ($-$)

Zusammenhang zwischen Bau und Eigenschaften

Stoffklasse	Metalle	Ionensubstanzen	Molekülsubstanzen
Bau der Stoffe – Teilchenmodell			
– Bau	regelmäßige, stabile Anordnung der Teilchen im Atomverband	stabile Anordnung von entgegengesetzt geladenen Teilchen im Ionenverband	schwache Kräfte zwischen den Molekülen, durch Wärme leicht zu überwinden
– Art der chemischen Bindung	Metallbindung zwischen positiv elektrisch geladenen Atomrümpfen und frei beweglichen Elektronen	Ionenbindung zwischen positiv und negativ elektrisch geladenen Teilchen (Ionen)	Atombindung zwischen Atomen in den Molekülen durch gemeinsame Elektronenpaare
Eigenschaften			
– Schmelz- und Siedetemperatur	hoch	hoch	niedrig
– Elektrische Leitfähigkeit	sehr gut	schlecht, aber gut in Lösung	schlecht
– Festigkeit	hoch	hoch	niedrig
– Verformbarkeit fester Stoffe	sehr gut	spröde	spröde, weich
– Beispiele	Eisen, Kupfer, Silber	Natriumchlorid, Kaliumhydroxid	Sauerstoff, Wasser, Schwefel, Butan, Ethen, Zucker

Aufgaben

1 Ordne die durch folgende Formeln gekennzeichneten Verbindungen den entsprechenden Stoffklassen zu. Benenne die Verbindungen und gib die Art der vorliegenden Teilchen an. $CuSO_4$, $Mg(OH)_2$, CO, H_2SO_3, Na_3PO_4, HBr, Fe, CH_3COOH.

2 Erläutere die Unterschiede zwischen der elektrischen Leitfähigkeit von Metallen und der von Salzlösungen.

3 Die chemischen Formeln von Chlorverbindungen der Elemente der 3. Periode lauten: $NaCl$, $MgCl_2$, $AlCl_3$, $SiCl_4$, PCl_3, SCl_2, Cl_2.
Bestimme jeweils die Art der chemischen Bindung in diesen Stoffen.
Gib die Tendenz an, die bei der chemischen Bindung in dieser Periode von links nach rechts besteht.

Selbst untersucht Stoffe und Stoffklassen identifizieren

1   Unterscheide Stoffe aufgrund ihrer Eigenschaften.

Untersuche Kochsalz, Zucker und Calciumoxid (GHS05) bezüglich ihrer Löslichkeit in Wasser und der elektrischen Leitfähigkeit ihrer wässrigen Lösungen. Prüfe das Verhalten der Lösungen jeweils gegenüber Silbernitratlösung und Universalindikatorlösung.

Notiere deine Beobachtungen. Erkläre die beobachteten Erscheinungen. Ordne die Stoffe aufgrund der Eigenschaften einer Stoffklasse zu.

Entsorgung: Silbernitrathaltige Abfälle in den Sammelbehälter II, übrige Lösungen in den Sammelbehälter für Abwasser geben.

2   Untersuche die Wärmeleitfähigkeit von Metallen.

Schutzbrille! Tropfe jeweils einen Tropfen flüssiges Kerzenwachs auf die Enden eines Kreuzes aus vier verschiedenen Metallen bzw. Legierungen oder auf die Enden von Streifen unterschiedlicher Metalle bzw. Legierungen. Stelle auf die noch flüssigen Tropfen jeweils einen Korken. Spanne das Kreuz bzw. die Streifen nach dem Erstarren des Kerzenwachses mit den Korken nach unten zeigend in die Halterung eines Stativs ein. Stelle unter die Mitte des Kreuzes bzw. die Enden der Metallstreifen ohne Korken eine brennende Kerze. Beobachte. Leite aus deinen Beobachtungen Schlussfolgerungen über die Wärmeleitfähigkeit der Metalle und Legierungen ab.

Entsorgung: Stoffe wieder verwenden.

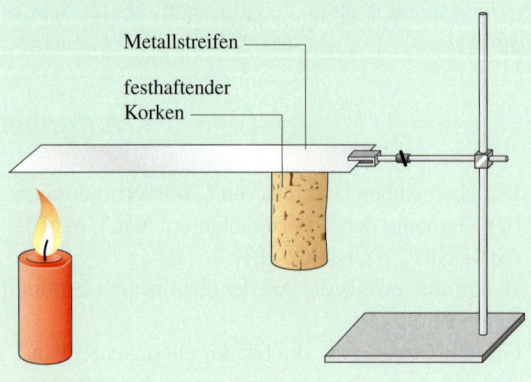

Metallstreifen

festhaftender Korken

3   Trenne ein Stoffgemisch.

Schutzbrille! Trenne ein Stoffgemisch, das aus einer Kochsalzlösung, Sand und Kohlepulver besteht. Entwickle einen Plan für ein Experiment, mit dem du das Stoffgemisch in seine Reinstoffe trennen kannst. Plane auch die Entsorgung der am Ende des Experiments vorliegenden Stoffe.

Führe das Experiment nach Bestätigung deines Plans durch.

Fertige ein Protokoll an. Erläutere die genutzten Trennverfahren.

Entsorgung: Stoffe entsprechend des bestätigten Plans entsorgen.

4   Untersuche das Verhalten von Stoffen beim Erhitzen.

Schutzbrille! Gib jeweils etwa 1 g Kochsalz (Natriumchlorid) und Zucker (Haushaltszucker) in je ein Reagenzglas. Erhitze die Stoffe mit einem Brenner. Halte einen Eisennagel in die Brennerflamme. Schmelz- und Siedetemperaturen sowie andere Stoffeigenschaften sind von der chemischen Bindung abhängig. Leite aus deinen Beobachtungen Schlussfolgerungen über die chemischen Bindungen in diesen Stoffen ab.

Entsorgung: Eisennagel wieder verwenden. Übrige Reste in den Sammelbehälter für Hausmüll geben.

5   Ordne Metalle.

Vorsicht! Schutzbrille! Bestimme die Volumen verschiedener Metallproben (Zink, Kupfer, Aluminium, Eisen, Magnesium (GHS02), Zinn) durch Verdrängung von Wasser in einem Messzylinder. Ermittle die Massen der Metallproben. Berechne aus den Messwerten die Dichten der Metalle. Versetze die Metallproben in einem kleinen Becherglas mit 10%iger Salzsäure (GHS07). Erstelle eine Übersicht, in der die Metalle geordnet werden (Leicht- und Schwermetalle, edle und unedle Metalle).

Entsorgung: Metallproben mit Leitungswasser abspülen und wieder verwenden. Wässrige Lösungen in den Sammelbehälter für Abwasser geben.

6 Vergleiche Gase.

Vorsicht! Schutzbrille! Tropfe zu 2 Körnchen Zink in einem Reagenzglas mit Ansatzrohr (Gasentwickler) 3 ml 10%ige Salzsäure (GHS07). Fange das entstehende Gas (GHS02) in zwei Reagenzgläsern auf.

Gib in ein Reagenzglas mit Ansatzrohr (Gasentwickler) 2 bis 3 kleine Stückchen Marmor (Calciumcarbonat) und darauf etwa 3 ml 10%ige Salzsäure (GHS07). Fange das entstehende Gas in zwei Reagenzgläsern auf.

Prüfe die Gase in den Reagenzgläsern jeweils mit einem brennenden Holzspan.

Entwickle Reaktionsgleichungen. Vergleiche beide Gase anhand der Dichte, Brennbarkeit und Löslichkeit in Wasser miteinander. Überlege, ob das Gas, das sich bei der Reaktion von Salzsäure mit Marmor gebildet hat, noch eindeutiger mit einem Nachweismittel identifiziert werden kann.

Entsorgung: Lösungen in Sammelbehälter für Abwasser, Zinkreste unter Leitungswasser abspülen und einsammeln, werden wieder verwendet

**7 Plane ein Experiment,
um zu zeigen, dass Natriumchlorid
eine Ionensubstanz ist.**

Schutzbrille! Überlege, wie du beweisen kannst, dass Natriumchlorid zur Stoffklasse der Ionensubstanzen gehört. Plane auch die Entsorgung der bei den Experimenten anfallenden Reste. Besprich deinen Plan mit deiner Lehrerin bzw. deinem Lehrer. Führe die Experimente entsprechend deinem bestätigten Plan durch.

Leite aus den Beobachtungen Schlussfolgerungen ab.

Entsorgung: Reste entsprechend des bestätigten Plans entsorgen.

8 Prüfe Stoffe auf Verformbarkeit.

Lege ein Stück Kupfer oder Zink auf eine feste, gegen Schlag unempfindliche Unterlage, z.B. auf ein Stück Stahl oder einen Pflasterstein. Schlage mehrfach mit einem Hammer auf das Metall.

Prüfe auf die gleiche Art auch eine Stoffprobe Kochsalz (Natriumchlorid) und eine Stoffprobe Haushaltzucker.

Stelle einen Zusammenhang zwischen dem Bau der Stoffe und ihrer Verformbarkeit her.

Entsorgung: Metallreste einsammeln und wieder verwenden. Salz- und Zuckerreste in den Sammelbehälter für Hausmüll geben.

9 Untersuche die Löslichkeit von Iod.

Schutzbrille! Gib in drei Reagenzgläser jeweils 2 Plättchen Iod (GHS07|09). Überschichte das Iod im ersten Reagenzglas mit 2 ml Wasser, im zweiten mit 2 ml Ethanol (GHS02) und im dritten Reagenzglas mit 2 ml Heptan (GHS02|08|07|09). Schwenke die Lösungen leicht.

Erkläre deine Beobachtungen mit deinem Wissen zur chemischen Bindung.

Entsorgung: Alle Lösungen in den Sammelbehälter für organische Abfälle geben.

**10 Untersuche die Löslichkeit
von Salzen.**

Schutzbrille! Fülle folgende Salze in 3 Reagenzgläser jeweils 2 cm hoch ein: Kaliumnitrat (GHS03), Natriumchlorid und Calciumcarbonat. Nutze ein Lineal. Gib zu jeder Salzprobe 10 ml destilliertes Wasser (Raumtemperatur). Verschließe die Reagenzgläser mit einem Stopfen und schüttle. Ermittle die Höhen der ungelösten Salze mit einem Lineal. Erhitze die Proben vorsichtig mit einem Brenner. Schüttle und ermittle die Höhen der ungelösten Salze erneut.

Stelle die drei Reagenzgläser in Eiswasser.

Erkläre deine Beobachtungen. Formuliere Reaktionsgleichungen in Ionenschreibweise.

Entsorgung: Alle Lösungen in den Sammelbehälter für Abwasser geben.

Metalle – Nichtmetalle

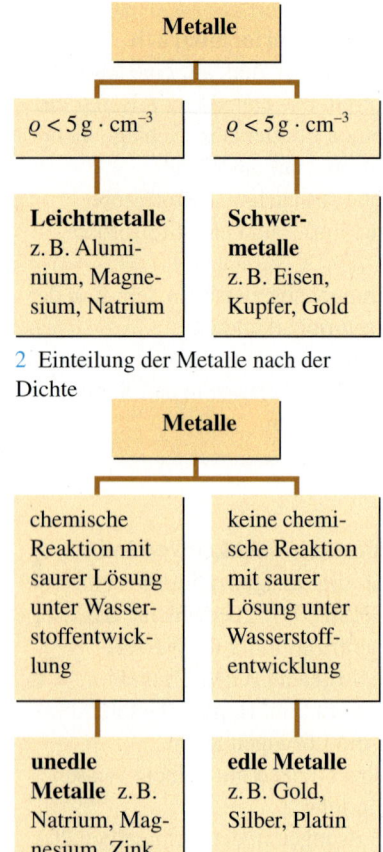

Metalle

| $\varrho < 5\,g \cdot cm^{-3}$ | $\varrho < 5\,g \cdot cm^{-3}$ |

Leichtmetalle z. B. Aluminium, Magnesium, Natrium

Schwermetalle z. B. Eisen, Kupfer, Gold

2 Einteilung der Metalle nach der Dichte

Metalle

chemische Reaktion mit saurer Lösung unter Wasserstoffentwicklung

keine chemische Reaktion mit saurer Lösung unter Wasserstoffentwicklung

unedle Metalle z. B. Natrium, Magnesium, Zink

edle Metalle z. B. Gold, Silber, Platin

3 Einteilung der Metalle nach ihrem Verhalten gegenüber sauren Lösungen

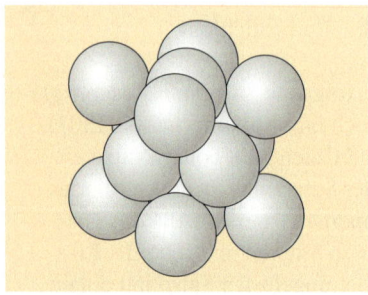

4 Modelldarstellung zum Aufbau eines Metalls – Atomverband

1 Ausschnitt aus dem Periodensystem der Elemente

Eigenschaften und Verwendung von Metallen Ein Metall ist ein chemisches Element, das als charakteristische Eigenschaften eine gute Wärmeleitfähigkeit, eine gute elektrische Leitfähigkeit, metallischen Glanz und gute Verformbarkeit aufweist. Die Eigenschaften bedingen die vielseitige Verwendung von Metallen. ↑Tabelle

Bau, Eigenschaften und Verwendung von Metallen			
Bau	Eigenschaften	Verwendung	Beispiele
	metallischer Glanz	Schmuckindustrie	Gold, Silber
freibewegliche Elektronen	gute elektrische Leitfähigkeit	Stromkabel	Kupfer
	gute Wärmeleitfähigkeit	Heizungsrohre	Kupfer
positive Metall-Ionen und freibewegliche Elektronen	Verformbarkeit	verschiedene Metallkörper, Stahlträger, Rohre, Fahrzeugbau	Eisen, Aluminium
	große Härte und Stabilität, meist hohe Schmelz- und Siedetemperatur	Einsatz in Bauindustrie und Maschinenbau	Eisen

Legierungen Legierungen sind Stoffgemische aus Metallen. Durch das Zusammenschmelzen verschiedener Metalle entstehen Störstellen im Metallgitter, zum Beispiel durch unterschiedlich große Atome oder Ionen der einzelnen Metalle. Eigenschaften wie Härte, Schmelztemperatur oder Verformbarkeit werden dadurch beeinflusst. ↑Tabelle S.137

Eigenschaften von Metallen und ihrer Legierungen				
Stoff	Farbe	Dichte in $g \cdot cm^{-3}$	Schmelztemperatur in °C	elektrische Leitfähigkeit in $S \cdot m^{-1}$
Kupfer	rotbraun glänzend	8,96	1083	$58 \cdot 10^6$
Zink	silbrig glänzend	7,14	419	$16,7 \cdot 10^6$
Messing	gold glänzend	8,41–8,86	900–925	$\approx 15,5 \cdot 10^6$

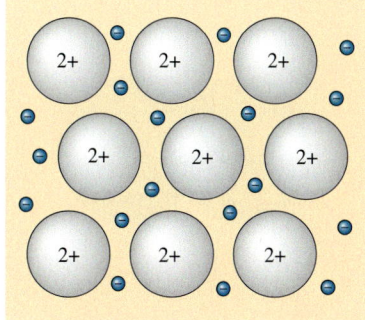

5 Modelldarstellung der Metallbindung

Nichtmetalle Ein Nichtmetall ist ein chemisches Element, das nicht die charakteristischen Eigenschaften der Metalle aufweist. Mit Ausnahme der Edelgase sind Nichtmetalle Molekülsubstanzen.

Wichtige Nichtmetalle und ihre Bedeutung			
Nichtmetall	Formel	Aggregatzustand bei Raumtemperatur	Bedeutung
Wasserstoff	H_2	gasförmig	gebunden im Wasser und in allen organischen Verbindungen
Sauerstoff	O_2	gasförmig	mit einem Volumenanteil von fast 21 % zweithäufigster Bestandteil der Luft, für die Atmung von Lebewesen, gebunden im Wasser
Stickstoff	N_2	gasförmig	mit einem Volumenanteil von 79 % Hauptbestandteil der Luft, gebunden in Eiweißen, wirkt Flammen erstickend, gebunden in Düngemitteln
Halogene			
Chlor	Cl_2	gasförmig	gebunden in Halogeniden, darunter so bedeutende Salze wie
Brom	Br_2	flüssig	Natriumchlorid und Kaliumiodid
Iod	I_2	fest	
Kohlenstoff	C	fest	wichtigstes Element der organischen Verbindungen

Aufgaben

1 Gib Namen und chemische Zeichen von 6 Metallen an. Leite aus der Stellung der Elemente im Periodensystem der Elemente eine prinzipielle Aussage zum Bau ihrer Atome ab.
Belege die Aussage am Beispiel eines Elements aus einer Hauptgruppe.

2 Notiere für folgende Legierungen die metallischen Bestandteile, jeweils ein Einsatzgebiet und die besonders beeinflusste Eigenschaft: Edelstahl, Messing, 800er Gold und Duraluminium.

3 Vergleiche die Metalle und Nichtmetalle anhand von Schmelz- und Siedetemperatur, chemischer Bindung, Elektronegativitätswerten sowie Anzahl der Außenelektronen tabellarisch miteinander.

4 Gib an, welches Metall jeweils vorliegt.

	$5\,cm^3$ des Metalls haben die Masse	Schmelztemperatur
a	4,3 g	64 °C
b	44,8 g	1083 °C
c	52,5 g	961 °C

5 So genanntes Scheidewasser fand in Werkstätten von Goldschmieden und beim Prägen von Münzen Anwendung. Beim Scheidewasser handelt es sich um konzentrierte Salpetersäure. Recherchiere, wozu Goldschmiede das Scheidewasser benutzten.

Gase

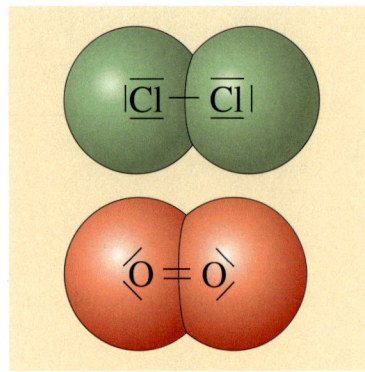

1 Modelldarstellung der Atombindung im Chlor- und im Sauerstoffmolekül

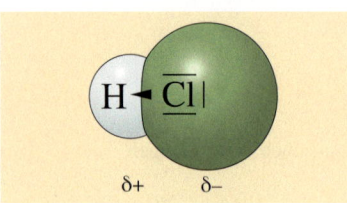

2 Modelldarstellung der polaren Atombindung im Chlorwasserstoff-molekül

Nichtmetalle als Molekülsubstanzen Nichtmetalle liegen entweder einatomig (Edelgase) oder mehratomig als Molekülsubstanzen vor. Die Atome in den Molekülen sind durch Atombindung (Elektronenpaarbindung) miteinander verbunden. Sind in den Molekülen Atome mit gleichem Elektronegativitätswert verbunden, liegt eine unpolare Atombindung vor. Haben die miteinander verbundenen Atome unterschiedliche Elektronegativitätswerte, spricht man von einer polaren Atombindung. Durch die unterschiedlich starke Anziehung der Bindungselektronenpaare entstehen dann partielle Ladungen.

Erkennen von Gasen an ihren Eigenschaften Die meisten der bekannten Gase sind farblos, viele auch geruchlos. Sie können deswegen nur unterschieden werden, wenn charakteristische Eigenschaften ermittelt und geprüft werden. Unterschiede in ihrer Dichte im Vergleich zu der der Luft, ihrer Brennbarkeit oder Nichtbrennbarkeit sowie ihre chemische Reaktion mit Nachweismitteln sind Eigenschaften, an denen sich Gase erkennen lassen. Zwischen den Molekülen wirken kaum Anziehungskräfte im Gegensatz zu den starken chemischen Bindungen innerhalb der Moleküle. Daher sind diese Stoffe leicht flüchtig und haben geringe Schmelz- und Siedetemperaturen.

Darstellen und Nachweisen einiger Gase Die in der Tabelle zusammengestellten Angaben für einige Gase können zur Durchführung und Auswertung von Experimenten nützlich sein.

Darstellen und Nachweisen einiger Gase		
Gas	Ausgangsstoff(e) für die Darstellung des Gases	Nachweis – Erscheinung
Sauerstoff	Braunstein und Wasserstoffperoxidlösung oder Erhitzen von Kaliumpermanganat	Spanprobe: Ein glimmender Holzspan flammt auf.
Wasserstoff	Zink oder Magnesium und verdünnte Salzsäure	Brennprobe: Wasserstoff verbrennt ruhig mit bläulicher Flamme unter Bildung von Wassertröpfchen. Knallgasprobe: Ein Wasserstoff-Luft-Gemisch verbrennt mit knallendem oder pfeifendem Geräusch.
Kohlenstoffdioxid	Calciumcarbonat und verdünnte Salzsäure	Reaktion mit Kalkwasser (Calciumhydroxidlösung) oder Barytwasser (Bariumhydroxidlösung): Ein weißer Niederschlag von Bariumcarbonat entsteht.
Chlorwasserstoff	Natriumchlorid und Schwefelsäure oder Erhitzen von Salzsäure	Reaktion mit Ammoniak: Ein weißer Rauch von Ammoniumchlorid entsteht. Prüfen mit feuchtem Universalindikatorpapier: Rotfärbung
Ammoniak	Ammoniumsalz und Natronlauge oder Erhitzen von wässriger Ammoniaklösung	Reaktion mit Chlorwasserstoff: Ein weißer Rauch von Ammoniumchlorid entsteht. Prüfen mit feuchtem Universalindikatorpapier: Blaufärbung Geruchsprobe

Im Labor können Gase nach verschiedenen Prinzipien dargestellt und für eine weitere Verwendung entsprechend ihren Eigenschaften unterschiedlich aufgefangen werden.

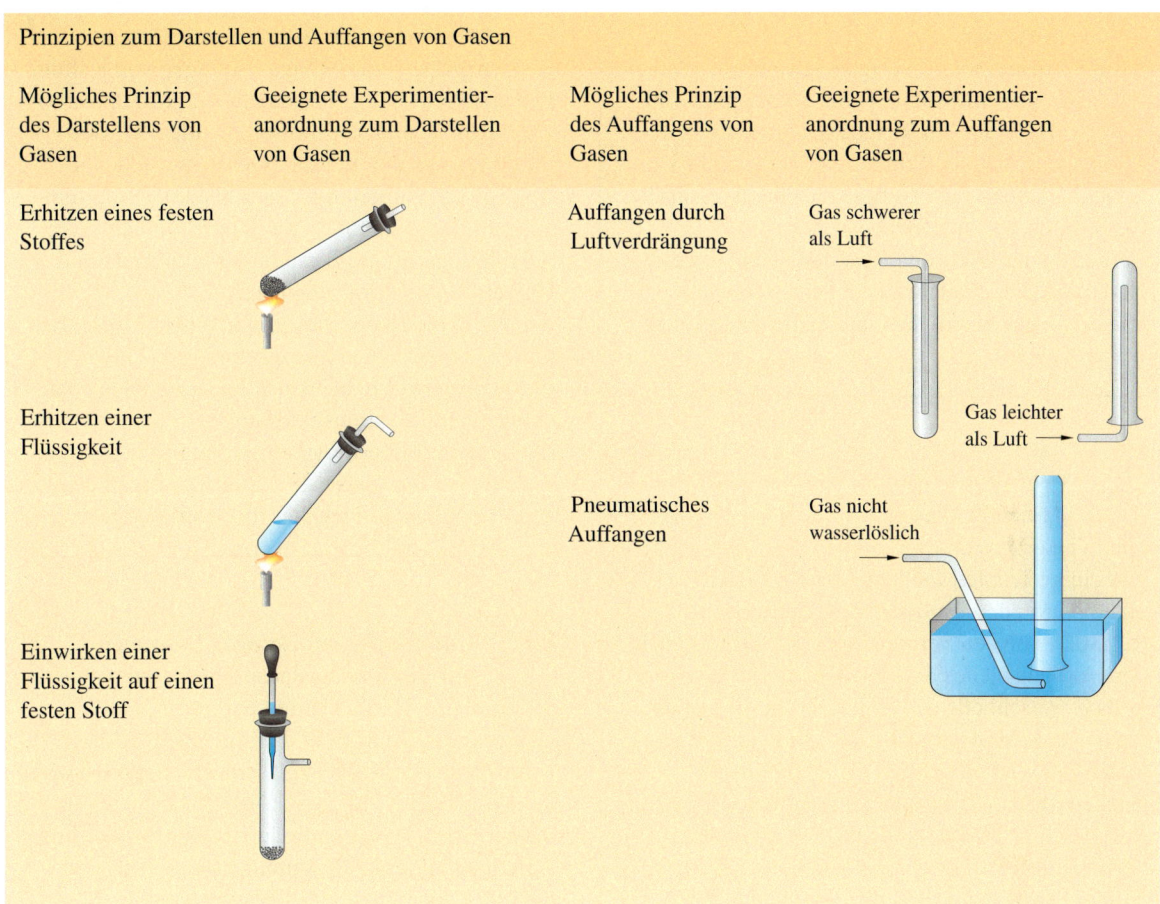

Prinzipien zum Darstellen und Auffangen von Gasen

Mögliches Prinzip des Darstellens von Gasen	Geeignete Experimentieranordnung zum Darstellen von Gasen	Mögliches Prinzip des Auffangens von Gasen	Geeignete Experimentieranordnung zum Auffangen von Gasen
Erhitzen eines festen Stoffes		Auffangen durch Luftverdrängung	Gas schwerer als Luft / Gas leichter als Luft
Erhitzen einer Flüssigkeit		Pneumatisches Auffangen	Gas nicht wasserlöslich
Einwirken einer Flüssigkeit auf einen festen Stoff			

Aufgaben

1 Notiere die Formeln in Elektronenschreibweise (Valenzstrichformeln) für Kohlenstoffmonooxid, Kohlenstoffdioxid, Ammoniak, Sauerstoff und Bromwasserstoff.

2 Beschreibe den Bau des Stoffes Kohlenstoffdioxid.

3 Stelle für Sauerstoff, Wasserstoff und Kohlenstoffdioxid Schmelz- und Siedetemperaturen sowie Dichten tabellarisch zusammen.
Erkläre die relativ niedrigen Siedetemperaturen der betrachteten Molekülsubstanzen mit ihrem Bau.

4 Berechne das Volumen an Kohlenstoffdioxid, das aus 10 g Calciumcarbonat bei chemischer Reaktion mit Salzsäure erhalten werden kann.

5 Begründe, warum Sauerstoff, Wasserstoff und Kohlenstoffdioxid mithilfe eines brennenden Holzspans voneinander unterschieden werden können.

6 Begründe, warum die Edelgase nicht zu den Molekülsubstanzen gehören.

7 Ordne den chemischen Reaktionen zum Darstellen von Gasen (↑Tabelle S.138) das Prinzip zum Darstellen dieses Gases (↑Tabelle S.139) zu.

8 Ein Gas soll pneumatisch mit Wasser als Sperrflüssigkeit aufgefangen werden. Nenne die Bedingungen, die das Gas erfüllen muss.

9 Notiere für die Gase (↑Tabelle S.138) mögliche Prinzipien zum Auffangen dieser Gase. Begründe deine Entscheidung.

10 Die Ausatemluft des Menschen enthält ein Gas, das mit Kalkwasser nachweisbar ist. Entwirf eine Experimentieranordnung, in der du den Nachweis führen könntest. Erkläre, worauf der Nachweis beruht.

Selbst untersucht Wichtige anorganische und organische Verbindungen

11   Prüfe das Verhalten von Metalloxiden in Wasser.

Vorsicht! Schutzbrille! Versetze jeweils eine Spatelspitze Magnesiumoxid und eine Spatelspitze Calciumoxid (GHS05) in Reagenzgläsern mit 5 ml destilliertem Wasser. Prüfe die Lösungen mit Universalindikatorpapier. Notiere die charakteristische Eigenschaft der entstandenen Lösungen.
Entwickle die Wort- und Reaktionsgleichungen. Notiere, welche Teilchen nachgewiesen wurden.
Entsorgung: Reste in den Sammelbehälter für Abwasser geben.

12   Prüfe das Verhalten von Nichtmetalloxiden in Wasser.

Gib in einen Erlenmeyerkolben 20 ml Wasser und einige Tropfen Indikatorlösung. Erhitze in einem Verbrennungslöffel etwas Schwefel (GHS07). Gib den Verbrennungslöffel sofort nach dem Anbrennen des Schwefels in den Erlenmeyerkolben. Verschließe den Kolben dicht und schüttle.
Vorsicht: Verbrennungsprodukt von Schwefel (GHS06|05) ist giftig! Gas nicht einatmen!
Wiederhole das Experiment mit Kohlenstoff anstelle von Schwefel. Verwende dazu einen anderen Verbrennungslöffel.
Notiere deine Beobachtungen. Entwickle Wort- und Reaktionsgleichungen. Gib die Teilchen an, die du in der wässrigen Lösung nachweisen kannst.
Entsorgung: Geräte unter dem Abzug lüften. Lösungen in den Sammelbehälter für Abwasser geben.

13   Untersuche die Ausatemluft mit Universalindikatorlösung.

Schutzbrille! Gib in einen Erlenmeyerkolben 50 ml destilliertes Wasser und versetze es mit etwa 10 Tropfen Universalindikatorlösung. Puste nun mit einem Trinkröhrchen etwa 1 min in die Lösung. *Nicht ansaugen!*
Erkläre deine Beobachtungen. Formuliere die Reaktionsgleichungen.
Entsorgung: Lösung in den Sammelbehälter für Abwasser geben.

14   Weise Ionen in Lösungen nach.

Vorsicht! Schutzbrille! In gekennzeichneten Reagenzgläsern sind 2%ige Lösungen von Kaliumhydroxid (GHS05), Natriumchlorid, Kaliumcarbonat (GHS07) und Natriumsulfat enthalten. Weise die Anionen nach. Für die Nachweise stehen jeweils 5%ige Silbernitratlösung (GHS07), Bariumchloridlösung (GHS07), Salzsäure, Salpetersäure (GHS05), gesättigte Bariumhydroxidlösung und Universalindikatorlösung bereit.
Notiere deine Beobachtungen in einer Tabelle. Erkläre die beobachteten Erscheinungen. Entwickle für die Nachweise, bei denen Niederschläge gebildet werden, Reaktionsgleichungen.
Entsorgung: Silbernitrathaltige Abfälle in den Sammelbehälter für silberhaltige Reste, übrige Lösungen in den Sammelbehälter für Abwasser geben.

15   Untersuche unbekannte Lösungen auf das Vorhandensein von Ionen.

Schutzbrille! Du erhältst mit deiner Arbeitsgruppe drei Lösungen in drei mit Buchstaben gekennzeichneten Reagenzgläsern. Bei den Lösungen kann es sich um 7%ige Salzsäure, Natriumchloridlösung, 10%ige Schwefelsäure (GHS07), Natriumsulfatlösung, 2%ige Kaliumhydroxidlösung (GHS05) oder destilliertes Wasser handeln. Finde heraus, welche Lösungen sich in den Reagenzgläsern befinden.
Teile die erste zu prüfende Lösung in drei Teile. Versetze jeweils einen Teil der Lösung mit wenigen Tropfen Universalindikatorlösung, 5%iger Bariumchloridlösung (GHS07) bzw. 5%iger Silbernitratlösung (GHS07).
Verfahre mit den zwei anderen Lösungen ebenso. Lege eine Tabelle zur Auswertung des Experiments an: Kennzeichnung des Reagenzglases, Nachweismittel, Beobachtung, nachgewiesenes Ion, Name des Stoffes in der untersuchten Lösung. Gib an, welche Lösung die Reagenzgläser enthielten. Begründe deine Entscheidung.
Entsorgung: Silbernitrathaltige Abfälle in den Sammelbehälter für silberhaltige Reste, übrige Lösungen in den Sammelbehälter für Abwasser geben.

16 Unterscheide Ethanol und Petroleumbenzin voneinander.

Schutzbrille! Ermittle, in welchem von zwei Reagenzgläsern sich Petroleumbenzin (GHS02) und in welchem sich Ethanol (GHS02) befindet.
Gib zu den beiden zu prüfenden Flüssigkeiten jeweils etwa 5 ml Wasser.
Notiere deine Beobachtungen. Gib zwei weitere Möglichkeiten zum Unterscheiden der beiden Stoffe an. Stelle Eigenschaften, z. B. Farbe, Brennbarkeit, Mischbarkeit mit Wasser, Siedetemperatur und Dichte, der beiden Stoffe tabellarisch gegenüber.
Entsorgung: Petroleumbenzin in den Sammelbehälter halogenfreie organische Abfälle, andere Reste in den Sammelbehälter für Abwasser geben.

17 Untersuche Natriumhydroxid und Ethanol.

Schutzbrille! Fülle 2 Reagenzgläser mit jeweils etwa 5 ml destilliertem Wasser. Gib in das eine Reagenzglas vorsichtig ein Plätzchen Natriumhydroxid (GHS05) und in das andere Reagenzglas einige Tropfen Ethanol (GHS02). Schüttle die Reagenzgläser vorsichtig. Gib in beide Reagenzgläser einige Tropfen Universalindikatorlösung.
Deute deine Beobachtungen. Stelle in einer Übersicht Eigenschaften von Natriumhydroxid und Ethanol gegenüber. Begründe deine Aussagen. Nutze dafür deine Kenntnisse über den Bau dieser Stoffe.
Entsorgung: Reste der Natronlauge in den Sammelbehälter für saure und alkalische Abfälle, Ethanolreste in den Sammelbehälter für Abwasser geben.

18 Untersuche Eigenschaften organischer Säuren.

Schutzbrille! Fülle 3 Reagenzgläser mit jeweils 2 ml destilliertem Wasser. Tropfe in ein Reagenzglas 5 Tropfen 10%ige Methansäure (GHS05) und in das zweite Reagenzglas 5 Tropfen 10%ige Ethansäure (GHS07). Gib in das dritte Reagenzglas einige Körnchen Decansäure (GHS07), verschließe das Reagenzglas mit einem Stopfen und schüttle. Gib in alle 3 Reagenzgläser jeweils 4 Tropfen Universalindikatorlösung und schüttle kurz.
Formuliere die Dissoziationsgleichungen. Erkläre deine Beobachtungen. Nutze dabei deine Kenntnisse über homologe Reihen.
Entsorgung: Reste in den Sammelbehälter für Abwasser geben.

19 Identifiziere organische Stoffe.

Schutzbrille! Du erhältst 4 Reagenzgläser mit 3 farblosen organischen Stoffen und einer wässrigen Lösung eines organischen Stoffs. Bei diesen handelt es sich um Heptan (GHS02|08|07|09), Petroleumbenzin (GHS02), 10%ige Essigsäurelösung (GHS07) und Ethanol (GHS02).
Plane ein Experiment, um die Lösung bzw. die Stoffe eindeutig voneinander zu unterscheiden. Begründe dein Vorgehen. Ermittle, welche der gewählten Nachweismittel Gefahrstoffe sind. Plane auch die Entsorgung der beim Experiment anfallenden Reste. Besprich deinen Plan mit deiner Lehrerin bzw. deinem Lehrer.
Führe das Experiment entsprechend deinem bestätigten Plan durch.
Lege eine Tabelle zur Auswertung des Experiments an: Kennzeichnung des Reagenzglases, Nachweismittel, Beobachtung, nachgewiesenes Ion, Name des Stoffes in der untersuchten Lösung. Gib an, welche Lösung bzw. welchen Stoff die Reagenzgläser enthielten. Begründe deine Entscheidung. Formuliere, wenn möglich, die Reaktionsgleichungen der Nachweisreaktionen.
Entsorgung: Reste mit organischen Stoffen in den Sammelbehälter für halogenfreie organische Abfälle, wässrige Lösungen in den Sammelbehälter für Abwasser geben.

Salze und ihre wässrigen Lösungen

1 Halit (Natriumchlorid)

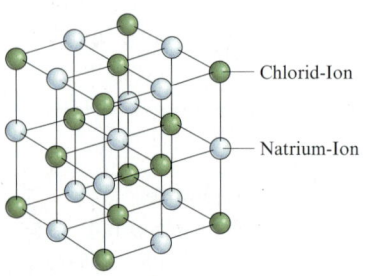

2 Modell zum Bau von Natriumchlorid

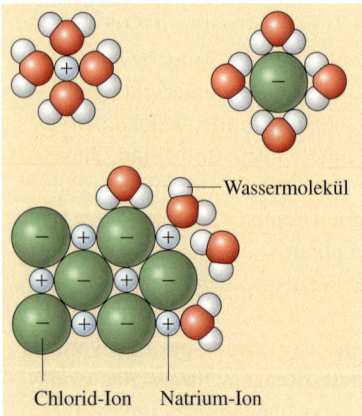

3 Lösen eines Salzes – Bildung hydratisierter Ionen im Modell

Salze Salze sind **Ionensubstanzen** aus positiv elektrisch geladenen Metall- oder Ammonium-Ionen und negativ elektrisch geladenen Säurerest-Ionen. Die positiv und die negativ elektrisch geladenen Ionen ziehen sich stark an und ermöglichen damit die Ionenbindung. Zwischen dem Bau von Ionensubstanzen und den Eigenschaften dieser Stoffe besteht ein Zusammenhang. ↑Tabelle S.143

In wässriger Lösung dissoziieren Salze in frei bewegliche Ionen.

allgemeine
Wortgleichung: Salz $\longrightarrow$ Salzlösung
                                      (Metall-Ion + Säurerest-Ion)

Beispiel: Kaliumsulfat $\longrightarrow$ Kalium-Ion + Sulfat-Ion
                K_2SO_4 (s) $\longrightarrow$ 2 K^+ (aq) + SO_4^{2-} (aq)

Formeln von Salzen Durch die Kombination der Formel eines Metall-Ions oder der Formel des Ammonium-Ions mit der Formel eines Säurerest-Ions gelangt man zur Formel eines Salzes. Die Anzahl der Kationen und die Anzahl Anionen werden dabei so bestimmt, dass sich deren elektrische Ladungen zu Null addieren.

Metall-Ion	Säurerest-Ion	Formeln von Salzen		
z.B. Na^+	z.B. Cl^-	$NaCl$	Na_2SO_4	Na_3PO_4
z.B. Mg^{2+}	z.B. SO_4^{2-}	$MgCl_2$	$MgSO_4$	$Mg_3(PO_4)_2$
z.B. Al^{3+}	z.B. PO_4^{3-}	$AlCl_3$	$Al_2(SO_4)_3$	$AlPO_4$

Herstellen von Salzen Im Labor gibt es verschiedene Möglichkeiten, Salze herzustellen.

Möglichkeiten, Salze und Salzlösungen herzustellen
Metall + Nichtmetall → Salz
Magnesium + Chlor → Magnesiumchlorid
Mg (s) + Cl_2 (g) → $MgCl_2$ (s)
unedles Metall + Säurelösung → Salzlösung + Wasserstoff
Magnesium + Salzsäure → Magnesium- + Wasserstoff chloridlösung
Mg (s) + 2 H^+ (aq) + 2 Cl^- (aq) → Mg^{2+} (aq) + Cl^- (aq) + H_2 (g)
Metalloxid + Säurelösung → Salzlösung
Magnesiumoxid + Salzsäure → Magnesiumchloridlösung
MgO (s) + 2 H^+ (aq) + 2 Cl^- (aq) → Mg^{2+} (aq) + 2 Cl^- (aq) + H_2O (l)
Metallhydroxid + Säurelösung → Salzlösung
Magnesiumhydroxid + Salzsäure → Magnesiumchloridlösung
$Mg(OH)_2$ (s) + 2 H^+ (aq) + 2 Cl^- (aq) → Mg^{2+} (aq) + 2 Cl^- (aq) + 2 H_2O (l)

Zusammenhang zwischen Struktur und Eigenschaften von Ionensubstanzen

feste Ionensubstanz		Lösung der Ionensubstanz	
– ungleichnamig elektrisch geladene Ionen, durch Ionenbindung chemisch gebunden – als Ionenkristall vorliegend bzw. im Ionengitter angeordnet	– kristallin – hart – spröde – hohe Schmelz- und Siedetemperatur – keine elektrische Leitfähigkeit	– frei bewegliche ungleichnamig elektrisch geladene Ionen, umhüllt von Wassermolekülen (hydratisierte Ionen) – keine Ionenbindung vorhanden	– elektrische Leitfähigkeit durch bewegliche Ionen – Bildung von Ionenkristallen beim Eindampfen/ Verdunsten der Lösung

Nachweis von Ionen Die Ionen in wässrigen Lösungen können mithilfe bestimmter chemischer Reaktionen nachgewiesen werden.

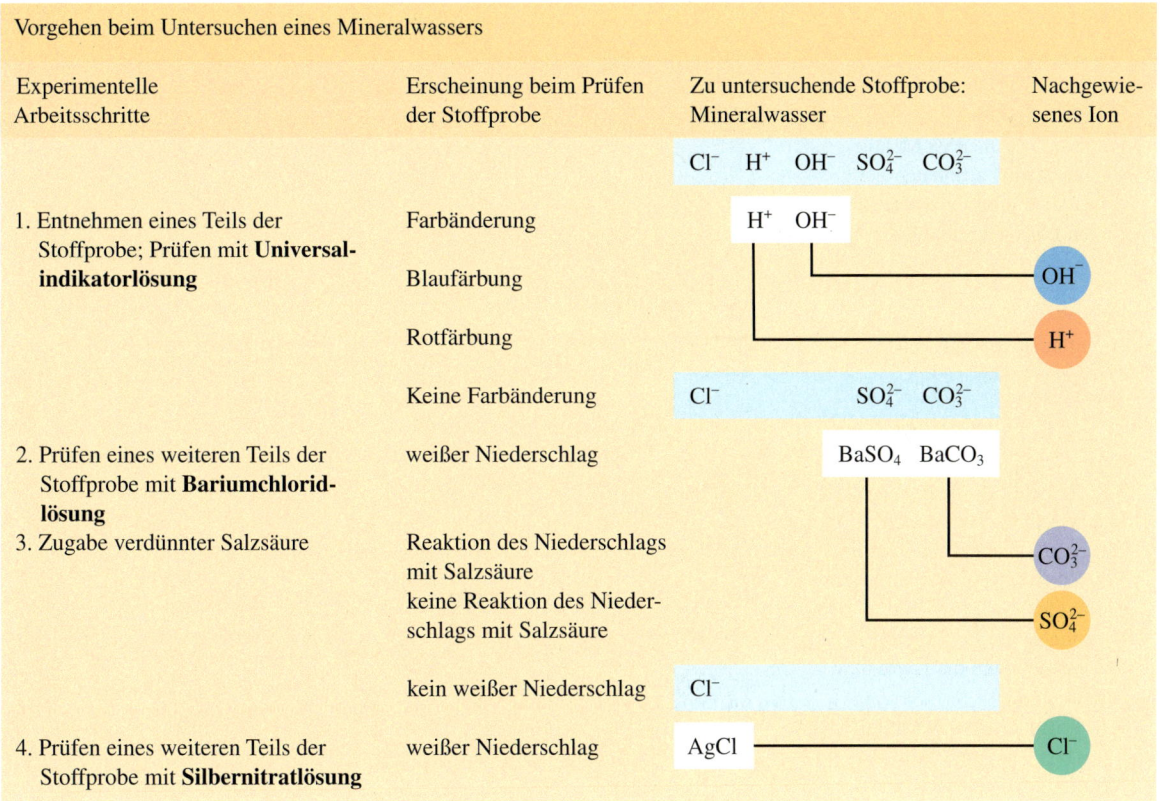

Vorgehen beim Untersuchen eines Mineralwassers

Experimentelle Arbeitsschritte	Erscheinung beim Prüfen der Stoffprobe	Zu untersuchende Stoffprobe: Mineralwasser	Nachgewiesenes Ion
		Cl^- H^+ OH^- SO_4^{2-} CO_3^{2-}	
1. Entnehmen eines Teils der Stoffprobe; Prüfen mit **Universalindikatorlösung**	Farbänderung	H^+ OH^-	
	Blaufärbung		OH^-
	Rotfärbung		H^+
	Keine Farbänderung	Cl^- SO_4^{2-} CO_3^{2-}	
2. Prüfen eines weiteren Teils der Stoffprobe mit **Bariumchloridlösung**	weißer Niederschlag	$BaSO_4$ $BaCO_3$	
3. Zugabe verdünnter Salzsäure	Reaktion des Niederschlags mit Salzsäure		CO_3^{2-}
	keine Reaktion des Niederschlags mit Salzsäure		SO_4^{2-}
	kein weißer Niederschlag	Cl^-	
4. Prüfen eines weiteren Teils der Stoffprobe mit **Silbernitratlösung**	weißer Niederschlag	$AgCl$	Cl^-

Aufgaben

1 Durch Beschädigung sind die Etiketten zweier Chemikalienflaschen mit Kaliumcarbonat bzw. Kaliumsulfatlösung unleserlich.
Erläutere, wie sich der Inhalt jeweils sicher bestimmen lässt.

2 Gib für die Herstellung von Zink(II)-bromid 4 verschiedene Wort- und Reaktionsgleichungen an.

3 Begründe, weshalb es nicht möglich ist, Schwefelsäure und Salzsäure mit Universalindikator zu unterscheiden.

4 Bei der Rauchgasentschwefelung wird Schwefeldioxid in einen Absorber mit Kalkmilch geleitet. Notiere die Reaktionsgleichung. Entscheide, um welche Art der Salzbildung es sich dabei handelt.

Säuren und Basen

1 Mit Essigsäure kann Kalkstein entfernt werden.

Säuren und saure Lösungen Säuren sind Stoffe, die durch Reaktion mit Wasser saure Lösungen bilden. ↑Tabelle Sie können durch Reaktion von Nichtmetalloxiden mit Wasser gebildet werden. In wässriger Lösung dissoziieren Säuren in Wasserstoff-Ionen und Säurerest-Ionen. Die Wasserstoff-Ionen bewirken die Farbänderung bei Indikatoren.

Darstellung (allgemeine Wortgleichung)

$$\text{Nichtmetalloxid} + \text{Wasser} \longrightarrow \text{Säure}$$

Beispiel: $CO_2\,(g)$ $+ H_2O\,(l) \longrightarrow H_2CO_3\,(l)$

Dissoziation in Wasser (allgemeine Wortgleichung):

$$\text{Säure} \rightleftharpoons \text{Säurelösung}$$
$$(\text{Wasserstoff-Ion} + \text{Säurerest-Ion})$$

Beispiel: $H_2CO_3\,(l) \rightleftharpoons 2\,H^+\,(aq)$ $+ CO_3^{2-}\,(aq)$

Eigenschaften von Säuren

– ätzend
– Reaktion mit unedlen Metallen
– Reaktion mit Carbonaten
– zersetzen organische Materialien
– färben Pflanzenfarbstoffe rot

Sorgfalt beim Umgang mit Säuren und Basen

– Augen, Haut und Kleidung schützen!
– Verschüttete Lösungen mit Wasser und Wischtuch aufnehmen!
– Bei Hautkontakt gründlich mit Wasser spülen. Sofort beim Lehrer melden!
– Verdünnen von Lösungen: Erst das Wasser, dann die Säure bzw. Base!
– Beschriftung strikt beachten!

Wichtige Säuren

Name	Formel	Wasser-stoff-Ion	Säure-rest-Ion	Vorkommen, Verwendung
Salzsäure	HCl	H^+	Cl^-	Magensaft/Entfernen von Metalloxidschichten, Kesselstein und Mörtelresten
Salpeter-säure	HNO_3	H^+	NO_3^-	zur Herstellung von Stickstoffdüngemitteln und Sprengstoffen
Schwefel-säure	H_2SO_4	$2\,H^+$	SO_4^{2-}	zur Herstellung von Farbstoffen, Waschmitteln, als Batteriesäure im Bleiakkumulator
Phosphor-säure	H_3PO_4	$3\,H^+$	PO_4^{3-}	als Rostumwandler, Säuerungsmittel in Cola
Essigsäure	CH_3COOH	H^+	CH_3COO^-	Weinessig/Essigessenz, Entkalker

Indikator	Farbe in saurer Lösung	Farbe in neutraler Lösung	Farbe in alkalischer Lösung
Universal-indikator	rot – orange – gelb	grün	blau
Lackmus	rot	violett	blau
Bromthymol-blau	gelb	grün	blau

Säure-Base-Indikatoren Säure-Base-Indikatoren sind Farbstoffe, die in Abhängigkeit vom pH-Wert unterschiedliche Farben annehmen. Die Farbe eines Säure-Base-Indikators in einer wässrigen Lösung zeigt an, ob diese Lösung sauer, basisch oder neutral reagiert.

Basen und basische Lösungen Basen sind Stoffe, die durch Reaktion mit Wasser basische Lösungen bilden.
Sie können durch Reaktion von Metalloxiden mit Wasser gebildet werden. In wässriger Lösung dissoziieren sie in Metall-Ionen und Hydroxid-Ionen. Die Hydroxid-Ionen bewirken die Farbänderung bei Indikatoren.

Möglichkeiten der Darstellung von Metallhydroxiden:

2 Prüfen von WC-Reiniger mit Universalindikatorlösung

1. allgemeine Wortgleichung:

$$\text{Metalloxid} + \text{Wasser} \longrightarrow \text{Metallhydroxidlösung}$$

Beispiel: $CaO\ (s) + H_2O\ (l) \longrightarrow Ca^{2+}\ (aq) + 2\ OH^-\ (aq)$

2. allgemeine Wortgleichung:

$$\begin{array}{l}\text{unedles} + \text{Wasser} \longrightarrow \text{Metallhydroxid-} + \text{Wasser-}\\ \text{Metall} \qquad\qquad\qquad\quad \text{lösung} \qquad\qquad\quad \text{stoff}\end{array}$$

Beispiel: $Ca\ (s) + 2\ H_2O\ (l) \longrightarrow Ca^{2+}\ (aq) + 2\ OH^-\ (aq) + H_2\ (g)$

Dissoziation in Wasser (allgemeine Wortgleichung):

$$\text{Metallhydroxid} \rightleftharpoons \text{Metallhydroxidlösung}$$
$$\text{(Metall-Ion} + \text{Hydroxid-Ion)}$$

Beispiel: $Ca(OH)_2\ (s) \rightleftharpoons Ca^{2+}\ (aq) + 2\ OH^-\ (aq)$

3 Prüfen von destilliertem Wasser mit Universalindikatorlösung

Einige wichtige Metallhydroxide und ihre Verwendung		
Name Hydroxid (Name der Lösung)	Formel	Verwendung zur Herstellung von
Natriumhydroxid (Natronlauge)	NaOH	Kernseife, Zellstoff, Papier, Backofenreiniger, Abbeizpaste
Kaliumhydroxid (Kalilauge)	KOH	Schmierseife, Rohrreiniger, Abbeizpaste
Calciumhydroxid (Kalkwasser)	Ca(OH)$_2$	Kalkmörtel, Düngemittel, Rübenzuckergewinnung

4 Prüfen von Abflussreiniger mit Universalindikatorlösung

Aufgaben

1 Formuliere die Reaktionsgleichungen für die Dissoziation von Schwefelsäure, Phosphorsäure, Natriumhydroxid und Aluminiumhydroxid.

2 Durch sauren Regen werden Nadel- und Laubbäume geschädigt, da das Chlorophyll zerstört wird. Industrieabgase enthalten häufig Kohlenstoffdioxid, Schwefeldioxid und Stickstoffoxide.
Bringe diese beiden Aussagen in einen Zusammenhang. Stelle Reaktionsgleichungen auf.

3 In einem Zeitungsartikel war zu lesen: Reine Schwefelsäure ist eine sehr aggressive Flüssigkeit. Schwefelsäuretropfen verursachen auf Holz, Zucker, Papier, Textilien oder auf der Haut schwarz umrandete Löcher, weil die betreffenden Stoffe sofort verkohlt werden. Schwefelsäure reagiert außerdem mit …
Schreibe den „Artikel" weiter. Nenne 3 Vorsichtsmaßnahmen für den Umgang mit Säuren.

Organische Verbindungen

1   Gefärbtes Polyethylengranulat

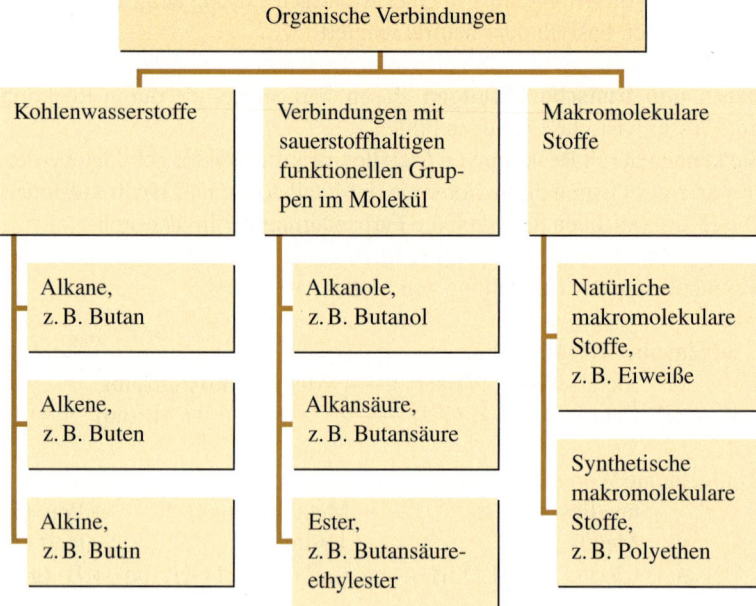

Wortstämme von Kohlenwasser-stoffen und Anzahl der Kohlenstoff-atome in der Kette	
Wort-stamm	Anzahl der Kohlenstoff-atome in der Kette
Meth-	1
Eth-	2
Prop-	3
But-	4
Pent-	5
Hex-	6
Hept-	7
Oct-	8
Non-	9
Dec-	10

Alkane, Alkene und Alkine Die meisten organischen Verbindungen sind Molekülsubstanzen.

Alkane, Alkene und Alkine bilden eine homologe Reihe. In den homologen Reihen dieser Verbindungen unterscheiden sich die aufeinanderfolgenden Glieder jeweils um eine CH_2-Gruppe. ↑Tabelle

In Alkanen sind die Kohlenstoffatome mit der größtmöglichen Anzahl Wasserstoffatome verbunden. Sie sind gesättigt. Die Namen der Alkane bilden sich aus dem Wortstamm und der Endung „-an". ↑Tabelle

Alkene und Alkine gehören zu den ungesättigten Kohlenwasserstoffen, weil in ihren Molekülen jeweils eine Mehrfachbindung vorliegt. Alkene besitzen eine Doppelbindung, Alkine eine Dreifachbindung im Molekül. ↑Tabelle

Wichtige Vertreter der Alkane, Alkene und Alkine				
Stoff-klasse	Ver-treter	Strukturformel	Eigenschaften	Verwendung
Alkane	Ethan	H–C–C–H (mit H oben und unten)	farbloses, geruchloses, hochentzünd-liches Gas, reaktionsträge	vor allem als Brennstoff, Bestandteil von Flüssiggas
Alkene	Ethen	C=C (mit H)	farbloses, süßlich riechendes, hochent-zündliches Gas, sehr reaktionsfähig	Herstellung von Kunststoffen (Poly-ethylen), Lösungsmitteln, Klebstoffen und Medikamenten
Alkine	Ethin	$H–C≡C–H$	farbloses, fast geruchloses, hochentzünd-liches Gas, sehr reaktionsfähig	Brenngas zum Gasschweißen und Brenn-schneiden, Herstellung von Kunststoffen und Kunstfasern

Alkanole Alkanole sind Derivate der Kohlenwasserstoffe mit einer **Hydroxylgruppe –OH** im Molekül. Auch die Alkanole bilden eine homologe Reihe. ↑Tabelle Kurzkettige Alkanole lösen sich aufgrund der polaren Hydroxylgruppe sehr gut in Wasser. Innerhalb der homologen Reihe nimmt mit zunehmender Kettenlänge der Einfluss des Alkylrests zu und dadurch nimmt die Löslichkeit in Wasser ab.

Alkansäuren Diese Verbindungen sind Derivate der Kohlenwasserstoffe mit einer **Carboxylgruppe –COOH** im Molekül. Sie bilden eine homologe Reihe. ↑Tabelle Kohlenwasserstoffe mit einer oder mehreren Carboxylgruppen im Molekül sind Carbonsäuren.

Die ersten drei Vertreter der homologen Reihen der Alkanole und Alkansäuren

Stoffklasse, allgemeine Formel	Homologe mit 1 Kohlenstoffatom	2 Kohlenstoffatomen	3 Kohlenstoffatomen
Alkanole C_nH_{2n+1}–OH	Methanol CH_3–OH	Ethanol CH_3–CH_2–OH	Propan-1-ol CH_3–CH_2–CH_2–OH
Alkansäuren $C_{n-1}H_{2n-1}$–COOH	Methansäure H–COOH	Ethansäure CH_3–COOH	Propansäure CH_3–CH_2–COOH

Eine Zusammenstellung charakteristischer Merkmale für Moleküle organischer Verbindungen enthält die folgende Tabelle.

Strukturmerkmale in Molekülen organischer Verbindungen

Anordnung der Kohlenstoffatome	Chemische Bindung zwischen Kohlenstoffatomen	Funktionelle Gruppe
kettenförmig	Atombindung als	Hydroxylgruppe –OH
verzweigt	Einfachbindung	Aldehydgruppe
ringförmig	oder Mehrfachbindung	Carboxylgruppe
		Aminogruppe $-NH_2$

Aufgaben

1 Erläutere den Zusammenhang zwischen Struktur und Eigenschaften der Alkane.
2 Notiere die Ionengleichung für das Lösen von Essigsäure in Wasser.
3 Bei erdgasbetriebenen Heizgeräten muss ständig für ausreichende Luftzufuhr und Entlüftung gesorgt werden. Begründe diese Maßnahmen mithilfe von Reaktionsgleichungen.

4 Die Siedetemperatur von Stoffen wird entscheidend von der Molekülmasse und dem Molekülbau bestimmt. Propan hat etwa die gleiche Molekülmasse wie Ethanol. Die Siedetemperaturen von Ethanol und Propan unterscheiden sich aber sehr deutlich.
Erkläre diese Tatsache.

Selbst untersucht Chemische Reaktionen

20   Erkunde Merkmale chemischer Reaktionen.

Schutzbrille! Fülle in ein Reagenzglas 3 ml Leitungswasser und miss die Temperatur des Wassers. Gib nun 2 Körnchen Calcium (GHS02) dazu. Warte, bis die Reaktion weitgehend abgeklungen ist. Miss die Temperatur der entstandenen Lösung. Prüfe die Lösung mit Universalindikatorpapier. Gib in ein zweites Reagenzglas 1 g Citronensäure und 1 g Natriumcarbonat-10-Wasser (Natron; GHS07). Tropfe zu diesem Feststoffgemisch wenige Tropfen Wasser. Rühre die Mischung vorsichtig mit einem Thermometer und bestimme erneut die Temperatur.

Stelle Reaktionsgleichungen auf und erläutere die Merkmale chemischer Reaktionen. Zeichne Energie-Diagramme.

Entsorgung: Lösungen in Sammelbehälter für Abwasser geben.

21   Untersuche die Wirkung von Maaloxan (Magnesiumhydroxid bzw. Aluminiumhydroxid) auf Magensäure (Salzsäure).

Plane dein experimentelles Vorgehen. Führe das Experiment nach Bestätigung deines Plans durch. Erläutere die Wirkung des Medikaments. Entwickle die Reaktionsgleichung und interpretiere sie teilchenmäßig.

Entsorgung: Feststoffe in den Sammelbehälter für Hausmüll, Lösungen in den Sammelbehälter für Abwasser geben.

22   Prüfe das Verhalten von Metallen gegenüber sauren Lösungen.

Gib je eine Spatelspitze Magnesiumpulver (GHS02), Eisenpulver, Zinkpulver (GHS09) und Kupferpulver in je ein Reagenzglas. Fülle in jedes Reagenzglas 5 ml 10%ige Salzsäure (GHS07). Fange das entstehende Gas pneumatisch auf und führe die Knallgasprobe durch. Dampfe nach Beendigung der Gasentwicklung jeweils 2 ml der entstandenen Lösungen in Reagenzgläsern vorsichtig ein und betrachte die Rückstände mit der Lupe. Wiederhole den Versuch mit 10%iger Schwefelsäure (GHS07).

Notiere deine Beobachtungen und deute die Versuchsergebnisse.

Entsorgung: Feststoffe in den Sammelbehälter für Hausmüll, Lösungen in den Sammelbehälter für Abwasser geben.

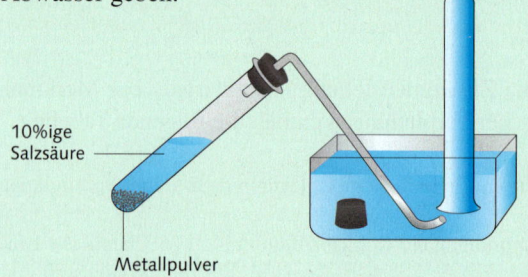

10%ige Salzsäure

Metallpulver

23   Erkenne die Reaktionsart.

Schutzbrille! Fülle 2 ml Bromwasser (GHS06) in ein Reagenzglas. Gib eine Spatelspitze Zinkpulver (GHS09) dazu, verschließe mit einem Stopfen und schüttle das Gemisch. Filtriere die Lösung. Dampfe 2 ml des Filtrats ein.

Gib in eine Reibschale eine Spatelspitze Ammoniumchlorid und verreibe das Salz mit zwei Plätzchen Natriumhydroxid (GHS05). Halte einen feuchten Indikatorstreifen über das Gemisch. Notiere deine Beobachtungen. Formuliere Reaktionsgleichungen. Bestimme jeweils die Reaktionsart. Gib die Teilgleichungen für diese Reaktionen an.

Entsorgung: Kupferreste für das Recycling einsammeln, andere Reste vorsichtig in Wasser lösen und in den Sammelbehälter für Abwasser geben.

24 Gewinne Kupfer aus Kupfer(II)-oxid.

Verwende eine Experimentieranordnung wie in der Abbildung. Fülle ein Gemisch aus 2 g schwarzem Kupfer(II)-oxid und 0,2 g Holzkohlepulver in das Reagenzglas. Erhitze kräftig mit der Brennerflamme, bis das Gemisch aufglüht. Entferne den Stopfen, bevor das Gemisch abgekühlt ist.

Notiere deine Beobachtungen und deute die Versuchsergebnisse. Bestimme die Reaktionsart. Erstelle die Reaktionsgleichung.

Entsorgung: Reste vom Kalkwasser in den Sammelbehälter für Abwasser geben. Das feste, abgekühlte Reaktionsprodukt in den Sammelbehälter für Hausmüll geben.

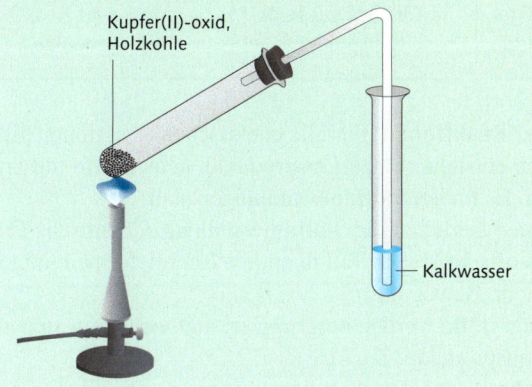

Kupfer(II)-oxid, Holzkohle

Kalkwasser

25 Untersuche Reaktionen von Alkanen.

Schutzbrille! Fülle 1 ml Heptan (GHS02|08|07|09) in ein Reagenzglas. Überschichte mit 1 ml Bromwasser (GHS06).

Verschließe mit einem Stopfen und schüttle. Notiere deine Beobachtungen. Befestige das Reagenzglas an einem Stativ und stelle die Apparatur vor eine Lampe. Beobachte etwa 5 min lang.

Beschreibe und deute deine Beobachtungen. Formuliere für die chemische Reaktion die Reaktionsgleichung. Ordne die Reaktion einer Reaktionsart zu.

Entsorgung: Alle Lösungen in Sammelbehälter für halogenhaltige organische Abfälle geben.

26 Untersuche ein Speiseöl.

Schutzbrille! Plane ein Experiment, mit dem du ein Speiseöl, z. B. Rapsöl oder Olivenöl, auf das Vorhandensein von ungesättigten Verbindungen prüfen kannst. Begründe dein Vorgehen. Ermittle, ob das gewählte Nachweismittel ein Gefahrstoff ist. Plane auch die Entsorgung der beim Experiment anfallenden Reste. Besprich deinen Plan mit deiner Lehrerin bzw. deinem Lehrer.

Führe das Experiment entsprechend deinem bestätigten Plan durch.

Erkläre deine Beobachtungen. Leite aus deinen Beobachtungen Strukturmerkmale des untersuchten Öls ab. Ordne der abgelaufenen chemischen Reaktion eine Reaktionsart zu. Begründe deine Entscheidung.

Entsorgung: Reste in den Sammelbehälter für halogenhaltige organische Abfälle geben.

27 Stelle einen Fruchtester her.

Nur unter Aufsicht arbeiten! Schutzbrille!

Stelle 5 ml eines Gemischs aus einer kurzkettigen Alkansäure (GHS05) und einem kurzkettigen Alkanol (GHS02) in einem großen Reagenzglas her. Gib wenige Tropfen konzentrierte Schwefelsäure (GHS05) als Katalysator und einige Siedesteinchen zu. Erhitze das Gemisch vorsichtig und mit kleiner Flamme. Gieße das Gemisch in ein mit etwa 10 ml Wasser gefülltes Becherglas und prüfe den Geruch.

Bestimme die Reaktionsart und erläutere sie. Entwickle die Reaktionsgleichung. Gib die Reaktionsbedingungen an, die die Bildung des Esters begünstigen.

Entsorgung: Reaktionsgemisch in den Sammelbehälter für Abwasser geben.

Chemische Reaktionen – Bildung neuer Stoffe

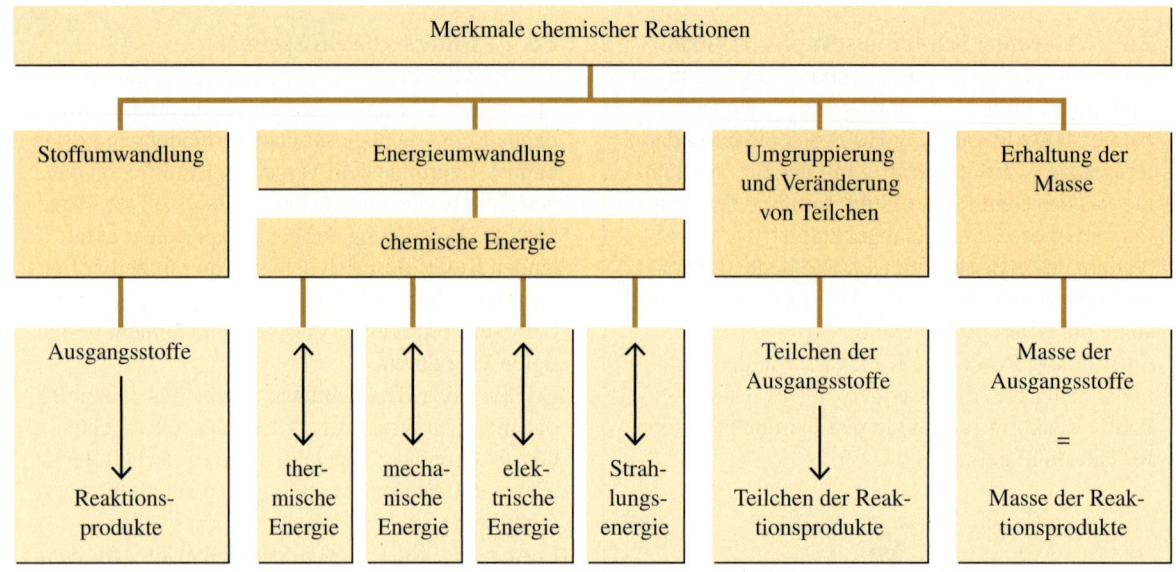

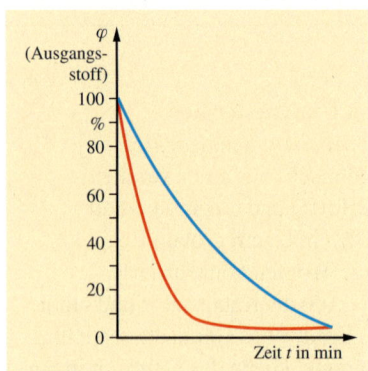

1 Zeitlicher Verlauf einer chemischen Reaktion mit (rote Kurve) und ohne Katalysator

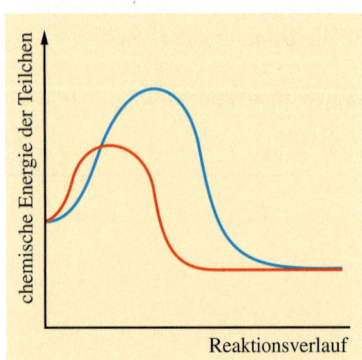

2 Energie-Diagramm einer chemischen Reaktion mit (rote Kurve) und ohne Katalysator

Merkmale chemischer Reaktionen Für alle chemischen Reaktionen gilt:
– Aus Ausgangsstoffen entstehen Reaktionsprodukte, neue Stoffe mit anderen Eigenschaften. Es finden Stoffumwandlungen statt.
– Energieumwandlungen begleiten die Stoffumwandlung. Chemische Energie der Ausgangsstoffe wird zum Teil in andere Energieformen umgewandelt (Wärme, Licht, Bewegung).
– Teilchen der Ausgangsstoffe werden umgruppiert und verändern sich zu Teilchen der Reaktionsprodukte.
– Chemische Bindungen in den Teilchen der Ausgangsstoffe werden gelöst und neue chemische Bindungen werden ausgebildet.
– Die Masse der Ausgangsstoffe ist gleich der Masse der Reaktionsprodukte (Gesetz von der Erhaltung der Masse).
Chemische Reaktionen sind grundlegende Vorgänge für:
– das Leben von Organismen, z. B. alle Verdauungsprozesse, Vorgänge der Fotosynthese
– die Herstellung von Stoffen, z. B. Herstellung von Stahl aus Eisenerzen, Baustoffen aus Kalkstein
– die Bereitstellung von Energie, z. B. Wärme oder elektrischen Strom.

Wirkung von Katalysatoren Bei vielen chemisch-technischen Reaktionen wird die Reaktionszeit durch Katalysatoren verkürzt.1 In kürzerer Zeit kann ohne zusätzliche Temperaturerhöhung die gleiche Ausbeute an Reaktionsprodukten erzielt werden. In einer bestimmten Zeit können also mit Katalysator mehr Produkte und mit geringerem Energieaufwand als ohne Katalysator produziert werden. Die als Katalysatoren wirkenden Stoffe verbrauchen sich während der chemischen Reaktion nicht, sie sind wieder verwendbar.
Biokatalysatoren steuern Lebensvorgänge. Zu ihnen gehören auch die Enzyme in unserem Körper. Sie ermöglichen, dass die Stoffwechselvorgänge bei Körpertemperatur mit ausreichender Geschwindigkeit verlaufen.

Einige Reaktionsarten

Redoxreaktionen Bei einer **Redoxreaktion** laufen eine Oxidation und eine Reduktion gleichzeitig ab. Es findet eine Elektronenübertragung zwischen den Teilchen der reagierenden Stoffe statt. Die Teilchen des einen an der Reaktion beteiligten Stoffs werden oxidiert, d.h., sie geben Elektronen ab, die Teilchen des anderen Stoffs werden reduziert, d.h. sie nehmen Elektronen auf.
Die Teilchen der Stoffe wirken als Reduktions- bzw. als Oxidationsmittel.

Oxidationsmittel	Reduktionsmittel
nimmt Elektronen auf	gibt Elektronen ab
Elektronenakzeptor	Elektronendonator
wirkt oxidierend	wirkt reduzierend
wird reduziert	wird oxidiert
Oxidationszahl sinkt	Oxidationszahl steigt
z.B.: O_2, H^+, Cu^{2+}	z.B.: H_2, Zn

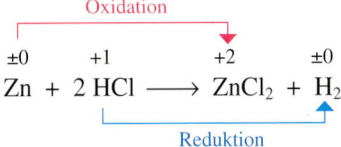

$$\pm0 \quad +1 \qquad +2 \qquad \pm0$$
$$Zn + 2\,HCl \longrightarrow ZnCl_2 + H_2$$

Oxidation: $Zn \longrightarrow Zn^{2+} + 2\,e^-$
Reduktion: $2\,H^+ + 2\,e^- \longrightarrow H_2$

Einige Redoxreaktionen und ihre Bedeutung

Chemische Reaktion von	Beispiel	Praktische Bedeutung
Metall + Nichtmetall	$2\,Na + Cl_2 \to 2\,NaCl$	Herstellung von Salzen
unedles Metall mit Säure	$Zn + 2\,HCl \to ZnCl_2$	Säurekorrosion, Herstellung von Wasserstoff im Labor
Metalloxid mit Wasserstoff	$CuO + H_2 \to Cu + H_2O$	Herstellung von Wolfram (für die Produktion von Glühlampen)
Metalloxid mit Kohlenstoff	$2\,Fe_2O_3 + 3\,C \to 4\,Fe + 3\,CO_2$	Roheisengewinnung im Hochofen
Metalloxid mit Metall	$Fe_2O_3 + 2\,Al \to 2\,Fe + Al_2O_3$	Verschweißen von Eisenteilen
Element mit Sauerstoff	$S + O_2 \to SO_2$ $2\,Cu + O_2 \to 2\,CuO$	Verbrennen von Brennstoffen zur Energiegewinnung, Sauerstoffkorrosion
Metall-Ionen mit unedlerem Metall	$Cu^{2+} + Fe \to Cu + Fe^{2+}$	Batterien, Rückgewinnung von Metallen aus Salzlösungen

Aufgaben

1 Erläutere die Merkmale einer chemischen Reaktion an einem selbst gewählten Beispiel. Stelle dafür die Reaktionsgleichung auf.

2 Entscheide und begründe, bei welchen Vorgängen chemische Reaktionen stattfinden: Kochen von Eiern, Schmelzen von Blei, Feilen von Eisen, Gären von Obstsaft, Sauerwerden von Milch.

Säure-Base-Reaktion Bei einer Säure-Base-Reaktion findet eine Protonenübertragung zwischen den reagierenden Teilchen statt.
Die Teilchen des einen an der Reaktion beteiligten Stoffs geben Protonen ab, die Teilchen des anderen Stoffs nehmen die Protonen auf. Die Stoffe wirken als Säure bzw. als Base.

Säure	Base
gibt Protonen ab	nimmt Protonen auf
Protonendonator	Protonenakzeptor
Die Oxidationszahlen ändern sich nicht.	
z. B.: HCl	z. B.: NH_3

$$\overset{+1\ -1}{HCl} + \overset{-3\ +1}{NH_3} \longrightarrow \overset{-3\ +1}{NH_4^+} + \overset{-1}{Cl^-}$$

$$H^+$$

Protonenabgabe: $HCl \longrightarrow Cl^- + H^+$

Protonenaufnahme: $NH_3 + H^+ \longrightarrow NH_4^+$

Einige Säure-Base-Reaktionen und ihre Bedeutung

Chemische Reaktion von	Beispiel	Praktische Bedeutung
Neutralisation	$Ca(OH)_2 + 2\,HCl \rightarrow CaCl_2 + 2\,H_2O$	Neutralisieren von Abwässern und Böden, Nachweis von Kohlenstoffdioxid, Abbinden von Kalkmörtel
Reaktion von Ammoniak mit Wasser	$NH_3 + H_2O \rightarrow NH_4^+ + OH^-$	Herstellen von Ammoniaklösung
Reaktion von Metalloxiden mit sauren Lösungen	$CaO + 2\,HCl \rightarrow CaCl_2 + H_2O$	Entzundern (Oberflächenbehandlung) von Metallen
Reaktion von Carbonaten mit sauren Lösungen	$CaCO_3 + 2\,HCl \rightarrow CaCl_2 + H_2O + CO_2$	Entfernen von Kesselstein (Ablagerungen in Wasserbehältnissen)
Herstellung von Ammoniumsalzen	$2\,NH_3 + H_2SO_4 \rightarrow (NH_4)_2SO_4$	Herstellen von Ammoniumdüngern

Vergleich von Redoxreaktion und Säure-Base-Reaktion Redoxreaktionen und Säure-Base-Reaktionen begegnen uns ständig.

Redoxreaktion	Säure-Base-Reaktion
– Reaktion mit Elektronenübergang	– Reaktion mit Protonenübergang
– Oxidationszahlen der Teilchen der reagierenden Stoffe ändern sich	– Oxidationszahlen der Teilchen der reagierenden Stoffe ändern sich nicht
– Elektronenabgabe (Oxidation) und Elektronenaufnahme (Reduktion) finden gleichzeitig statt.	– Protonenabgabe und Protonenaufnahme finden gleichzeitig statt.
– Beispiel:	– Beispiel:
Elektronenabgabe: $Zn \rightarrow Zn^{2+} + 2\,e^-$	Protonenabgabe: $HCl \rightarrow Cl^- + H^+$
Elektronenaufnahme: $2\,H^+ + 2\,e^- \rightarrow H_2$	Protonenaufnahme: $NH_3 + H^+ \rightarrow NH_4^+$

Reaktionsarten am Beispiel der Herstellung von Ammoniumnitrat aus Stickstoff Bei technischen Prozessen oder auch bei Stoffwechselvorgängen in der Natur laufen oft chemische Reaktionen verschiedener Reaktionsarten ab.

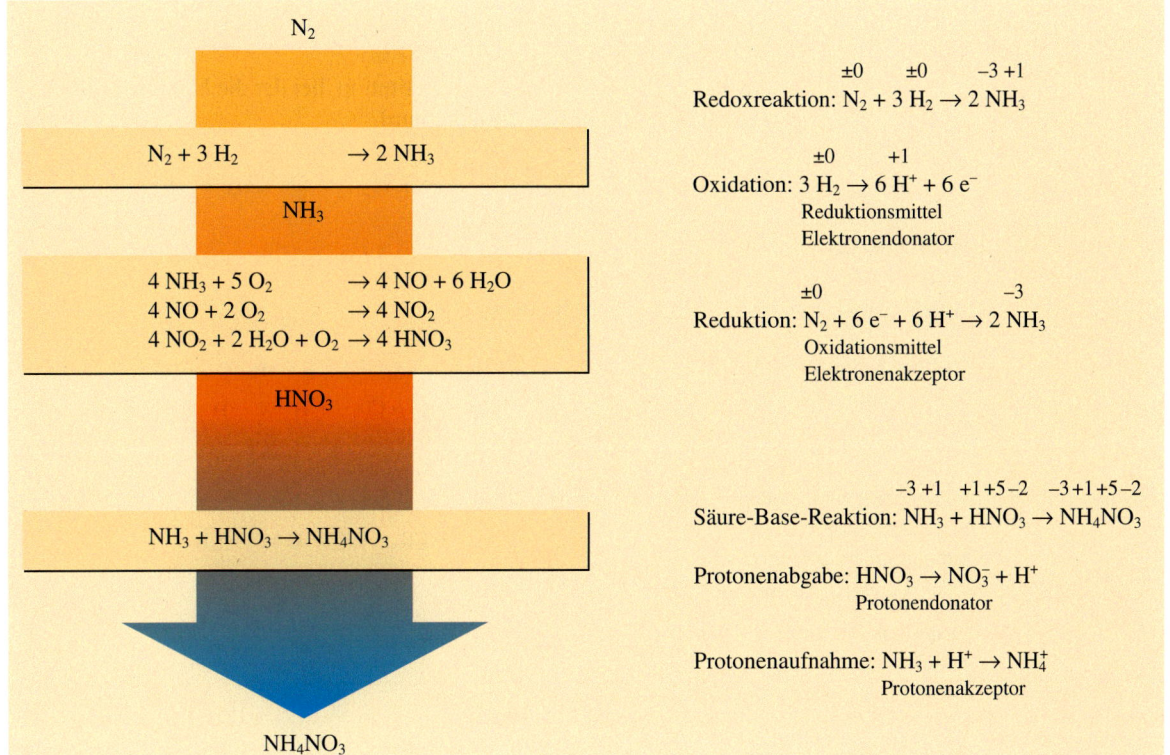

$$\overset{\pm 0}{N_2} + \overset{\pm 0}{3\,H_2} \to \overset{-3\;+1}{2\,NH_3}$$

Redoxreaktion: $N_2 + 3\,H_2 \to 2\,NH_3$

$$\text{Oxidation: } \overset{\pm 0}{3\,H_2} \to \overset{+1}{6\,H^+} + 6\,e^-$$
Reduktionsmittel
Elektronendonator

$$\text{Reduktion: } \overset{\pm 0}{N_2} + 6\,e^- + 6\,H^+ \to \overset{-3}{2\,NH_3}$$
Oxidationsmittel
Elektronenakzeptor

$$\text{Säure-Base-Reaktion: } \overset{-3\,+1}{NH_3} + \overset{+1\,+5\,-2}{HNO_3} \to \overset{-3\,+1\;+5\,-2}{NH_4NO_3}$$

Protonenabgabe: $HNO_3 \to NO_3^- + H^+$
Protonendonator

Protonenaufnahme: $NH_3 + H^+ \to NH_4^+$
Protonenakzeptor

Aufgaben

1 Auch in der Natur laufen in Organismen Redoxreaktionen ab. Beweise am Beispiel von Fotosynthese und Atmung, dass es sich bei diesen Prozessen um Reaktionen mit Elektronenübergang handelt. Stelle Wort- und Reaktionsgleichungen auf.

2 Essigsäure reagiert mit Magnesium. Dabei erwärmt sich das Gefäß und es entsteht ein Gas. Formuliere die Reaktionsgleichung. Ermittle die Reaktionsart dieser Reaktion. Erläutere an diesem Beispiel – gegebenenfalls unter Nutzung von Teilgleichungen – die Reaktionsart. Beschreibe den energetischen Verlauf mithilfe eines geeigneten Diagramms.

3 Die Übersicht zeigt Möglichkeiten zur Herstellung eines Salzes bzw. einer Salzlösung.
Wähle aus der Übersicht drei Beispiele für Reaktionen mit Elektronenübergang und drei Beispiele für Reaktionen mit Protonenübergang aus. Formuliere für diese Reaktionen die Reaktionsgleichungen und begründe deine Zuordnung.

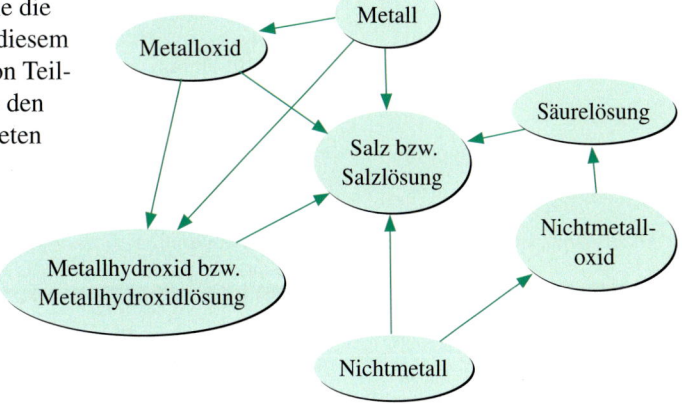

Organisch-chemische Reaktionen

Substitution, Addition und Eliminierung Die meisten Stoffumwandlungen organischer Stoffe lassen sich durch eine dieser Reaktionsarten erklären. Welche dieser Reaktionsarten stattfindet, ist abhängig von den Strukturmerkmalen der beteiligten Stoffe. Die Reaktionsarten sind für bestimmte Stoffklassen typisch. ↑Tabelle

Auch die Veresterung ist eine Substitution, bei der die Estergruppe –COO– innerhalb des Moleküls gebildet wird.

$$CH_3-COOH + CH_3-OH \longrightarrow CH_3-COO-CH_3 + H_2O$$

Typische Reaktionsarten in der organische Chemie

Reaktion	Wesen der Reaktion	Beispiel
Substitution	– **Austausch** von Atomen oder Atomgruppen	$H-\overset{\underset{\mid}{H}}{\underset{\underset{H}{\mid}}{C}}-H + |\overline{Cl}\cdot\cdot\overline{Cl}| \rightarrow H-\overset{\underset{\mid}{H}}{\underset{\underset{|\overline{Cl}|}{\mid}}{C}}-H + H\cdot\cdot\overline{Cl}|$
Addition	– **Anlagerung** von Atomen oder Atomgruppen – **Aufspalten** einer Mehrfachbindung	$\overset{\underset{\mid}{H\ H}}{\underset{\underset{H\ H}{\mid\mid}}{C::C}} + |\overline{Cl}\cdot\cdot\overline{Cl}| \rightarrow |\overline{Cl}\cdot\cdot\overset{\underset{\mid}{H\ H}}{\underset{\underset{H\ H}{\mid\mid}}{C-C}}\cdot\cdot\overline{Cl}|$
Eliminierung	– **Abspalten** von Atomen oder Atomgruppen – **Aufbau** einer Mehrfachbindung	$|\overline{Cl}\cdot\cdot\overset{\underset{\mid}{H\ H}}{\underset{\underset{H\ H}{\mid\mid}}{C-C}}\cdot\cdot\overline{Cl}| \rightarrow \overset{\underset{\mid}{H\ H}}{\underset{\underset{H\ H}{\mid\mid}}{C::C}} + |\overline{Cl}\cdot\cdot\overline{Cl}|$

Zusammenhang zwischen den chemischen Reaktionen organischer Stoffe und Strukturmerkmalen in ihren Molekülen

Stoffklasse, Strukturmerkmal in den Molekülen	Chemische Reaktionen	Beispiele für Reaktionsprodukte
Alkane, Einfachbindung	Substitution Eliminierung Redoxreaktion	Halogenalkane ungesättigte Kohlenwasserstoffe Kohlenstoffdioxid
Alkene, Doppelbindung	Addition Polymerisation	Ethanol Polyethylen
Alkine, Dreifachbindung	Addition	Vinylchlorid (Chlorethen)
Alkanole, Hydroxylgruppe	Substitution Eliminierung	Ester Ethen
Alkanale, Aldehydgruppe	Substitution Redoxreaktion	Phenoplaste Essigsäure
Alkansäuren, Carboxylgruppe	Substitution Redoxreaktion Säure-Base-Reaktion	Ester, Fette Salze, Wasserstoff Salze

Viele organische Reaktionen haben grundlegende Bedeutung für unser tägliches Leben.

Substitution

Chemische Reaktion	Reaktions- bzw. Wortgleichung	Praktische Bedeutung
Kohlenwasserstoff mit Chlor	$CH_4 + Cl_2 \rightarrow CH_3Cl + HCl$	Herstellen von Lösungsmitteln
Spaltung von Estern	Fett + Natronlauge $\rightarrow$ Seife + Glycerin	Herstellen von Seifen
Bildung von Estern	$CH_3COOH + C_2H_5OH$ $\rightarrow CH_3COOC_2H_5 + H_2O$	Herstellen von Aromastoffen
Abbau von Stärke	Stärke + Wasser $\rightarrow$ Glucose	Herstellen von Traubenzucker

Eliminierung

Chemische Reaktion	Reaktionsgleichung	Praktische Bedeutung
Eliminierung von Wasserstoff (Dehydrierung)	$CH_3–CH_2–CH_3 \rightarrow CH_2=CH–CH_3 + H_2$	Herstellen von ungesättigten Kohlenwasserstoffen aus gesättigten
Cracken von Kohlenwasserstoffen	$C_{14}H_{30} \rightarrow C_8H_{18} + 2\ C_2H_4 + CH_4 + C$	Herstellen von Benzin und Ethen

Addition

Chemische Reaktion	Reaktions- bzw. Wortgleichung	Praktische Bedeutung
Addition von Wasserstoff (Hydrierung)	Pflanzenöle mit ungesättigten Fettsäuren + Wasserstoff $\rightarrow$ Pflanzenfette	Herstellen von Margarine, Fetthärtung
Addition von Brom	$CH_2=CH_2 + Br_2 \rightarrow BrH_2C–CH_2Br$	Nachweisen von Mehrfachbindungen
Polymerisation	$n\ CH_2=CH_2 \rightarrow \text{+}CH_2–CH_2\text{+}_n$	Herstellen von Polyethylen
Addition von Chlorwasserstoff	$CH\equiv CH + HCl \rightarrow CH_2=CHCl$	Herstellen von Vinylchlorid – Polymerisation zu Polyvinylchlorid (PVC)

Aufgabe

1 Die folgende Übersicht zeigt Reaktionsmöglichkeiten organischer Stoffe.
Wähle aus der Übersicht drei Beispiele für Reaktionen aus. Formuliere für diese Reaktionen die Wort- und die Reaktionsgleichung. Ordne jeweils die Reaktionsart zu und begründe.

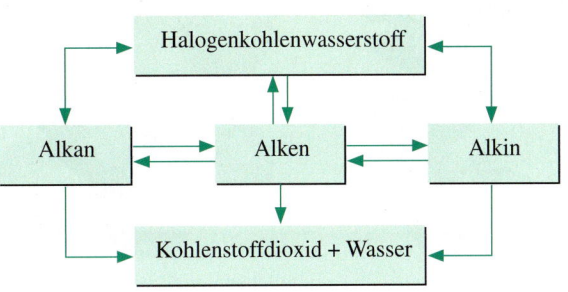

Basiskonzepte für das Fachwissen in Chemie

Die Chemie ist aus unserem Leben nicht wegzudenken, sie stellt an uns ständig neue Fragen. Damit du mit der Vielfalt an fachlichem Wissen besser umgehen kannst, werden dir vier Basiskonzepte vorgestellt, um die es im Chemieunterricht immer wieder geht.

Basiskonzepte helfen dir, Gemeinsamkeiten und Zusammenhänge zwischen den einzelnen Themen zu erkennen und sie leichter in ein großes Wissensnetz der Chemie einzuordnen – so kannst du auch das Wesentliche aus den einzelnen Kapiteln leichter verstehen.

Basiskonzept Stoffe und ihre Teilchen

Betrachte Schneeflocken unter der Lupe – sie bestehen aus vielen wunderschönen Kristallen. Doch sie sind vergänglich: Im Warmen schmilzt der Kristall und wird zu einem Wassertropfen, der schließlich verdampft. Diese Vorgänge sind erklärbar, wenn man weiß, aus welchen Teilchen der Stoff Wasser aufgebaut ist. Modelle vom Aufbau des festen Wassers, des flüssigen und gasförmigen Wassers erklären die sichtbaren Erscheinungsformen dieses Stoffes, z. B. den Schneekristall.

Wichtige Inhalte des Basiskonzepts:
– Eigenschaften und Besonderheiten von Stoffen
– Modelle vom Bau der Teilchen
– Modelle vom Aufbau der Stoffe
– Zusammenhalt in Stoffen
– Vielfalt und Nachweis der Stoffe
– Chemische Zeichensprache

Eiskristalle – festes Wasser

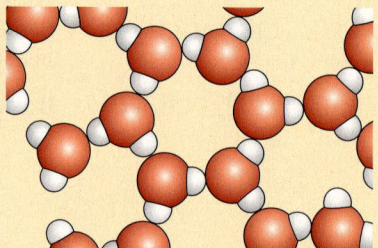

Teilchenmodell vom Bau des Wassers

Atommodell des Sauerstoffatoms

Basiskonzept Struktur der Stoffe und Eigenschaften der Stoffe

Viele Stoffe ähneln sich in ihren Eigenschaften: So leiten alle Metalle Wärme und elektrischen Strom. Sie zeichnen sich durch metallischen Glanz und gute Verformbarkeit aus. Warum ist das so? Der Schlüssel zum Verstehen liegt in der Struktur der Stoffe, nach der sich Stoffe ordnen lassen. So stellt das Periodensystem der Elemente eine Ordnung aller chemischen Elemente dar, in denen z. B. Metalle einen festen Platz einnehmen.

Wichtige Inhalte des Basiskonzepts:
– Ordnungsprinzipien für Stoffe
– Modelle zur Deutung von Stoffeigenschaften auf Teilchenebene
– Aus den Eigenschaften der Stoffe auf ihre Verwendung schließen; Auswirkungen auf die Umwelt erkennen

Kupfer

Teilchenmodell vom Bau des Kupfers

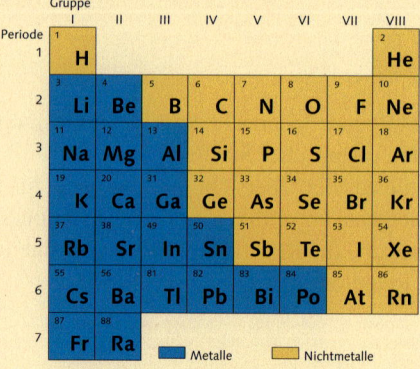

Periodensystem der Elemente

Basiskonzept Chemische Reaktionen

Sie sind das Spannendste im Chemieunterricht: Wenn mit hellem Licht, Zischen und Knallen neue Stoffe entstehen und Farben aufleuchten, dann finden chemische Reaktionen statt. Um zu verstehen, wie neue Stoffe gebildet werden und unter welchen Bedingungen dies geschehen kann – dazu musst du dich mit diesem Basiskonzept auskennen. Chemische Reaktionen lassen sich unter Verwendung der Zeichensprache kurz und international verständlich aufschreiben – ein Geheimcode, den man lernen kann.

Wichtige Inhalte des Basiskonzepts:
– Umwandeln von Stoffen in andere
– Chemische Zeichensprache
– Veränderung von Teilchen bei chemischen Reaktionen
– Reaktionsarten
– Stoffkreisläufe in Natur und Technik

Chemische Reaktion – Umwandlung von Stoffen

Wärmeabgabe

Aktivierung, z. B. Entzünden

Aktivierung als Reaktionsbedingung

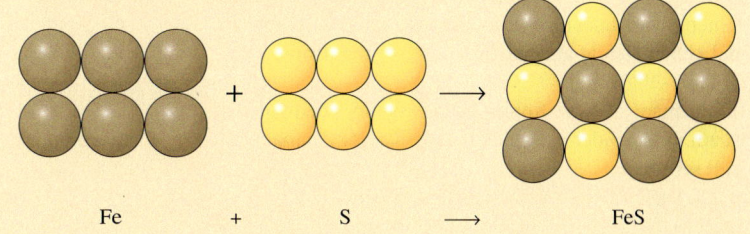

Fe   +   S $\longrightarrow$ FeS

Veränderung von Teilchen bei einer chemischen Reaktion

Basiskonzept Energie

Ohne Benzin läuft im Auto kein Motor. Im Benzin ist chemische Energie gespeichert und die wird durch Verbrennung in andere Energieformen umgewandelt. Das Auto setzt sich in Bewegung.
Bei vielen chemischen Reaktionen wird Wärme freigesetzt, bei anderen Reaktionen muss ständig Wärme zugeführt werden. Auch Lichterscheinungen kannst du häufig beobachten. Chemikerinnen und Chemiker müssen sich damit auskennen, wenn ihre Experimente gelingen sollen.

Wichtige Inhalte des Basiskonzepts:
– Energetische Erscheinungen bei chemischen Reaktionen
– Energieumwandlung bei chemischen Reaktionen
– Beeinflussbarkeit chemischer Reaktionen durch den Einsatz von Katalysatoren

Energetische Erscheinungen bei einer chemischen Reaktion

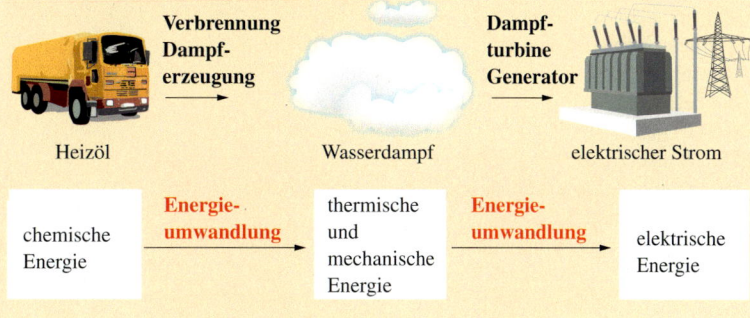

Heizöl

Verbrennung Dampferzeugung

Wasserdampf

Dampfturbine Generator

elektrischer Strom

| chemische Energie | Energieumwandlung | thermische und mechanische Energie | Energieumwandlung | elektrische Energie |

Energieumwandlungen bei einer chemischen Reaktion

Lösungen zu den Check-up-Aufgaben

Kohlenstoff und Carbonate (Seite 28)

1 a) Graphit, Diamant, Fullerene
b) Im Graphit sind die Kohlenstoffatome schichtartig angeordnet. Innerhalb einer Schicht sind sie in Sechsecken angeordnet.
Im Diamant sind die Kohlenstoffatome mit vier weiteren Kohlenstoffatomen zu einem Riesenmolekül verbunden. In Fullerenen sind die Kohlenstoffatome in Fünf- und Sechsecken angeordnet, die z.B. eine Hohlkugel bilden.

2 Im Grafit sind die Kohlenstoffatome nur innerhalb der jeweiligen Schicht fest miteinander verbunden. Die einzelnen Schichten sind nur locker miteinander verbunden und können leicht aneinander vorbeigleiten. Daher ist Graphit sehr weich.
Im Diamant sind die Kohlenstoffatome über den ganzen Raum miteinander verbunden, daher ist der Diamantkristall sehr hart.

3 a) $C(s) + O_2(g) \longrightarrow CO_2(g)$ | exotherm
$2\,C(s) + O_2(g) \longrightarrow 2\,CO(g)$ | exotherm
b) Kohlenstoffdioxid (CO_2): bei Raumtemperatur gasförmig, farblos, geruchlos, ungiftig, nicht brennbar, löslich in Wasser, größere Dichte als Luft, Siedetemperatur $\vartheta_V = -78{,}5\,°C$
Kohlenstoffmonooxid (CO): bei Raumtemperatur gasförmig, farblos, geruchlos, giftig, hochentzündlich, in Wasser schlecht löslich, etwa gleiche Dichte wie Luft, Schmelztemperatur $\vartheta_S = -205\,°C$, Siedetemperatur $\vartheta_V = -192\,°C$
c) Beim Verbrennen von Holzkohle in Innenräumen kann es durch Sauerstoffmangel zur Bildung von Kohlenstoffmonooxid kommen.

4 Auf den unbekannten Stoff wird verdünnte Salzsäure getropft. Bildet sich dabei ein Gas, das mit Bariumhydroxidlösung oder mit Calciumhydroxidlösung durch den sich bildenden weißen Niederschlag als Kohlenstoffdioxid nachgewiesen wird, handelt es sich bei dem Stoff um ein Carbonat.

5 $CO_2(g) + H_2O(l) \rightarrow H_2CO_3(aq)$

6 Für den Nachweis wird Kohlenstoffdioxid z.B. in Calciumhydroxidlösung geleitet. Es bildet sich ein weißer Niederschlag.
$Ca(OH)_2(aq) + CO_2(g) \rightarrow CaCO_3(s) + H_2O(l)$

7 Haushaltsessig enthält Essigsäure. Diese reagiert mit dem abgelagerten Carbonat zu einem wasserlöslichen Salz und Kohlenstoffdioxid.

8 Calciumhydrogencarbonat entsteht z.B., wenn Regenwasser durch kalkhaltiges Gestein sickert. Die im Regenwasser befindliche Kohlensäure reagiert mit dem Calciumcarbonat unter Bildung von Calciumhydrogencarbonat.

9 Im Kalkstein ist Kohlenstoff als Calciumcarbonat chemisch gebunden. Durch das Kalkbrennen gelangt der Kohlenstoff als Kohlenstoffdioxid in die Atmosphäre. Beim Abbinden von Kalkmörtel wird das Kohlenstoffdioxid aus der Atmosphäre entfernt und der der Kohlenstoff wieder als Calciumcarbonat gebunden.

10 a) Calciumcarbonal + Salzsäure
$\rightarrow$ Calciumchloridlösung + Kohlenstoffdioxid + Wasser
$CaCO_3(s) + 2\,H^+(aq) + 2\,Cl^-(aq)$
$\qquad \rightarrow Ca^{2+}(aq) + 2\,Cl^-(aq) + CO_2(g) + H_2O(l)$

b) Gesucht: $V(CO_2)$
Gegeben: $m_1(\text{Tauchsieder}) = 512{,}6\,g$
$m_2(\text{Tauchsieder}) = 509{,}4\,g$
$M(CaCO_3) = 100\,g/mol$ ($\uparrow$ Tabellenwerk)
$V_m = 22{,}4\,l/mol$
Lösung: $m(CaCO_3) = m_1(\text{Tauchsieder})$
$\qquad\qquad\qquad\qquad - m_2(\text{Tauchsieder})$
$m(CaCO_3) = 512{,}6\,g - 509{,}4\,g = 3{,}2\,g$

$$\frac{V(CO_2)}{m(CaCO_3)} = \frac{n(CO_2) \cdot V_m}{n(CaCO_3) \cdot M(CaCO_3)}$$

$$V(CO_2) = \frac{n(CO_2) \cdot V_m \cdot m(CaCO_3)}{n(CaCO_3) \cdot M(CaCO_3)}$$

$$V(CO_2) = \frac{1\,mol \cdot 22{,}4\,l/mol \cdot 3{,}2\,g}{1\,mol \cdot 100\,g/mol}$$

$V(CO_2) = 0{,}721 = 720\,ml$

Ergebnis: Beim Entkalken des Tauchsieders sind 720 ml Kohlenstoffdioxid entstanden.

c) Gesucht: $m(H_2O)$
Gegeben: $m_1(\text{Tauchsieder}) = 512{,}6\,g$
$m_2(\text{Tauchsieder}) = 509{,}4\,g$
$M(CaCO_3) = 100\,g/mol$ ($\uparrow$ Tabellenwerk)
$M(H_2O) = 18\,g/mol$ ($\uparrow$ Tabellenwerk)
Lösung: $m(CaCO_3) = m_1(\text{Tauchsieder})$
$\qquad\qquad\qquad\qquad - m_2(\text{Tauchsieder})$
$m(CaCO_3) = 512{,}6\,g - 509{,}4\,g = 3{,}2\,g$

$$\frac{m(H_2O)}{m(CaCO_3)} = \frac{n(H_2O) \cdot M(H_2O)}{n(CaCO_3) \cdot M(CaCO_3)}$$

$$m(H_2O) = \frac{n(H_2O) \cdot M(H_2O) \cdot m(CaCO_3)}{n(CaCO_3) \cdot M(CaCO_3)}$$

$$m(H_2O) = \frac{1\,mol \cdot 18\,g/mol \cdot 3{,}2\,g}{1\,mol \cdot 100\,g/mol}$$

$m(H_2O) = 0{,}58\,g = 580\,mg$

Ergebnis: Beim Entkalken des Tauchsieders sind 580 mg Wasser entstanden.

Erdgas und Erdöl (Seite 42)

1 Erdöl findet man innerhalb der Lagerstätten. Nach der Förderung wird es von Gas, Sand und Wasser gereinigt und man erhält das Rohöl.

2 a) Die Entstehung des Erdöls fand innerhalb des Muttergesteins aus dem darin enthaltenen organischen Material statt. Durch den immer höheren Druck wurde das Muttergestein zusammengepresst, worauf die flüssigen Kohlenwasserstoffe aufgrund ihrer geringen Dichte nach oben stiegen und dort beispielsweise eine Erdöllagerstätte bildeten.

b) Erdöl besteht aus Kohlenwasserstoffen. Damit diese verbrennen können, müssen sie in bestimmten Anteilen im Gemisch mit Sauerstoff in der Luft vorhanden sein. Je höher die Temperatur ist, desto höher ist auch der Anteil an Kohlenwasserstoffen in der Luft über dem Erdöl und es bildet sich ein brennbares Gas-Luft-Gemisch.

c) Die Viskosität von Erdöl ist hauptsächlich auf die Van-der-Waals-Kräfte zurückzuführen und ist somit ein direktes Maß für diese Kräfte. Diese zwischenmolekularen Kräfte sind im Allgemeinen umso weniger wirksam, je schneller die Moleküle sich bewegen, weshalb die Viskosität bei Temperaturerhöhung abnimmt. Die Kettenlänge ist hier unerheblich, da es sich um denselben Stoff handelt. Kaltes Erdöl hat daher eine höhere Viskosität als warmes.

3 a) Die Rohölfraktionen unterscheiden sich z. B. in ihrer Schmelz- und Siedetemperatur sowie in ihrer Viskosität (Zähigkeit). Dies hängt mit dem Anteil kurz- bzw. langkettiger Kohlenwasserstoffmoleküle in den unterschiedlichen Rohölfraktionen zusammen. Je größer die Kettenlänge eines Kohlenwasserstoffmoleküls ist, desto größer sind die Anziehungskräfte (Van-der-Waals-Kräfte) zwischen ihnen. Damit steigen dann auch z. B. Schmelz- und Siedetemperatur sowie Viskosität der Rohölfraktion.

b) Das Rohöl wird zunächst einer fraktionierten Destillation unterzogen. Anschließend werden die hochsiedenden Fraktionen (Fraktionen mit Kohlenwasserstoffen aus langkettigen Molekülen) einem Crackverfahren unterzogen, um den Anteil kurzkettiger Kohlenwasserstoffe zu erhöhen. Durch Reformieren wird die Octanzahl des Benzins erhöht. Abschließend werden dem Benzin noch Additive hinzugegeben, um die Eigenschaften des Kraftstoffs zu optimieren.

c) Der Destillationsturm ist durch sogenannte Glockenböden stockwerkartig unterteilt, auf denen unterschiedliche Temperaturen herrschen. Auf dem untersten ist es am heißesten, auf dem obersten am kältesten. Die verdampften Bestandteile steigen im Destillationsturm empor, kühlen sich ab und kondensieren etwas unterhalb ihrer Siedetemperatur auf den verschiedenen Glockenböden des Destillationsturms wieder. Das Kondensat fließt durch den Überlauf in den darunterliegenden Glockenboden zurück. Stoffe mit niedrigerer Siedetemperatur verdampfen dann erneut. Dadurch wird eine optimale Trennung der Fraktionen erreicht. Da die Temperatur von unten nach oben abnimmt, reichern sich niedrig siedende Kohlenwasserstoffe oben an, unten sammeln sich die Kohlenwasserstoffe mit den hohen Siedetemperaturen. Die auf den verschiedenen Glockenböden entstehenden Fraktionen werden von dem jeweiligen Boden in Vorratsbehälter abgeleitet.

d) Die heißen Rohöldämpfe steigen durch spezielle Durchlässe des Glockenbodens nach oben. Die Enden der sich darüber befindenden Überwurfglocke ragen in das sich auf dem Glockenboden angesammelte Kondensat hinein, sodass der Rohöldampf durch das Kondensat perlen muss. Der Dampf gibt dabei die weniger flüchtigen, hoch siedenden Verbindungen an die Flüssigkeit ab und nimmt aus ihr die leichter flüchtigen, niedrig siedenden Substanzen mit. Ein Teil des Dampfes kondensiert dabei auf diesem Glockenboden. Die noch gasförmig gebliebenen Stoffe steigen in den nächsthöheren Glockenboden auf, wo sich der Vorgang wiederholt.

e) Der Rückstand enthält einen hohen Anteil langkettiger Kohlenwasserstoffe. Er ist zu wertvoll, um ihn zu verwerfen.

f) Bei beiden Crackverfahren werden aus langkettigen Molekülen der Kohlenwasserstoffe durch Aufspaltung Moleküle mit kürzerer Kettenlänge gewonnen. Während beim thermischen Cracken die Kohlenwasserstoffmoleküle erst bei hohem Druck und sehr hoher Temperatur gespalten werden, gelingt dies beim katalytischen Cracken energiesparender unter Verwendung eines Katalysators bei niedrigerem Druck und niedrigerer Temperatur. Der Katalysator setzt die Aktivierungsenergie herab, sodass die Spaltung bei niedrigerer Temperatur stattfinden kann. Zudem laufen die Reaktionen mit Katalysator schneller ab.

g) Bitumen ist ein Gemisch von Stoffen mit sehr langkettigen Molekülen. Bitumen fällt bei der fraktionierten Vakuumsdestillation als Rückstand mit einem Siedebereich von mehr als 500 °C an und wird als Straßenbelag oder für Dachanstriche genutzt.

h) Z. B.: Superbenzin, Lösemittel, Waschbenzin, Heizöl, Schmiermittel, Herstellung von Kerzen oder Salben, Straßenbelag

4 a) Z. B.: Treibstoff für Erdgasfahrzeuge, in der Strom- und Wärmeproduktion, zur Lichterzeugung in Erdgaslampen

b) Zum Speichern von Erdgas werden entweder Poren- oder Kavernenspeichern genutzt.

Kavernenspeicher sind Hohlräume in ehemaligen Salzlagerstätten. In ihnen wird Erdgas unter Druck gespeichert.

In Porenspeichern nutzt man aus, dass Erdgas in porösem Gestein schwammähnlich aufgenommen wird. Porenspeicher sind natürliche Lagerstätten. Nach oben dichtet eine geschlossene, dichte Gesteinsschicht den Speicher ab.

c) Für Erdgas ergeben sich bei der Nutzung als Brennstoff gegenüber Erdöl viele Vorteile. Es hat einen höheren Heizwert als Erdöl, verbrennt ruß- und schadstoffärmer als Erdöl und es ist vergleichsweise leicht zu fördern und über Pipelines zu transportieren. Oft kommt das Erdgas zusammen mit Erdöl vor und ist wie dieses weltweit zu finden. Erdgas hat den geringsten Kohlenstoffanteil und setzt bei seiner Verbrennung daher auch weniger klimaschädliches Kohlenstoffdioxid frei. Weiterhin machen seine für die nächsten Jahrzehnte noch große Verfügbarkeit das Erdgas für die Zukunft interessant.

d) Absterben von Kleinstlebewesen des Meerwassers → Absinken auf den Meeresgrund → Faulschlammbildung unter Luftabschluss → Überlagerung durch Sand und Ton → Umwandlung des organischen Materials durch anaerobe Bakterien zu einfachen Kohlenwasserstoffen → Bildung einer Erdgasblase in der Lagerstätte oder gemeinsames Vorkommen im Erdöl gelöst.

e) Erdgas ist ein fossiler Energieträger, da Erdgas aus Biomasse, die vor Jahrmillionen abgestorben ist und durch geologische Prozesse umgewandelt wurde, entstanden ist. Im Erdgas sind daher große Mengen Sonnenenergie früherer Zeiten in Form von chemischer Energie gespeichert, die heute nutzbar gemacht werden kann.

5 a) Die Aussage ist falsch, denn die Dichte der einzelnen Stoffe im Erdöl ist für die Trennung in der fraktionierten Destillation unerheblich. Es werden die unterschiedlichen Siedetemperaturen der Stoffe im Stoffgemisch Erdöl genutzt.

b) Die Aussage ist korrekt, denn die Fraktionen besitzen verschiedene Siedebereiche, sodass sie auf den jeweiligen Glockenböden entsprechend ihrer Siedetemperatur kondensieren.

c) Die Aussage ist falsch, denn bei der fraktionierten Destillation ist die Siedetemperatur von Bedeutung und nicht die Schmelztemperatur, da die Stoffe gasförmig sein müssen, um im Destillationsturm nach oben zu steigen.

d) Die Aussage ist falsch, denn die Temperatur im Destillationsturm sinkt von unten nach oben. Auf den unteren Glockenböden kondensieren die Stoffe mit einer hohen Siedetemperatur. Die Stoffe mit einer niedrigen Siedetemperatur – die leichter siedenden Erdölbestandteile – können im Destillationsturm weiter nach oben steigen.

6 a) Da die mittlere Temperatur auf der Erde konstant bleibt, muss die Energie, die auf die Erdoberfläche auftrifft, auch vollständig wieder abgestrahlt werden. Durch Eingriffe des Menschen (massive Verbrennung fossiler Brennstoffe, Brandrodung von tropischen Regenwäldern, Nutzung treibhausrelevanter Spurengase) wurde dieses Gleichgewicht jedoch verändert. Durch die Zunahme der Treibhausgase (Kohlenstoffdioxid, Distickstoffoxid, Methan, FCKW und andere) kam es zu einer langsamen Erwärmung der Troposphäre, die über den natürlichen Treibhauseffekt hinausgeht. Diese beruht auf einer Erhöhung der Absorption von Wärmestrahlung in der Atmosphäre.

b) Die auf die Erde treffende Sonnenstrahlung wird absorbiert und erwärmt die Oberfläche. Ein Teil dieser Wärmestrahlung wird aber wieder in das Weltall abgegeben. Wasserdampf, Kohlenstoffdioxid und andere Spurengase, z. B. Methan und Distickstoffoxid, besitzen die Eigenschaft, wie das Glasdach eines Treibhauses die Reflexion der Strahlung zu verzögern. Das kurzwellige und daher energiereichere, von der Sonne abgestrahlte Licht lassen die Treibhausgase jedoch passieren. Die Folge dieser ungleichen Energiebilanz ist die Erwärmung unserer Atmosphäre. Ohne diesen natürlichen Treibhauseffekt betrüge die Temperatur auf der Erde nur etwa $-18\,°C$. Der natürliche Treibhauseffekt beruht zu zwei Dritteln auf Wasserdampf, zu einem Viertel auf Kohlenstoffdioxid und zu etwa einem Zehntel auf den restlichen Spurengasen. Da die mittlere Temperatur auf der Erde konstant bleibt, muss die Energie, die auf die Erdoberfläche auftrifft, auch wieder vollständig abgestrahlt werden.

c) Offene Aufgabenstellung
Relevant sind die Möglichkeiten, die z. B. für eine Verringerung der Treibhausgasemission sorgen können: Möglichkeiten sind z. B.: Umweltbewusstes Fahren (beim Anfahren schnelles Hochschalten, hohe Drehzahlen vermeiden, auf Landstraßen oder Autobahnen stets im höchsten Gang fahren, auch im Stadtverkehr einen hohen Gang benutzen, gleichmäßig fahren und nicht zwischen ständiger Beschleunigung und häufigem Bremsen wechseln, bei längeren Pausen immer den Motor abstellen, z. B. an beschrankten Bahnübergängen, im Stau…, Klimaanlage nicht unnötig betreiben, Motor nicht im Stand warm laufen lassen, bei Kurzstrecken z. B. das Fahrrad nutzen), nicht benutzte Geräte im Haushalt ausschalten (Strom sparen), sinnvolles Lüften der Wohnung und damit unnötiges Entweichen von Wärme vermeiden, Türen geschlossen halten, Fahrrad oder bei größeren Strecken öffentliche Verkehrsmittel benutzen…

d) Bei einer Ölkatastrophe bildet sich auf dem Wasser ein Ölfilm, der sich sehr schnell ausbreitet. Dies beruht darauf, dass sich Öl in Wasser nicht löst und sich auf Wasser sehr schnell verteilt. Auch geringe Ölmengen können daher einen großen „Ölteppich" verursachen. Daher ist das schnelle Errichten einer Ölsperre notwendig, bevor der Ölteppich zu groß geworden ist.

Kohlenwasserstoffe (Seite 72)

1 a) Element Kohlenstoff

b) Das Kohlenstoffatom ist vierbindig. Kohlenstoffatome verfügen über die Eigenschaft, sich durch Atombindung miteinander zu verbinden. So kann sich eine unbegrenzte Anzahl organischer Verbindungen bilden.

c) Kohlenstoffdioxid lässt sich mit Kalkwasser nachweisen. Dabei bildet sich Calciumcarbonat, ein weißes, schwer lösliches Salz.
Wasser kann mit weißgrauem Kupfersulfat, das mit Wasser zu blauem Kupfersulfat reagiert, nachgewiesen werden.

2 a) Vorkommen: in Sumpfgas, Erdgas, Biogas, Klär- und Faulgas, Grubengas
Bedeutung: Heizgas, Kraftstoff und Rohstoff für die chemische Industrie
b) Steckbrief Methan

Farbe:	farblos
Geruch:	geruchlos
Aggregatzustand:	gasförmig
Dichte:	$0,72\,g \cdot l^{-1}$
Schmelztemperatur:	$-182\,°C$
Siedetemperatur:	$-161\,°C$
Brennbarkeit:	brennt mit bläulicher Flamme; Methan-Luft-Gemische sind explosiv
Löslichkeit:	in Wasser schwer löslich, gut in organischen Lösemitteln

c)
$$H-\overset{\displaystyle H}{\underset{\displaystyle H}{C}}-H$$

Im Methanmolekül sind die vier Wasserstoffatome jeweils über eine Elektronenpaarbindung mit dem Kohlenstoffatom verbunden. Nach dem Elektronenpaarabstoßungsmodell ordnen sich die Atome tetraederförmig an. Im Zentrum des Tetraeders befindet sich das Kohlenstoffatom, an den vier Ecken sind die Wasserstoffatome.

3 a) Homologe Reihe: Reihe chemisch ähnlicher Verbindungen, bei denen sich die Moleküle aufeinanderfolgender Glieder stets um eine CH_2-Gruppe unterscheiden.

b) C_7H_{16} Heptan
$$H-\overset{H}{\underset{H}{C}}-\overset{H}{\underset{H}{C}}-\overset{H}{\underset{H}{C}}-\overset{H}{\underset{H}{C}}-\overset{H}{\underset{H}{C}}-\overset{H}{\underset{H}{C}}-\overset{H}{\underset{H}{C}}-H$$

$C_{10}H_{22}$ Decan
$$H-\overset{H}{\underset{H}{C}}-\overset{H}{\underset{H}{C}}-\overset{H}{\underset{H}{C}}-\overset{H}{\underset{H}{C}}-\overset{H}{\underset{H}{C}}-\overset{H}{\underset{H}{C}}-\overset{H}{\underset{H}{C}}-\overset{H}{\underset{H}{C}}-\overset{H}{\underset{H}{C}}-\overset{H}{\underset{H}{C}}-H$$

C_5H_{12} Pentan
$$H-\overset{H}{\underset{H}{C}}-\overset{H}{\underset{H}{C}}-\overset{H}{\underset{H}{C}}-\overset{H}{\underset{H}{C}}-\overset{H}{\underset{H}{C}}-H$$

c) $C_{11}H_{24}$; $C_{19}H_{40}$; $C_{24}H_{50}$
Gemeinsame Eigenschaften: leiten den elektrischen Strom nicht, sind hydrophob, nicht mit Wasser mischbar
Unterschiedliche Eigenschaften: Aggregatzustände, Schmelz- und Siedetemperaturen, Dichte, Viskosität, Entzündungstemperaturen

4 Bei der Reaktion von Octan mit Brom wird ein Wasserstoffatom eines Octanmoleküls gegen ein Bromatom eines Brommoleküls ausgetauscht. Es entstehen ein Bromoctanmolekül und ein Bromwasserstoffmolekül. Dass die Reaktion abgelaufen ist, lässt sich daran erkennen, dass die braune Farbe des Broms verschwindet und dass das feuchte Indikatorpapier mit dem farblosen Gas Bromwasserstoff eine saure Reaktion (Rotfärbung) anzeigt.
$$C_8H_{18}\,(l) + Br_2\,(g) \longrightarrow C_8H_{17}Br\,(l) + HBr\,(g)$$

5 a) Das Ethenmolekül enthält 2 Kohlenstoffatome und 4 Wasserstoffatome. Der Zusammenhalt der Kohlenstoffatome wird durch 2 gemeinsame Elektronenpaare bewirkt. Im Ethenmolekül liegt zwischen den beiden Kohlenstoffatomen eine Doppelbindung vor. Alle Atome des Ethenmoleküls liegen in einer Ebene. Die Bindungswinkel H–C–H und H–C–C betragen 120°.
b) Ethen gehört zur Stoffklasse der Alkene.
Beispiele: Propen, But-1-en, Hex-1-en

6 Benzin mit Bromwasser prüfen; Entfärbung gelingt nur bei Anwesenheit ungesättigter Kohlenwasserstoffe.

7 a) Die Octanzahl (OZ) ist ein Maß für die Klopffestigkeit eines Ottokraftstoffs. Je größer die Octanzahl ist, desto größer ist der Anteil stark verzweigter Moleküle und desto klopffester ist der Kraftstoff. OZ 98 bedeutet, dass sich der Kraftstoff wie ein Gemisch aus 98% Isooctan und 2% Heptan verhält.
b) Super-Benzin enthält einen größeren Anteil an unverzweigten Kohlenwasserstoffen als Super-Plus-Benzin und ist daher weniger klopffest. Der Motor würde auf Dauer Schaden nehmen, da sein Zündverhalten auf hochoctaniges Benzin abgestimmt ist. Das Klopfen ist schädlich für den Motor, da es auf Dauer zu stark erhöhtem Materialverschleiß bis hin zur Zerstörung des Motors führen kann. Ein einmaliges Versehen ist nicht extrem schädlich, man sollte aber schnell nachtanken, um den Anteil des Kraftstoffs mit höherer Octanzahl wieder zu erhöhen.

8 Gesättigte Kohlenwasserstoffe: Die Moleküle enthalten nur Einfachbindungen zwischen den Kohlenstoffatomen. In den Molekülen sind alle Kohlenstoffatome mit der größtmöglichen Anzahl Wasserstoffatome verbunden.
Ungesättigte Kohlenwasserstoffe: Die Moleküle enthalten mindestens eine Doppelbindung (oder eine Dreifachbindung) zwischen zwei Kohlenstoffatomen. Die Moleküle enthalten weniger Wasserstoffatome, als sie aufgrund der möglichen Anzahl an Atombindungen binden könnten.
Gesättigte Kohlenwasserstoffe: 2-Methylbutan, n-Hexan, 2,3-Dimethylnonan
Ungesättigte Kohlenwasserstoffe: Hept-2-in, Pent-1-en, Octadec-3-en

9 a) Es entstehen 1,2-Dichlorpropan und 2-Chlorpropan. Es handelt sich um Halogenderivate der Alkane, also um Halogenalkane.

b) Additionsreaktionen

c)
$$\underset{H}{\overset{H}{\text{C}}}=\underset{\ }{\overset{H}{\text{C}}}-\underset{H}{\overset{H}{\text{C}}}-\text{H} + \text{Cl}_2 \longrightarrow \text{Cl}-\underset{H}{\overset{H}{\text{C}}}-\underset{Cl}{\overset{H}{\text{C}}}-\underset{H}{\overset{H}{\text{C}}}-\text{H}$$

$$\underset{H}{\overset{H}{\text{C}}}=\underset{\ }{\overset{H}{\text{C}}}-\underset{H}{\overset{H}{\text{C}}}-\text{H} + \text{H}_2 \longrightarrow \text{H}-\underset{H}{\overset{H}{\text{C}}}-\underset{H}{\overset{H}{\text{C}}}-\underset{H}{\overset{H}{\text{C}}}-\text{H}$$

10 Hydrierung heißt Anlagerung von Wasserstoff. Dehydrierung ist die Umkehrung der Hydrierung, also die Abspaltung von Wasserstoff.
Hydrierung von Propen: Bei dieser Reaktion lagert sich das Wasserstoffmolekül an die Kohlenstoffatome der Doppelbindung im Propenmolekül an. Als Reaktionsprodukt bildet sich Propan. Die Propanmoleküle enthalten nur Einfachbindungen. Es handelt sich um eine Additionsreaktion.
Dehydrierung von Propan: Bei dieser Reaktion wird aus einem Propanmolekül ein Wasserstoffmolekül abgespalten. Als Reaktionsprodukte bilden sich Propen und Wasserstoff. Die Propenmoleküle enthalten zwischen zwei Kohlenstoffatomen eine Doppelbindung. Es handelt sich um eine Eliminierungsreaktion.

11 a) Polyethylen: Ausgangsstoff Ethen
Polypropylen: Ausgangsstoff Propen
b) Reaktionsart: Polymerisation
Mithilfe geeigneter Katalysatoren reagieren Propenmoleküle untereinander. Dabei brechen die Doppelbindungen der Propenmoleküle auf. Es entstehen langkettige Moleküle – Makromoleküle. In diesen sind die Kohlenstoffatome durch Einfachbindung miteinander verbunden. Der so entstandene neue Stoff ist Polypropylen.
Die fortlaufende Addition von vielen Propenmolekülen wird als Polymerisation bezeichnet.

Alkohol – mehr als nur zum Trinken (Seite 92)

1 a) Verwendung als Lösemittel in Laboren, in der Kosmetik, in der Industrie, bei der Arzneimittelherstellung und im Haushalt, Verwendung in alkoholischen Getränken, als Kraftstoff und als Kraftstoffzusatz
b) – Verwendung als Kraftstoff: brennbar
– Verwendung als Lösemittel: gut mit Wasser, aber auch mit unpolaren Stoffen mischbar
– Verwendung als Trinkalkohol: angenehmer Geschmack in alkoholischen Getränken

2 a) Zuckerhaltige Lösungen (z. B. Fruchtsäfte) werden in Gärgefäße gegeben und unter Luftabschluss vergoren. Enzyme wirken dabei als Biokatalysatoren.
b)
$$\text{C}_6\text{H}_{12}\text{O}_6 \text{ (aq)} \xrightarrow{\text{Enzyme}} 2 \text{ C}_2\text{H}_5\text{OH (l)} + 2 \text{ CO}_2 \text{ (g)}$$
c) Durch Gärung hergestellter Alkohol kann max. 18 % Ethanol enthalten, da bei einer höheren Konzentration die Hefebakterien absterben.

3 a) Regelmäßiger Alkoholkonsum kann zur Abhängigkeit führen. Die Nervenzellen reagieren bei regelmäßiger Alkoholaufnahme mit der Bildung zusätzlicher Rezeptoren. Außerdem erhöht sich die Geschwindigkeit des Alkoholabbaus in der Leber. Die Toleranz gegenüber Alkohol steigt erheblich. Der Körper benötigt bald mehr Alkohol als früher, um die gleiche Wirkung zu erreichen. Das kann unbewusst zu einer psychischen Abhängigkeit führen, die in eine physische Abhängigkeit übergeht. Der Mensch ist süchtig nach Alkohol, er ist alkoholkrank.
b) Kurzfristig: angenehmes Gefühl, Erregtheit mit aufsteigender Hitze, Gesichtsrötung, Verminderung der Selbsteinschätzung und Gefahr der Selbstüberschätzung, Störung der Motorik und Einschränkung des Gesichtsfeldes
Langfristig: Störung des Gleichgewichtssinns, Verminderung der Konzentrations- und Merkfähigkeit, Zerstörung von Gehirnzellen, Schädigung von Nervenbahnen, Erhöhung der Hauttemperatur und damit Möglichkeit der Auskühlung, Gefäßerweiterungen, Herzprobleme und erhöhter Blutdruck, Fettleber und Leberzirrhose, Schädigungen der Magenschleimhaut, Magengeschwüre, Nierenschädigung
Besonders gefährlich für Entwicklung der Embryonen im Mutterleib sowie für Kinder und Jugendliche, deren körperliche und geistige Entwicklung stark beeinträchtigt werden kann.

4 a) Methanol: CH_3-OH
Ethanol: $\text{CH}_3-\text{CH}_2-\text{OH}$
Propanol: $\text{CH}_3-\text{CH}_2-\text{CH}_2-\text{OH}$
Butanol: $\text{CH}_3-\text{CH}_2-\text{CH}_2-\text{CH}_2-\text{OH}$
b) Eine homologe Reihe ist eine Reihe ähnlicher organischer Verbindungen, bei denen sich die Moleküle der aufeinanderfolgenden Glieder jeweils um eine CH_2-Gruppe unterscheiden. Ihre chemischen Eigenschaften stimmen infolge gleicher Strukturmerkmale weitgehend überein.
Die Alkanole haben übereinstimmende Strukturmerkmale: kettenförmig, Kohlenstoff-Kohlenstoff-Einfachbindungen, eine Hydroxylgruppe im Molekül.
Die Glieder der homologen Reihe der Alkanole unterscheiden sich jeweils um eine CH_2-Gruppe.
Die chemischen Eigenschaften stimmen weitgehend überein: brennbar, können dehydriert werden, reagieren mit Säuren.
c) Alle Glieder haben eine Hydroxylgruppe im Molekül: Alkanole reagieren deshalb mit Natrium zu Alkanolaten und Wasserstoff sowie mit Säuren zu Estern.
Hydroxylgruppe bewirkt Polarität: Dadurch gibt es Wasserstoffbrücken zwischen den Molekülen, die höhere Siedetemperaturen im Vergleich zu den Alkanen bewirken.
Bei längerkettigen Alkanolen überwiegt der Einfluss der unpolaren Alkylreste: Deshalb sind kurzkettige Alkanole gut in polaren Stoffen löslich, langkettige dagegen gut in

unpolaren. Durch Zunahme der Kettenlänge ändert sich der Aggregatzustand der Glieder von dünnflüssig über ölig zu fest (ab $C_{12}H_{25}OH$).

5 a) Ethan-1,2-diol (Glykol), Propanol, Propanal

b) Die Moleküle aller drei Stoffe sind kettenförmig, alle Kohlenstoffatome sind untereinander durch Einfachbindungen verbunden.

Ethan-1,2-diol hat zwei Hydroxylgruppen im Molekül: zweiwertiger Alkohol.

Propanol hat eine Hydroxylgruppe im Molekül: Alkanol.

Propanal hat eine Aldehydgruppe im Molekül: Alkanal.

6 a) $CH_3-CH_2-OH \longrightarrow CH_3-CHO + H_2$

b) Dehydrierung ist eine chemische Reaktion, bei der aus einem Molekül des Ausgangsstoffs mindestens ein Molekül Wasserstoff abgespalten wird. Dabei entstehen mindestens zwei Reaktionsprodukte.

Hier wird aus einem Molekül Ethanol ein Molekül Wasserstoff abgespalten. Als weiteres Produkt entsteht ein Molekül Ethanal.

c) Gesucht: $m(CH_3CHO)$; $V(H_2)$

Gegeben: $m(CH_3CH_2OH) = 100\,g$;
$M(CH_3CH_2OH) = 46\,g/mol$;
$M(CH_3CHO) = 44\,g/mol$;
$V_m = 22,4\,l/mol$

Lösung: $n(CH_3CHO) = n(CH_3CH_2OH)$

$$n(CH_3CHO) = \frac{m(CH_3CHO)}{M(CH_3CHO)}$$

$$n(CH_3CH_2OH) = \frac{m(CH_3CH_2OH)}{M(CH_3CH_2OH)}$$

$$\frac{m(CH_3CHO)}{M(CH_3CHO)} = \frac{m(CH_3CH_2OH)}{M(CH_3CH_2OH)}$$

$$m(CH_3CHO) = \frac{m(CH_3CH_2OH) \cdot M(CH_3CHO)}{M(CH_3CH_2OH)}$$

$$m(CH_3CHO) = \frac{100\,g \cdot 44\,g/mol}{46\,g/mol}$$

$$m(CH_3CHO) = 95,7\,g$$

$$n(CH_3CH_2OH) = n(H_2)$$

$$n(CH_3CH_2OH) = \frac{m(CH_3CH_2OH)}{M(CH_3CH_2OH)}$$

$$n(H_2) = \frac{V(H_2)}{V_m}$$

$$V(H_2) = \frac{m(CH_3CH_2OH) \cdot V_m}{M(CH_3CH_2OH)}$$

$$V(H_2) = \frac{100\,g \cdot 22,4\,l/mol}{46\,g/mol}$$

$$V(H_2) = 48,7\,l$$

Ergebnis: Bei der vollständigen Dehydrierung von 100 g Ethanol bilden sich 95,7 g Ethanal und 48,7 l Wasserstoff.

7 a) Gesucht: $m(Wasser)$

Gegeben: $V(\text{Alkohol flamb.}) = 0,1\,l$
$\varphi(Ethanol) = 40\,\% = 0,4$
$\varrho(Ethanol) = 0,79\,g/cm^3$
$M(CH_3CH_3OH) = 46\,g/mol$
$M(H_2O) = 18\,g/mol$
Reaktionsgleichung der Verbrennung von Ethanol:
$C_2H_5OH\,(l) + 3\,O_2\,(g) \rightarrow 2\,CO_2\,(g) + 3\,H_2O\,(l)$

Lösung: $$\varphi(Ethanol) = \frac{V(Ethanol)}{V(\text{Alkohol flamb.})}$$

$$V(Ethanol) = \varphi(Ethanol) \cdot V(\text{Alkohol flamb.})$$

$$V(Ethanol) = 0,4 \cdot 0,1\,l = 0,04\,l = 40\,ml$$

$$\varrho(Ethanol) = \frac{m(Ethanol)}{V(Ethanol)}$$

$$m(Ethanol) = \varrho(Ethanol) \cdot V(Ethanol)$$

$$m(Ethanol) = 0,79\,g/cm^3 \cdot 40\,ml = 31,6\,g$$

In 100 ml eines zum Flambieren genutzten Alkohols mit $\varphi\,(Ethanol) = 40\,\%$ sind 31,6 g Ethanol enthalten.

$$m(Wasser) = \frac{n(Wasser) \cdot M(Wasser) \cdot m(Ethanol)}{n(Ethanol) \cdot M(Ethanol)}$$

$$m(Wasser) = \frac{3\,mol \cdot 18\,g/mol \cdot 31,6\,g}{1\,mol \cdot 46\,g/mol}$$

$$m(Wasser) = 37,1\,g$$

Ergebnis: Wenn 100 ml eines 40%igen Alkohols beim Flambieren verbrannt werden, entsteht eine Masse von 37,1 g Wasser.

b) Gesucht: $V(Kohlenstoffdioxid)$

Gegeben: $V_m = 22,4\,l$

Lösung:

$$V(Kohlenstoffdioxid) = \frac{V(Kohlenstoffdioxid) \cdot V_m \cdot m(Ethanol)}{n(Ethanol) \cdot M(Ethanol)}$$

$$V(Kohlenstoffdioxid) = \frac{2\,mol \cdot 22,4\,l \cdot 31,6\,g}{1\,mol \cdot 46\,g/mol}$$

$$V(Kohlenstoffdioxid) = 30,78\,l$$

Ergebnis: Wenn 100 ml eines 40%igen Alkohols beim Flambieren verbrannt werden, entsteht ein Volumen von 30,78 l Kohlenstoffdioxid.

8 Vorkommen von Ethanal: Stoffwechselprodukt im pflanzlichen und tierischen Organismus; Nebenprodukt bei der alkoholischen Gärung, teilweise in Früchten und Gemüse

Bedeutung von Ethanal: Erzeugung von Kosmetika, Kunststoffen, Farben und Pharmazeutika

9

	Propan-1-ol	Propanal
Molekülbau	3 untereinander mit Einfachbindungen verbundene Kohlenstoffatome; am 1. Kohlenstoffatom 2 Wasserstoffatome und 1 Hydroxylgruppe gebunden, am 2. Kohlenstoffatom 2 Wasserstoffatome und am 3. Kohlenstoffatom 3 Wasserstoffatome gebunden	3 untereinander mit Einfachbindungen verbundene Kohlenstoffatome, am 1. Kohlenstoffatom 1 Sauerstoffatom und 1 Wasserstoffatom gebunden (das ist die Aldehydgruppe), am 2. Kohlenstoffatom 2 Wasserstoffatome und am 3. Kohlenstoffatom 3 Wasserstoffatome gebunden
funktionelle Gruppe	Hydroxylgruppe (–OH)	Aldehydgruppe (–CHO)
Vereinfachte Strukturformel	CH_3–CH_2–CH_2–OH	CH_3–CH_2–CHO

10 In ein Gefäß mit Propan-1-ol wird eine erhitzte Kupferdrahtwendel eingetaucht. Der Geruch ist vor und nach dem Eintauchen zu prüfen.

C_2H_5–CH_2OH + CuO $\longrightarrow$ C_2H_5–CHO + H_2O + Cu

Carbonsäuren (Seite 106)

1 a) Weißwein längere Zeit offen in einem warmen Raum stehen lassen.

b) Geruchsprobe, prüfen der Lösung mit Indikator auf saure Lösung, prüfen der elektrischen Leitfähigkeit.

c) $C_2H_5OH(l)$ + $O_2(g)$ $\longrightarrow$ CH_3–COOH(l) + $H_2O(l)$

2 Eigenschaften: Wasserfreie Ethansäure (Eisessig) ist eine farblose, stechend riechende und stark ätzende Flüssigkeit. Sie siedet bei 118,1 °C und erstarrt bei 16,6 °C zu klaren Molekülkristallen. Reine Ethansäure ist brennbar, leitet den elektrischen Strom nicht und löst sich gut in Wasser. Dabei entsteht verdünnte Ethansäure. Verdünnte Ethansäure riecht ebenfalls stechend und schmeckt sauer. Sie leitet den elektrischen Strom. Verdünnte Ethansäure reagiert sauer. Sie reagiert mit unedlen Metallen, Metalloxiden und Metallhydroxiden zu Salzlösungen.

Verwendung: Ethansäure wird als Speiseessig [Volumenanteil φ(Ethansäure) = 5 bis 8 %] oder Essigessenz [Volumenanteil φ(Ethansäure) = 25 %] zum Würzen, Säuern und Konservieren von Lebensmitteln verwendet.

Essigsäure und einige ihrer Salze sind wichtige Säuerungs- und Konservierungsmittel. Essig ist durch seine Bakterien tötende sowie seine Kalk und Rost lösende Wirkung auch ein altbekannter Haushaltsreiniger. Ethansäure ist Ausgangsstoff zum Herstellen von Lacken und Farben, Arzneimitteln, Lösemitteln, Kunststoffen und Kunstfasern. Sie dient zur Herstellung von Riechstoffen und ist Hilfsmittel bei der Latexherstellung. Außerdem wird sie zur Entkalkung von Häuten und als Hilfsmittel in der Textilindustrie sowie in Färbereien eingesetzt.

3 Essig und Essigsäure sind chemisch gleiche Substanzen. Reine Essigsäure besteht nur aus Essigsäuremolekülen, sie leitet deshalb den elektrischen Strom nicht und reagiert nicht sauer. Essig ist dagegen eine wässrige Lösung von Essigsäure (verdünnte Essigsäure). Deshalb enthält sie Wassermoleküle, Essigsäuremoleküle, Wasserstoff-Ionen und Acetat-Ionen. Die vorhandenen Ionen bewirken die elektrische Leitfähigkeit und die saure Reaktion des Essigs.

4 Konservendosen enthalten häufig unedle Metalle. Diese Metalle reagieren mit verdünnter Essigsäure, dem Essig, zu Metallacetaten und Wasserstoff. Das kann zum Zerstören der Dose und zur Bildung giftiger Acetate führen.

5 a) Alkansäure: Gesättigte kettenförmige Carbonsäure mit einer Carboxylgruppe im Molekül

Carbonsäure: Organischer Stoff mit mindestens einer Carboxylgruppe im Molekül

Säure: Stoff, dessen wässrige Lösung positiv elektrisch geladene Wasserstoff-Ionen enthält

b) Salzsäure und Phosphorsäure: Säuren, da die wässrigen Lösungen Wasserstoff-Ionen enthalten

Buttersäure: Säure, da wässrige Lösung Wasserstoff-Ionen enthält; Carbonsäure, da organischer Stoff mit einer Carboxylgruppe im Molekül; Alkansäure, da gesättigte, kettenförmige Carbonsäure mit einer Carboxylgruppe im Molekül

Benzoesäure: Säure, da wässrige Lösung Wasserstoff-Ionen enthält; Carbonsäure, da organischer Stoff mit einer Carboxylgruppe im Molekül

6 a) Säuren dissoziieren in Wasser; Säurelösungen reagieren mit unedlen Metallen zu Salzlösungen und Wasserstoff, Säurelösungen reagieren mit Metalloxiden zu Salzlösungen und Wasser, Säurelösungen reagieren mit Hydroxidlösungen zu Salzlösungen und Wasser.

b) Reaktion mit unedlen Metallen:

2 HCl(aq) + Zn(s) $\longrightarrow$ Zn^{2+}(aq) + 2 Cl^-(aq) + $H_2(g)$

Salzsäurelösung + Zink

$\longrightarrow$ Zinkchloridlösung + Wasserstoff

2 HCOOH(aq) + Zn(s)

$\longrightarrow$ Zn^{2+}(aq) + 2 $HCOO^-$(aq) + $H_2(g)$

Ameisensäurelösung + Zink

$\longrightarrow$ Zinkformiatlösung + Wasserstoff

Reaktion mit Metalloxiden:
$2\,HCl(aq) + ZnO(s)\ \rightarrow\ Zn^{2+}(aq) + 2\,Cl^-(aq) + H_2O(l)$
Salzsäurelösung + Zinkoxid
$\longrightarrow$ Zinkchloridlösung + Wasser

$2\,HCOOH(aq) + ZnO(s)$
$\longrightarrow Zn^{2+}(aq) + 2\,HCOO^-(aq) + H_2O(l)$
Ameisensäurelösung + Zinkoxid
$\longrightarrow$ Zinkformiatlösung + Wasser

Reaktion mit Hydroxidlösungen:
$HCl(aq) + NaOH(aq) \longrightarrow Na^+(aq) + Cl^-(aq) + H_2O(l)$
Salzsäurelösung + Natronlauge
$\longrightarrow$ Natriumchloridlösung + Wasser

$HCOOH(aq) + NaOH(aq)$
$\longrightarrow Na^+(aq) + HCOO^-(aq) + H_2O(l)$
Ameisensäurelösung + Natronlauge
$\longrightarrow$ Natriumformiatlösung + Wasser

7 a) Die Moleküle der Alkansäureester enthalten
als charakteristisches Strukturmerkmal die

Estergruppe $-\overset{\displaystyle \overset{O}{\|}}{\underset{\displaystyle |}{C}}{-}\ $.
O$-$

Reagieren z. B. Ethansäure und Ethanol zu Ethansäureethylester, ist zwischen den beiden Molekülresten der
Ausgangsstoffe die Estergruppe als Strukturmerkmal
vorhanden: $H_3C{-}CO{-}O{-}CH_2{-}CH_3$.
b) $HCOOH + C_2H_5OH \rightleftarrows HCO{-}O{-}C_2H_5 + H_2O$
c) Die Veresterung ist eine Kondensationsreaktion, da
bei dieser Reaktion Wasser gebildet wird.

8 Phosphorsäureester: Sprengstoffe und Schießpulver, zur
Herstellung von Lacken, Kunststoffen und Medikamen-
ten
Salpetersäureester: Sprengstoffe und Schießpulver, zur
Herstellung von Lacken, Kunststoffen und Medikamen-
ten
Schwefelsäureester: Hilfsstoffe für organische Synthe-
sen, zur Herstellung von Waschmitteln

9 a) Funktionelle Gruppe: Atomgruppe, die die Eigen-
schaften eines Stoffes wesentlich mitbestimmt.
b) Alkohole: funktionelle Gruppe Hydroxylgruppe
$(-OH)$
Aldehyde: funktionelle Gruppe Aldehydgruppe $(-CHO)$
Carbonsäuren: funktionelle Gruppe Carboxylgruppe
$(-COOH)$
Carbonsäureester: funktionelle Gruppe Estergruppe
$(-COO-)$

Stickstoffverbindungen (Seite 130)

1 Ein Ammoniakmolekül besteht aus 1 Stickstoffatom,
das mit 3 Wasserstoffatomen durch polare Atombindung
verbunden ist. Das Molekül besitzt Dipolcharakter.
Ein Stickstoffmolekül besteht nur aus 2 Stickstoff-
atomen. Diese sind durch Atombindung (3 Elektronenpaare) miteinander verbunden. Das Molekül ist unpolar.

2 a) $4\,NH_3(g) + 5\,O_2(g)\ \rightarrow\ 4\,NO(g) + 6\,H_2O(g)$
$|$ exotherm
b) $\overset{-3\ +1}{4\,NH_3} + \overset{\pm0}{5\,O_2}\ \rightarrow\ \overset{+2\ -2}{4\,NO} + \overset{+1\ -2}{6\,H_2O}$
Die Oxidationszahlen von Elementen ändern sich bei
dieser Reaktion, die von Stickstoff von -3 zu $+2$ und die
von Sauerstoff von ±0 zu -2. Daraus folgt, dass eine Redoxreaktion vorliegt. Die gegebene Aussage ist richtig.
c) Eine Redoxreaktion ist eine chemische Reaktion, bei
der zwischen Teilchen der reagierenden Stoffe Elektronen übertragen werden.
Eine Redoxreaktion ist eine chemische Reaktion, bei der
sich die Oxidationszahlen von Elementen der reagierenden Stoffe ändern.

3 a) Der Volumenanteil an Ammoniak im Reaktionsgemisch erhöht sich bei Druckerhöhung und Temperaturerniedrigung.
b) Da sich bei Temperaturerhöhung der Anteil Ammoniak im Reaktionsgemisch verringert, ist das Arbeiten
bei hoher Temperatur (450 bis 500 °C) theoretisch ungünstig.
c) Bei tiefen Temperaturen ist die Reaktion zwischen
Wasserstoff und Stickstoff zu Ammoniak so stark ge-
hemmt, dass praktisch keine Reaktion abläuft. Deshalb
muss mit einem Katalysator gearbeitet werden, der aber
nur bei den gewählten Temperaturen wirksam ist.

4 a) Das Salpetersäuremolekül wirkt als Säure, indem es
ein Proton abgibt; das Ammoniakmolekül wirkt als Base, indem es ein Proton aufnimmt. Es findet also eine
Säure-Base-Reaktion statt, weil zwischen den reagierenden Teilchen Protonen übertragen werden.
b) Säure (Protonendonator): $HNO_3 \longrightarrow H^+ + NO_3^-$
Base (Protonenakzeptor): $H^+ + NH_3 \longrightarrow NH_4^+$
c) Eine Säure ist ein Teilchen, das Protonen abgibt.
Eine Base ist ein Teilchen, das Protonen aufnimmt.

5 a) Stickstoffmonooxid: $\overset{+2\ -2}{NO}$

Stickstoffdioxid: $\overset{+4\ -2}{NO_2}$

Distickstofftetraoxid: $\overset{+4\ -2}{N_2O_4}$
b) Stickstoffdioxid ist aus
Molekülen aufgebaut. In den
Molekülen von Stickstoff-
dioxid ist das Stickstoffatom
mit den Sauerstoffatomen
durch polare Atombindung
miteinander verbunden. Im

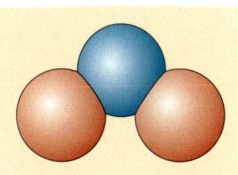

Stickstoffdioxidmolekül sind die Bindungselektronen
stärker zum Sauerstoffatom hin verschoben.
c) Nitrose Gase sind Gasgemische, die aus verschie-
nen Stickstoffoxiden bestehen.
Der Anteil nitroser Gase in der Luft kann durch den Einsatz von Kraftfahrzeugkatalysatoren verringert werden.
Die Stickstoffoxide in den Verbrennungsgasen des Motors werden am Katalysator zu Stickstoff reduziert. Eine

weitere Möglichkeit der Verminderung der Schadstoff-emissionen bei Kraftfahrzeugen kann durch die Treibstoffart und die Betriebsweise des Motors erreicht werden.

In Kraftwerken kommen Anlagen zur „Entstickung" der Rauchgase zum Einsatz. In diesen Anlagen werden die Stickstoffoxide durch Reaktion mit Ammoniak mithilfe von Katalysatoren in Stickstoff und Wasser umgewandelt.

6 a) Verdünnte Salpetersäure und verdünnte Salzsäure reagieren mit unedlen Metallen wie Zink und Magnesium, aber nicht mit edlen Metallen wie Kupfer und Silber. Dabei entstehen Nitrat- bzw. Chloridlösungen und Wasserstoff. Das entstehende Gas kann pneumatisch aufgefangen und nachgewiesen werden.

$Zn(s) + 2 H^+(aq) + 2 NO_3^-(aq)$
$$\longrightarrow Zn^{2+}(aq) + 2 NO_3^-(aq) + H_2(g)$$
$Zn(s) + 2 H^+(aq) + 2 Cl^-(aq)$
$$\longrightarrow Zn^{2+}(aq) + 2 Cl^-(aq) + H_2(g)$$

b) Redoxreaktion: Reaktion, bei der zwischen den Teilchen der reagierenden Stoffe Elektronen übertragen werden. Elektronenabgabe (Oxidation) und Elektronenaufnahme (Reduktion) finden dabei stets gleichzeitig statt.

Elektronenabgabe: $\underline{Zn \longrightarrow Zn^{2+} + 2\,e^-}$
Elektronenaufnahme: $\overline{2\,H^+ + 2\,e^- \longrightarrow H_2}$
Elektronenübergang: $Zn + 2\,H^+ \longrightarrow Zn^{2+} + H_2$

c) Eine chemische Reaktion wird dann als Redoxreaktion bezeichnet, wenn Änderungen der Oxidationszahlen von Elementen auftreten.

Oxidation: Teilreaktion, bei der eine Erhöhung der Oxidationszahl eines Elements erfolgt
Reduktion: Teilreaktion, bei der eine Verringerung der Oxidationszahl eines Elements erfolgt

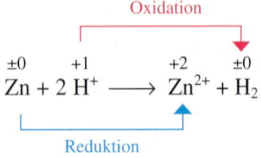

7 a) Ausgangsstoffe für die Herstellung von Salpetersäure: Ammoniak, Luft und Wasser
Reaktionsbedingungen: Katalysator (feinmaschiges Platinnetz), Temperatur $\vartheta = 600$ bis $700\,°C$

$4\,NH_3(g) + 5\,O_2(g)$
$$\xrightarrow{\text{Katalysator}} 4\,NO(g) + 6\,H_2O(g) \quad |\ \text{exotherm}$$
$4\,NO(g) + 2\,O_2(g) \longrightarrow 4\,NO_2(g) \qquad\quad |\ \text{exotherm}$
$4\,NO_2(g) + 2\,H_2O(l) + O_2(g)$
$$\longrightarrow 4\,HNO_3(aq) \quad |\ \text{exotherm}$$

b) Im Ammoniakverbrennungsofen wird Ammoniak durch den Sauerstoff der Luft katalytisch oxidiert. Es entstehen Stickstoffmonooxid und Wasserdampf. Die bei dieser exothermen Reaktion auf etwa 800 °C erwärmten Reaktionsprodukte müssen in Wärmeaustauschern schnell auf 40 °C abgekühlt werden, da hohe Temperaturen den Zerfall von Stickstoffmonooxid bewirken. Im Oxidationsturm erfolgt die Reaktion von Stickstoffmonooxid mit dem Sauerstoff der Luft zu Stickstoffdioxid. Im Absorptionsturm findet dann die Umsetzung zu Salpetersäure statt. Die nitrosen Gase werden komprimiert, mit Luft gemischt und von unten in den Absorptionsturm eingeleitet. Von oben rieselt Wasser herab (Gegenstromprinzip). Es bildet sich etwa 60%ige Salpetersäure.

c) Der weltweite Anstieg der Salpetersäureproduktion ist auf den ständig steigenden Bedarf an Düngemitteln und Sprengstoffen zurückzuführen. Nitrathaltige Düngemittel dienen der Deckung des Stickstoffbedarfs der Pflanzen.

8 a) Kaliumnitrat: salzartige Stoffe, Ionensubstanzen
b) Kaliumnitrat ist aus einfach positiv elektrisch geladenen Kalium-Ionen und einfach negativ elektrisch geladenen Nitrat-Ionen aufgebaut. Zwischen den ungleichnamig elektrisch geladenen Ionen liegt Ionenbindung vor. Die Ionen sind in einem Ionengitter angeordnet. Starke Anziehungskräfte halten die Ionen in dieser regelmäßigen Anordnung zusammen.
c) $2\,KNO_3(s) \longrightarrow 2\,KNO_2(s) + O_2(g)$ | endotherm

Einstufung von Gefahrstoffen nach der GHS-Verordnung

Mit dem neuen GHS (*Globally Harmonised System of Classification and Labelling of Chemicals*) werden die Kriterien für die Einstufung der Gefahrstoffe neu festgelegt und mit international einheitlichen Piktogrammen versehen. Neu ist auch die Verwendung der Signalworte **„Gefahr"** und **„Achtung"** für das Ausmaß der Gefahr: „Gefahr" bei hoher Gefährdung oder „Achtung" bei geringerer Gefährdung. Das GHS gilt seit 2009; für die bisherige Verordnung gelten Übergangsfristen.

Gefahrenpiktogramm und Piktogrammcode	Mit dem Gefahrenpiktogramm gekennzeichnete Stoffe und Gemische	Signalwort	Kennzeichnung nach bisheriger Gefahrstoffverordnung	
			Gefahrensymbol	Gefahrenhinweise
GHS01	explosive und sehr gefährliche selbstzersetzliche Stoffe und Gemische sowie sehr gefährliche organische Peroxide	Gefahr oder Achtung	E	R2, R3
GHS02	entzündbare, selbsterhitzungsfähige und gefährliche selbstzersetzliche Stoffe und Gemische, pyrophore Stoffe sowie Stoffe und Gemische, die bei Berührung mit Wasser entzündbare Gase entwickeln	Gefahr oder Achtung	F oder F oder –	R12, R11 oder R10; R17; R15
GHS02	gefährliche organische Peroxide	Gefahr oder Achtung	O	R7
GHS03	Stoffe und Gemische mit oxidierender Wirkung	Gefahr oder Achtung	O	R8, R9
GHS04*	Gase unter Druck	Achtung	–	
GHS05	Stoffe und Gemische, die korrosiv auf Metalle wirken	Achtung	–	
GHS05	Stoffe und Gemische, die schwere Verätzungen der Haut und/oder schwere Augenschäden verursachen	Gefahr	C oder Xi	R34, R35, R41
GHS06	lebensgefährliche und giftige Stoffe und Gemische	Gefahr	T+ oder T	R26, R27, R28 oder R23, R24, R25
GHS07	gesundheitsschädliche Stoffe und Gemische	Achtung	Xn	R20, R21, R22
GHS07	Stoffe und Gemische, die Haut- und/oder Augenreizungen verursachen und/oder allergische Hautreaktionen, Reizungen der Atemwege und/oder Schläfrigkeit und Benommenheit verursachen können	Achtung	Xi	R36, R37, R38; R43; R67
GHS08	Stoffe und Gemische, die bei Verschlucken und Eindringen in die Atemwege tödlich sein können und/oder eine Gefahr für die Gesundheit darstellen. Diese Stoffe und Gemische schädigen bestimmte Organe und/oder können Krebs erzeugen, die Fruchtbarkeit beeinträchtigen, das Kind im Mutterleib schädigen und/oder genetische Defekte und/oder beim Einatmen Allergien, asthmaartige Symptome oder Atembeschwerden verursachen.	Gefahr oder Achtung	T+ T oder Xn	R45, R49, R40; R60; R62; R61; R63; R46; R39/...; R68/...; R48/...; R42; R33; R65
GHS09	Stoffe und Gemische, die sehr giftig oder giftig für Wasserorganismen sind	Achtung oder –	N	R50, R50/53 R51/53

* Die in den Experimenten verwendeten Gase stehen meist nicht unter Druck, daher wird dort in der Regel auf diese Kennzeichnung verzichtet. In der Gefahrstoffliste auf S.232 f. sind alle Gase auch mit GHS04 gekennzeichnet.

Gefahrenhinweise, ergänzende Gefahrenmerkmale und ergänzende Kennzeichnungselemente

Gefahrenhinweise (H-Sätze)

Gefahrenhinweise für physikalische Gefahren

H200	Instabil, explosiv
H201	Explosiv, Gefahr der Massenexplosion.
H202	Explosiv; große Gefahr durch Splitter, Spreng- und Wurfstücke.
H203	Explosiv; Gefahr durch Feuer, Luftdruck oder Splitter, Spreng- und Wurfstücke.
H204	Gefahr durch Feuer oder Splitter, Spreng- und Wurfstücke.
H205	Gefahr der Massenexplosion bei Feuer.
H220	Extrem entzündbares Gas.
H221	Entzündbares Gas.
H222	Extrem entzündbares Aerosol.
H223	Entzündbares Aerosol.
H224	Flüssigkeit und Dampf extrem entzündbar.
H225	Flüssigkeit und Dampf leicht entzündbar.
H226	Flüssigkeit und Dampf entzündbar.
H228	Entzündbarer Feststoff.
H240	Erwärmung kann Explosion verursachen.
H241	Erwärmung kann Brand oder Explosion verursachen.
H242	Erwärmung kann Brand verursachen.
H250	Entzündet sich in Berührung mit Luft von selbst.
H251	Selbsterhitzungsfähig; kann in Brand geraten.
H252	In großen Mengen selbstentzündungsfähig; kann in Brand geraten.
H260	In Berührung mit Wasser entstehen entzündbare Gase, die sich spontan entzünden können.
H261	In Berührung mit Wasser entstehen entzündbare Gase.
H270	Kann Brand verursachen oder verstärken; Oxidationsmittel.
H271	Kann Brand oder Explosion verursachen; starkes Oxidationsmittel.
H272	Kann Brand verstärken; Oxidationsmittel.
H280	Enthält Gas unter Druck; kann bei Erwärmung explodieren.
H281	Enthält tiefkaltes Gas; kann Kälteverbrennungen oder -verletzungen verursachen.
H290	Kann gegenüber Metallen korrosiv sein.

Gefahrenhinweise für Gesundheitsgefahren

H300	Lebensgefahr bei Verschlucken.
H301	Giftig bei Verschlucken.
H302	Gesundheitsschädlich bei Verschlucken.
H304	Kann bei Verschlucken und Eindringen in die Atemwege tödlich sein.
H310	Lebensgefahr bei Hautkontakt.
H311	Giftig bei Hautkontakt.
H312	Gesundheitsschädlich bei Hautkontakt.
H314	Verursacht schwere Verätzungen der Haut und schwere Augenschäden.
H315	Verursacht Hautreizungen.
H317	Kann allergische Hautreaktionen verursachen.
H318	Verursacht schwere Augenschäden.
H319	Verursacht schwere Augenreizung.
H330	Lebensgefahr bei Einatmen.
H331	Giftig bei Einatmen.
H332	Gesundheitsschädlich bei Einatmen.
H334	Kann bei Einatmen Allergie, asthmaartige Symptome oder Atembeschwerden verursachen.
H335	Kann die Atemwege reizen.
H336	Kann Schläfrigkeit und Benommenheit verursachen.
H340	Kann genetische Defekte verursachen <Expositionsweg angeben, sofern schlüssig belegt ist, dass diese Gefahr bei keinem anderen Expositionsweg besteht>.
H341	Kann vermutlich genetische Defekte verursachen <Expositionsweg angeben, sofern schlüssig belegt ist, dass diese Gefahr bei keinem anderen Expositionsweg besteht>.
H350	Kann Krebs erzeugen <Expositionsweg angeben, sofern schlüssig belegt ist, dass diese Gefahr bei keinem anderen Expositionsweg besteht>.
H350i	Kann beim Einatmen Krebs erzeugen.
H351	Kann vermutlich Krebs erzeugen <Expositionsweg angeben, sofern schlüssig belegt ist, dass diese Gefahr bei keinem anderen Expositionsweg besteht>.
H360	Kann die Fruchtbarkeit beeinträchtigen oder das Kind im Mutterleib schädigen <konkrete Wirkung angeben, sofern bekannt> <Expositionsweg angeben, sofern schlüssig belegt ist, dass die Gefahr bei keinem anderen Expositionsweg besteht>.
H360F	Kann die Fruchtbarkeit beeinträchtigen.
H360D	Kann das Kind im Mutterleib schädigen.
H360FD	Kann die Fruchtbarkeit beeinträchtigen. Kann das Kind im Mutterleib schädigen.
H360Fd	Kann die Fruchtbarkeit beeinträchtigen. Kann vermutlich das Kind im Mutterleib schädigen.
H360Df	Kann das Kind im Mutterleib schädigen. Kann vermutlich die Fruchtbarkeit beeinträchtigen.
H361	Kann vermutlich die Fruchtbarkeit beeinträchtigen oder das Kind im Mutterleib schädigen <konkrete Wirkung angeben, sofern bekannt> <Expositionsweg angeben, sofern schlüssig belegt ist, dass die Gefahr bei keinem anderen Expositionsweg besteht>.
H361f	Kann vermutlich die Fruchtbarkeit beeinträchtigen.
H361d	Kann vermutlich das Kind im Mutterleib schädigen.
H361fd	Kann vermutlich die Fruchtbarkeit beeinträchtigen. Kann vermutlich das Kind im Mutterleib schädigen.
H362	Kann Säuglinge über die Muttermilch schädigen.
H370	Schädigt die Organe <oder alle betroffenen Organe nennen, sofern bekannt> <Expositionsweg angeben, sofern schlüssig belegt ist, dass diese Gefahr bei keinem anderen Expositionsweg besteht>.
H371	Kann die Organe schädigen <oder alle betroffenen Organe nennen, sofern bekannt> <Expositionsweg angeben, sofern schlüssig belegt ist, dass diese Gefahr bei keinem anderen Expositionsweg besteht>.
H372	Schädigt die Organe <alle betroffenen Organe nennen> bei längerer oder wiederholter Exposition <Expositionsweg angeben, wenn schlüssig belegt ist, dass diese Gefahr bei keinem anderen Expositionsweg besteht>.
H373	Kann die Organe schädigen <alle betroffenen Organe nennen, sofern bekannt> bei längerer oder wiederholter Exposition <Expositionsweg angeben, wenn schlüssig belegt ist, dass diese Gefahr bei keinem anderen Expositionsweg besteht>.

Gefahrenhinweise für Umweltgefahren

H400	Sehr giftig für Wasserorganismen.
H410	Sehr giftig für Wasserorganismen mit langfristiger Wirkung.
H411	Giftig für Wasserorganismen, mit langfristiger Wirkung.
H412	Schädlich für Wasserorganismen, mit langfristiger Wirkung.
H413	Kann für Wasserorganismen schädlich sein, mit langfristiger Wirkung.

Ergänzende Gefahrenmerkmale

Physikalische Eigenschaften

EUH001	In trockenem Zustand explosionsgefährlich.
EUH006	Mit und ohne Luft explosionsfähig.
EUH014	Reagiert heftig mit Wasser.
EUH018	Kann bei Verwendung explosionsfähige/entzündbare Dampf/Luft-Gemische bilden.
EUH019	Kann explosionsfähige Peroxide bilden.
EUH044	Explosionsgefahr bei Erhitzen unter Einschluss.

Gesundheitsgefährliche Eigenschaften

EUH029	Entwickelt bei Berührung mit Wasser giftige Gase.
EUH031	Entwickelt bei Berührung mit Säure giftige Gase.
EUH032	Entwickelt bei Berührung mit Säure sehr giftige Gase.
EUH066	Wiederholter Kontakt kann zu spröder oder rissiger Haut führen.
EUH070	Giftig bei Berührung mit den Augen.
EUH071	Wirkt ätzend auf die Atemwege.

Umweltgefährliche Eigenschaften

EUH059	Die Ozonschicht schädigend.

Ergänzende Kennzeichnungselemente/Informationen über bestimmte Stoffe und Gemische

EUH201	Enthält Blei. Nicht für den Anstrich von Gegenständen verwenden, die von Kindern gekaut oder gelutscht werden könnten.
EUH201A	Achtung! Enthält Blei.
EUH202	Cyanacrylat. Gefahr. Klebt innerhalb von Sekunden Haut und Augenlider zusammen. Darf nicht in die Hände von Kindern gelangen.
EUH203	Enthält Chrom (VI). Kann allergische Reaktionen hervorrufen.
EUH204	Enthält Isocyanate. Kann allergische Reaktionen hervorrufen.
EUH205	Enthält epoxidhaltige Verbindungen. Kann allergische Reaktionen hervorrufen.
EUH206	Achtung! Nicht zusammen mit anderen Produkten verwenden, da gefährliche Gase (Chlor) freigesetzt werden können.
EUH207	Achtung! Enthält Cadmium. Bei der Verwendung entstehen gefährliche Dämpfe. Hinweise des Herstellers beachten. Sicherheitsanweisungen einhalten.
EUH208	Enthält <Name des sensibilisierenden Stoffes>. Kann allergische Reaktionen hervorrufen.
EUH209	Kann bei Verwendung leicht entzündbar werden.
EUH209A	Kann bei Verwendung entzündbar werden.
EUH210	Sicherheitsdatenblatt auf Anfrage erhältlich.
EUH401	Zur Vermeidung von Risiken für Mensch und Umwelt die Gebrauchsanleitung einhalten.

Sicherheitshinweise (P-Sätze)

Sicherheitshinweise – Allgemeines

P101	Ist ärztlicher Rat erforderlich, Verpackung oder Kennzeichnungsetikett bereithalten.
P102	Darf nicht in die Hände von Kindern gelangen.
P103	Vor Gebrauch Kennzeichnungsetikett lesen.

Sicherheitshinweise – Prävention

P201	Vor Gebrauch besondere Anweisungen einholen.
P202	Vor Gebrauch alle Sicherheitshinweise lesen und verstehen.
P210	Von Hitze/Funken/offener Flamme/heißen Oberflächen fernhalten. Nicht rauchen.
P211	Nicht gegen offene Flamme oder andere Zündquelle sprühen.
P220	Von Kleidung/…/brennbaren Materialien fernhalten/entfernt aufbewahren.
P221	Mischen mit brennbaren Stoffen/… unbedingt verhindern.
P222	Kontakt mit Luft nicht zulassen.
P223	Kontakt mit Wasser wegen heftiger Reaktion und möglichem Aufflammen unbedingt verhindern.
P230	Feucht halten mit …
P231	Unter inertem Gas handhaben.
P232	Vor Feuchtigkeit schützen.
P233	Behälter dicht verschlossen halten.
P234	Nur im Originalbehälter aufbewahren.
P235	Kühl halten.
P240	Behälter und zu befüllende Anlage erden.
P241	Explosionsgeschützte elektrische Betriebsmittel/Lüftungsanlagen/Beleuchtung/… verwenden.
P242	Nur funkenfreies Werkzeug verwenden.
P243	Maßnahmen gegen elektrostatische Aufladungen treffen.
P244	Druckminderer frei von Fett und Öl halten.
P250	Nicht schleifen/stoßen/…/reiben.
P251	Behälter steht unter Druck: Nicht durchstechen oder verbrennen, auch nicht nach der Verwendung.
P260	Staub/Rauch/Gas/Nebel/Dampf/Aerosol nicht einatmen.
P261	Einatmen von Staub/Rauch/Gas/Nebel/Dampf/Aerosol vermeiden.
P262	Nicht in die Augen, auf die Haut oder auf die Kleidung gelangen lassen.
P263	Kontakt während der Schwangerschaft und der Stillzeit vermeiden.
P264	Nach Gebrauch … gründlich waschen.
P270	Bei Gebrauch nicht essen, trinken oder rauchen.
P271	Nur im Freien oder in gut belüfteten Räumen verwenden.
P272	Kontaminierte Arbeitskleidung nicht außerhalb des Arbeitsplatzes tragen.
P273	Freisetzung in die Umwelt vermeiden.
P280	Schutzhandschuhe/Schutzkleidung/Augenschutz/Gesichtsschutz tragen.
P281	Vorgeschriebene persönliche Schutzausrüstung verwenden.
P282	Schutzhandschuhe/Gesichtsschild/Augenschutz mit Kälteisolierung tragen.
P283	Schwer entflammbare/flammhemmende Kleidung tragen.
P284	Atemschutz tragen.
P285	Bei unzureichender Belüftung Atemschutz tragen.
P231 + P232	Unter inertem Gas handhaben. Vor Feuchtigkeit schützen.
P235 + P410	Kühl halten. Vor Sonnenbestrahlung schützen.

Sicherheitshinweise – Reaktion

P301	BEI VERSCHLUCKEN:
P302	BEI BERÜHRUNG MIT DER HAUT:
P303	BEI BERÜHRUNG MIT DER HAUT (oder dem Haar):
P304	BEI EINATMEN:
P305	BEI KONTAKT MIT DEN AUGEN:
P306	BEI KONTAMINIERTER KLEIDUNG:
P307	BEI Exposition:
P308	BEI Exposition oder falls betroffen:
P309	BEI Exposition oder Unwohlsein:
P310	Sofort GIFTINFORMATIONSZENTRUM oder Arzt anrufen.
P311	GIFTINFORMATIONSZENTRUM oder Arzt anrufen.
P312	Bei Unwohlsein GIFTINFORMATIONSZENTRUM oder Arzt anrufen.
P313	Ärztlichen Rat einholen/ärztliche Hilfe hinzuziehen.
P314	Bei Unwohlsein ärztlichen Rat einholen/ärztliche Hilfe hinzuziehen.
P315	Sofort ärztlichen Rat einholen/ärztliche Hilfe hinzuziehen.
P320	Besondere Behandlung dringend erforderlich (siehe … auf diesem Kennzeichnungsetikett).
P321	Besondere Behandlung (siehe … auf diesem Kennzeichnungsetikett).
P322	Gezielte Maßnahmen (siehe … auf diesem Kennzeichnungsetikett).
P330	Mund ausspülen.
P331	KEIN Erbrechen herbeiführen.
P332	Bei Hautreizung:
P333	Bei Hautreizung oder -ausschlag:
P334	In kaltes Wasser tauchen/nassen Verband anlegen.
P335	Lose Partikel von der Haut abbürsten.
P336	Vereiste Bereiche mit lauwarmem Wasser auftauen. Betroffenen Bereich nicht reiben.
P337	Bei anhaltender Augenreizung:
P338	Eventuell Vorhandene Kontaktlinsen nach Möglichkeit entfernen. Weiter ausspülen.
P340	Die betroffene Person an die frische Luft bringen und in einer Position ruhig stellen, die das Atmen erleichtert.
P341	Bei Atembeschwerden an die frische Luft bringen und in einer Position ruhig stellen, die das Atmen erleichtert.
P342	Bei Symptomen der Atemwege:
P350	Behutsam mit viel Wasser und Seife waschen.
P351	Einige Minuten lang behutsam mit Wasser ausspülen.
P352	Mit viel Wasser und Seife waschen.
P353	Haut mit Wasser abwaschen/duschen.
P360	Kontaminierte Kleidung und Haut sofort mit viel Wasser abwaschen und danach Kleidung ausziehen.
P361	Alle kontaminierten Kleidungsstücke sofort ausziehen.
P362	Kontaminierte Kleidung ausziehen und vor erneutem Tragen waschen.
P363	Kontaminierte Kleidung vor erneutem Tragen waschen.
P370	Bei Brand:
P371	Bei Großbrand und großen Mengen:
P372	Explosionsgefahr bei Brand.
P373	KEINE Brandbekämpfung, wenn das Feuer explosive Stoffe/Gemische/Erzeugnisse erreicht.
P374	Brandbekämpfung mit üblichen Vorsichtsmaßnahmen aus angemessener Entfernung.
P375	Wegen Explosionsgefahr Brand aus der Entfernung bekämpfen.
P376	Undichtigkeit beseitigen, wenn gefahrlos möglich.
P377	Brand von ausströmendem Gas: Nicht löschen, bis Undichtigkeit gefahrlos beseitigt werden kann.
P378	… zum Löschen verwenden.
P380	Umgebung räumen.
P381	Alle Zündquellen entfernen, wenn gefahrlos möglich.
P390	Verschüttete Mengen aufnehmen, um Materialschäden zu vermeiden.
P391	Verschüttete Mengen aufnehmen.
P301 + P310	BEI VERSCHLUCKEN: Sofort GIFTINFORMATIONSZENTRUM oder Arzt anrufen.
P301 + P312	BEI VERSCHLUCKEN: Bei Unwohlsein GIFTINFORMATIONSZENTRUM oder Arzt anrufen.
P301 + P330 + P331	BEI VERSCHLUCKEN: Mund ausspülen. KEIN Erbrechen herbeiführen.
P302 + P334	BEI KONTAKT MIT DER HAUT: In kaltes Wasser tauchen/nassen Verband anlegen.
P302 + P350	BEI KONTAKT MIT DER HAUT: Behutsam mit viel Wasser und Seife waschen.
P302 + P352	BEI KONTAKT MIT DER HAUT: Mit viel Wasser und Seife waschen.
P303 + P361 + P353	BEI KONTAKT MIT DER HAUT (oder dem Haar): Alle kontaminierten Kleidungsstücke sofort ausziehen. Haut mit Wasser abwaschen/duschen.
P304 + P340	BEI EINATMEN: An die frische Luft bringen und in einer Position ruhig stellen, die das Atmen erleichtert.
P304 + P341	BEI EINATMEN: Bei Atembeschwerden an die frische Luft bringen und in einer Position ruhig stellen, die das Atmen erleichtert.
P305 + P351 + P338	BEI KONTAKT MIT DEN AUGEN: Einige Minuten lang behutsam mit Wasser spülen. Vorhandene Kontaktlinsen nach Möglichkeit entfernen. Weiter spülen.
P306 + P360	BEI KONTAKT MIT DER KLEIDUNG: Kontaminierte Kleidung und Haut sofort mit viel Wasser abwaschen und danach Kleidung ausziehen.
P307 + P311	BEI Exposition: GIFTINFORMATIONSZENTRUM oder Arzt anrufen.
P308 + P313	BEI Exposition oder falls betroffen: Ärztlichen Rat einholen/ärztliche Hilfe hinzuziehen.
P309 + P311	BEI Exposition oder Unwohlsein: GIFTINFORMATIONSZENTRUM oder Arzt anrufen.
P332 + P313	Bei Hautreizung: Ärztlichen Rat einholen/ärztliche Hilfe hinzuziehen.
P333 + P313	Bei Hautreizung oder -ausschlag: Ärztlichen Rat einholen/ärztliche Hilfe hinzuziehen.
P335 + P334	Lose Partikel von der Haut abbürsten. In kaltes Wasser tauchen/nassen Verband anlegen.
P337 + P313	Bei anhaltender Augenreizung: Ärztlichen Rat einholen/ärztliche Hilfe hinzuziehen.

P342 + P311 Bei Symptomen der Atemwege: GIFTINFORMATIONS-ZENTRUM oder Arzt anrufen.

P370 + P376 Bei Brand: Undichtigkeit beseitigen, wenn gefahrlos möglich.

P370 + P378 Bei Brand: … zum Löschen verwenden.

P370 + P380 Bei Brand: Umgebung räumen.

P370 + P380 + P375 Bei Brand: Umgebung räumen. Wegen Explosionsgefahr Brand aus der Entfernung bekämpfen.

P371 + P380 + P375 Bei Großbrand und großen Mengen: Umgebung räumen. Wegen Explosionsgefahr Brand aus der Entfernung bekämpfen.

Sicherheitshinweise – Aufbewahrung

P401 … aufbewahren.

P402 An einem trockenen Ort aufbewahren.

P403 An einem gut belüfteten Ort aufbewahren.

P404 In einem geschlossenen Behälter aufbewahren.

P405 Unter Verschluss aufbewahren.

P406 In korrosionsbeständigem/… Behälter mit korrosionsbeständiger Auskleidung aufbewahren.

P407 Luftspalt zwischen Stapeln/Paletten lassen.

P410 Vor Sonnenbestrahlung schützen.

P411 Bei Temperaturen von nicht mehr als … °C aufbewahren.

P412 Nicht Temperaturen von mehr als 50 °C aussetzen.

P413 Schüttgut in Mengen von mehr als … kg bei Temperaturen von nicht mehr als … °C aufbewahren.

P420 Von anderen Materialien entfernt aufbewahren.

P422 Inhalt in/unter … aufbewahren.

P402 + P404 In einem geschlossenen Behälter an einem trockenen Ort aufbewahren.

P403 + P233 Behälter dicht verschlossen an einem gut belüfteten Ort aufbewahren.

P403 + P235 Kühl an einem gut belüfteten Ort aufbewahren.

P410 + P403 Vor Sonnenbestrahlung geschützt an einem gut belüfteten Ort aufbewahren.

P410 + P412 Vor Sonnenbestrahlung schützen und nicht Temperaturen von mehr als 50 °C aussetzen.

P411 + P235 Kühl und bei Temperaturen von nicht mehr als … °C aufbewahren.

Sicherheitshinweise – Entsorgung

P501 Inhalt/Behälter … zuführen.

Entsorgungsratschläge (E-Sätze)

E 1 Verdünnen, in den Ausguss geben (WGK 0 bzw. 1)

E 2 Neutralisieren, in den Ausguss geben

E 3 In den Hausmüll geben, gegebenenfalls im Polyethylenbeutel (Stäube)

E 4 Als Sulfid fällen

E 5 Mit Calcium-Ionen fällen, dann E 1 oder E 3

E 6 Nicht in den Hausmüll geben

E 7 Im Abzug entsorgen

E 8 Der Sondermüllbeseitigung zuführen (Adresse zu erfragen bei der Kreis- oder Stadtverwaltung), Abfallschlüssel beachten

E 9 Unter größter Vorsicht in kleinsten Portionen reagieren lassen (z. B. offen im Freien verbrennen)

E 10 In gekennzeichneten Behältern sammeln:
1. „Organische Abfälle – halogenhaltig"
2. „Organische Abfälle – halogenfrei"
dann E 8

E 11 Als Hydroxid fällen (pH = 8), den Niederschlag zu E 8

E 12 Nicht in die Kanalisation gelangen lassen

E 13 Aus der Lösung mit unedlem Metall (z. B. Eisen) als Metall abscheiden (E 14, E 3)

E 14 Recycling-geeignet (Redestillation oder einem Recyclingunternehmen zuführen)

E 15 Mit Wasser vorsichtig umsetzen, frei werdende Gase absorbieren oder ins Freie ableiten

E 16 Entsprechend den speziellen Ratschlägen für die Beseitigungsgruppen beseitigen

Entsorgung von Chemikalienabfällen

Nach dem Experimentieren werden die Reste in die dafür vorgesehenen Sammelbehälter gegeben:

nicht gefährliche und wasserlösliche Chemikalien	nicht gefährliche und feste Chemikalien	Säuren und Laugen	giftige anorganische Chemikalien	halogenfreie organische Chemikalien	halogenhaltige organische Chemikalien
z. B. Natriumchlorid, Natriumcarbonat, Wasserstoffperoxidlösung	z. B. Eisen, Indikatorpapier	z. B. Salzsäure, Natronlauge	z. B. Kupfersulfat	z. B. Petroleumbenzin, Methanol	z. B. Trichlormethan

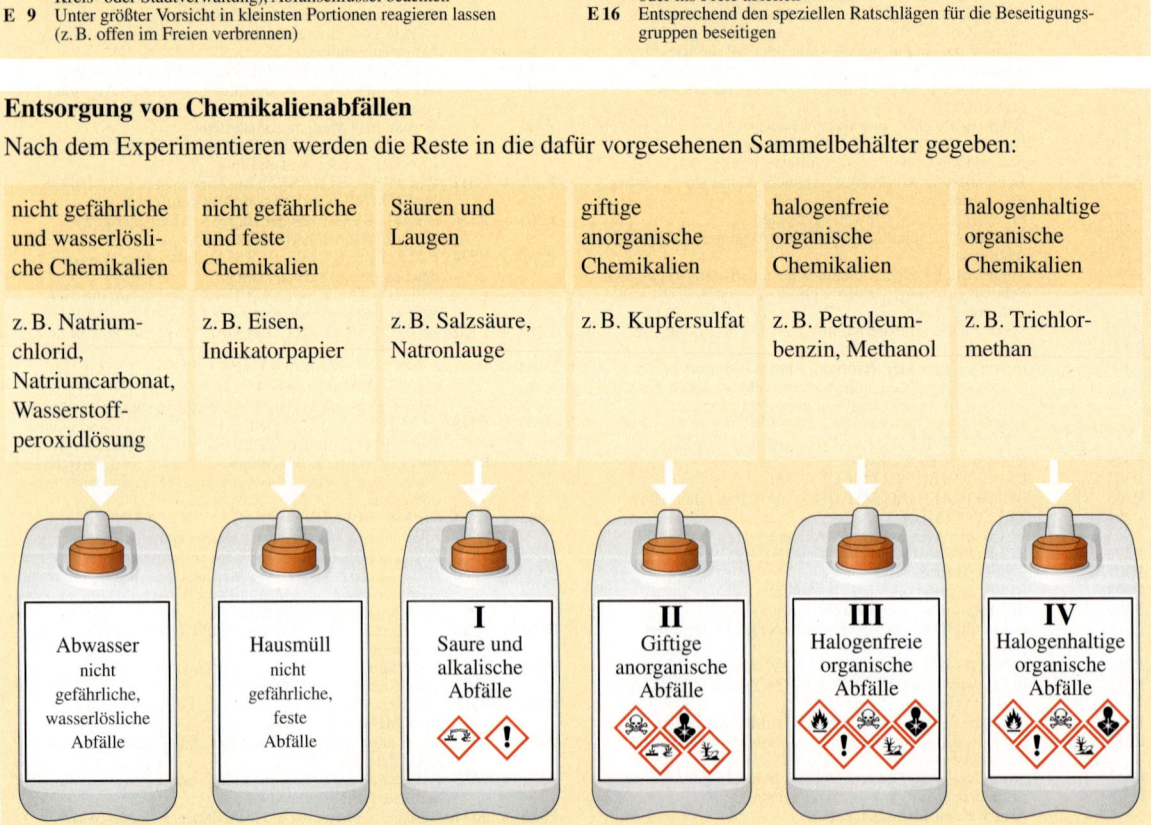

Die weitere Behandlung und Entsorgung bzw. Übergabe der Abfälle zur Sondermüllentsorgung erfolgt durch die Lehrerin bzw. den Lehrer.

Liste der Gefahrstoffe nach der GHS-Verordnung

Gefahrstoff	Signal-wort	Pikto-gramm-code	H-Sätze und EUH-Sätze	E-Sätze
Aceton (Propanon)	Gefahr	GHS02 GHS07	H225 H319 H336 EUH066	1-10-14
Aluminium, Grieß	Gefahr	GHS02	H261	6-9
Aluminium, Pulver (stabilisiert)	Gefahr	GHS02	H261 H228	6-9
Aluminiumbromid, wasserfrei	Gefahr	GHS05 GHS07	H302 H314	2
Aluminiumchlorid, wasserfrei	Gefahr	GHS05	H314	2
Aluminiumiodid	Gefahr	GHS05	H314	2
Ameisensäure (Methansäure) $w \geq 90\,\%$	Gefahr	GHS05	H314	1-10
$10\,\% \leq w < 90\,\%$	Gefahr	GHS05	H314	1-10
$2\,\% \leq w < 10\,\%$	Achtung	GHS07	H315 H319	1-10
Ammoniak, wasserfrei	Gefahr	GHS04 GHS06 GHS05 GHS09	H221 H331 H314 H400	2-7
Ammoniaklösung $10\,\% \leq w < 25\,\%$	Gefahr	GHS05	H314	2
$5\,\% \leq w < 10\,\%$	Achtung	GHS07	H315 H319 H335	2
Ammoniumchlorid	Achtung	GHS07	H302 H319	2
Bariumchlorid	Gefahr	GHS06	H301 H332	1-3
Bariumchlorid-lösung $3\,\% \leq w < 25\,\%$	Achtung	GHS07	H302	1
Bariumhydroxid	Gefahr	GHS05 GHS07	H302 H314 H332	1-3
Bariumhydroxid-8-Wasser	Gefahr	GHS05 GHS07	H302 H314 H332	1-3
Bariumoxid	Achtung	GHS07	H302 H315 H319 H332	1-3
Benzoesäure	Achtung	GHS07	H302 H319	10-12
Benzol	Gefahr	GHS02 GHS08 GHS07	H225 H350 H340 H372 H304 H319 H315	10-12
Blei (bioverfügbar)	Gefahr	GHS07 GHS08	H302 H332 H360D H373	8

Gefahrstoff	Signal-wort	Pikto-gramm-code	H-Sätze und EUH-Sätze	E-Sätze
Blei(II)-acetat	Gefahr	GHS08 GHS09	H360Df H373 H410	8-14
Brennspiritus (Ethanol)	Gefahr	GHS02	H225	1-10
Brom	Gefahr	GHS06 GHS05 GHS09	H330 H314 H400	16
Bromthymolblau-lösung (ethanolisch, $w = 0,1\,\%$)	Gefahr	GHS02	H225	10
Bromwasser $1\,\% \leq w < 5\,\%$	Gefahr	GHS06	H311 H330	16
Bromwasserstoff	Gefahr	GHS04 GHS05 GHS07	H314 H335	2
n-Butan	Gefahr	GHS02 GHS04	H220	2
Butan-1-ol	Gefahr	GHS02 GHS05 GHS07	H226 H302 H335 H315 H318 H336	7
Butansäure (Butter-säure)	Gefahr	GHS05	H314	10
Calcium	Gefahr	GHS02	H261	15
Calciumcarbid	Gefahr	GHS02	H260	15-16
Calciumchlorid	Achtung	GHS07	H319	1
Calciumhydroxid	Gefahr	GHS05	H318	2
Calciumoxid	Gefahr	GHS05	H318	2
Chlor	Gefahr	GHS06 GHS09	H331 H319 H335 H315 H400	16
Chlorethan (Ethylchlorid)	Gefahr	GHS02 GHS04 GHS08	H220 H351 H412	16
Chlormethan (Methylchlorid)	Gefahr	GHS02 GHS04 GHS08	H220 H351 H373	7-12
Chlorwasser, gesättigt $w \approx 0,7\,\%$	Achtung	GHS07	H332	16
Chlorwasserstoff	Gefahr	GHS04 GHS06 GHS05	H331 H314	2
Citronensäure	Achtung	GHS07	H319	3
Cyclohexan	Gefahr	GHS02 GHS08 GHS07 GHS09	H225 H304 H315 H336 H410	10-12

Gefahrstoff	Signal-wort	Pikto-gramm-code	H-Sätze und EUH-Sätze	E-Sätze
Dibenzoylperoxid	Gefahr	GHS01 GHS02 GHS07	H241 H319 H317	10-12
Diethylether (Ether)	Gefahr	GHS02 GHS07	H224 H302 H336 EUH019 EUH066	9-10-12
Eisen(III)-chlorid	Gefahr	GHS05 GHS07	H302 H315 H318	2
Eisen(II)-sulfat	Achtung	GHS07	H302 H319 H315	2
Eisen(II)-sulfat-lösung $w \geq 25\%$	Achtung	GHS07	H302 H319 H315	2
Essigessenz	Gefahr	GHS05	H314	2-10
Essigsäure (Ethansäure)				
$w \geq 90\%$	Gefahr	GHS02 GHS05	H226 H314	2-10
$25\% \leq w < 90\%$	Gefahr	GHS05	H314	2-10
$10\% \leq w < 25\%$	Achtung	GHS07	H319 H315	2-10
Essigsäureethylester (Ethylacetat)	Gefahr	GHS02 GHS07	H225 H319 H336 EUH066	10-12
Ethan	Gefahr	GHS02 GHS04	H220	7
Ethanal (Acet-aldehyd)	Gefahr	GHS02 GHS08 GHS07	H224 H351 H319 H335	9-10-12-16
Ethanallösung (Acetaldehyd-lösung) $w \geq 10\%$	Achtung	GHS08 GHS07	H351 H319 H335	9-10-12-16
Ethanol (Brenn-spiritus)	Gefahr	GHS02	H225	1-10
Ethen (Ethylen)	Gefahr	GHS02 GHS04 GHS07	H220 H336	7
Ethin (Acetylen)	Gefahr	GHS02 GHS04	H220 EUH006	7
Fehling'sche Lösung II	Gefahr	GHS05	H314	2
Formaldehydlösung s. Methanallösung				
n-Heptan	Gefahr	GHS02 GHS08 GHS07 GHS09	H225 H304 H315 H336 H410	10-12

Gefahrstoff	Signal-wort	Pikto-gramm-code	H-Sätze und EUH-Sätze	E-Sätze
n-Hexan	Gefahr	GHS02 GHS08 GHS07 GHS09	H225 H361f H304 H373 H315 H336 H411	10-12
Hexan-1-ol	Achtung	GHS07	H302	10
Hex-1-en	Achtung	GHS04	H280	10-12
Hex-1-in	Achtung	GHS04	H280	10-12
Iod	Achtung	GHS07 GHS09	H332 H312 H400	1-16
Iodwasserstoff	Gefahr	GHS04 GHS05	H314	1
Isobutanol (2-Methyl-propan-1-ol)	Gefahr	GHS02 GHS05 GHS07	H226 H315 H318 H335	10
Kalium	Gefahr	GHS02 GHS05	H260 H314 EUH014	6-12-16
Kaliumcarbonat	Achtung	GHS07	H302 H319 H315 H335	1
Kaliumhydroxid (Ätzkali)	Gefahr	GHS05 GHS07	H302 H314	2
Kaliumhydroxid-lösung (Kalilauge)				
$w \geq 5\%$	Gefahr	GHS05 GHS07	H302 H314	2
$2\% \leq w < 5\%$	Gefahr	GHS05	H314	2
$0,5\% \leq w < 2\%$	Achtung	GHS07	H319 H315	2
Kaliumnitrat	Gefahr	GHS03	H271	1
Kaliumnitrit	Gefahr	GHS03 GHS06 GHS09	H272 H301 H400	1-16
Kaliumpermanganat	Gefahr	GHS03 GHS07 GHS09	H272 H302 H410	1-6
Kaliumpermanga-natlösung $w \geq 25\%$	Gefahr	GHS07 GHS09	H302 H410	1-6
Kohlenstoffmono-oxid	Gefahr	GHS02 GHS04 GHS06 GHS08	H220 H360D H331 H372	7
Kupferacetat	Achtung	GHS07	H302	11
Kupfer(II)-chlorid	Gefahr	GHS06	H301 H319 H315 H335	11
Kupfer(II)-chlorid-lösung $3\% \leq w < 25\%$	Achtung	GHS07	H302	11
Kupfer(I)-oxid	Achtung	GHS07 GHS09	H302 H410	8-16

Gefahrstoff	Signal-wort	Pikto-gramm-code	H-Sätze und EUH-Sätze	E-Sätze
Kupfer(II)-oxid	Achtung	GHS07	H302	8-16
Kupfer(II)-sulfat, wasserfrei	Achtung	GHS07 GHS09	H302 H319 H315 H410	11
Kupfer(II)-sulfat-5-Wasser	Achtung	GHS07 GHS09	H302 H319 H315 H410	11
Kupfer(II)-sulfat-lösung $w \geq 25\%$	Achtung	GHS07 GHS09	H302 H319 H315 H410	11
Lithium	Gefahr	GHS02 GHS05	H260 H314 EUH014	15-1
Lithiumchlorid	Achtung	GHS07	H302 H319 H315	1
Magnesium, Pulver (phlegmatisiert)	Gefahr	GHS02	H228 H261 H252	3
Magnesium, Späne	Gefahr	GHS02	H228 H261 H252	3
Mangan(IV)-oxid (Braunstein)	Achtung	GHS07	H332 H302	3
Methan	Gefahr	GHS02 GHS04	H220	7
Methanallösung (Formaldehyd-lösung) $w \geq 25\%$	Gefahr	GHS06 GHS08 GHS05	H351 H331 H311 H301 H314 H317 H335	10-12-16
$5\% \leq w < 25\%$	Gefahr	GHS06 GHS08	H351 H331 H311 H301 H319 H315 H317 H335	1-10
$0,2\% \leq w < 5\%$	Gefahr	GHS06 GHS08	H351 H331 H311 H301 H317	1-10
Methanol	Gefahr	GHS02 GHS06 GHS08	H225 H331 H311 H301 H370	1-10
Methansäure s. Ameisensäure				

Gefahrstoff	Signal-wort	Pikto-gramm-code	H-Sätze und EUH-Sätze	E-Sätze
Methansäure-methylester (Methylformiat)	Gefahr	GHS02 GHS07	H224 H332 H302 H319 H335	10-12
Natrium	Gefahr	GHS02 GHS05	H260 H314 EUH014	6-12-16
Natriumcarbonat	Achtung	GHS07	H319	1
Natriumhydroxid (Ätznatron)	Gefahr	GHS05	H314	2
Natriumhydroxid-lösung (Natron-lauge)				
$w \geq 5\%$	Gefahr	GHS05	H314	2
$2\% \leq w < 5\%$	Gefahr	GHS05	H314	2
$0,5\% \leq w < 2\%$	Achtung	GHS07	H315	1
Natriumnitrat	Gefahr	GHS03	H271	1
Nicotin	Gefahr	GHS06 GHS09	H310 H301 H411	10-16
n-Octan	Gefahr	GHS02 GHS08 GHS07 GHS09	H225 H304 H315 H336 H410	10-12
Oxalsäure	Achtung	GHS07	H312 H302	5
Oxalsäurelösung $w \geq 5\%$	Achtung	GHS07	H312 H302	5
Ozon	Gefahr	GHS04 GHS05 GHS07	H280 H314 H319 H335	7
n-Pentan	Gefahr	GHS02 GHS08 GHS07 GHS09	H225 H304 H336 H411 EUH066	10-12
Pentan-1-ol	Achtung	GHS02 GHS07	H226 H332	10-14
Petrolether	Gefahr	GHS02 GHS08	H225 H304 H412	10-12
Petroleum	Gefahr	GHS02 GHS08	H226 H304	10-12
Petroleumbenzin	Gefahr	GHS02	H225	10-12
Phenolphthalein-lösung (ethano-lisch, $w > 1\%$)	Gefahr	GHS02	H225	1-10
Phosphor, rot	Gefahr	GHS02	H228 H412	6-9
Phosphor(V)-oxid	Gefahr	GHS05	H314	2
Phosphorsäure $w \geq 25\%$	Gefahr	GHS05	H314	2
$10\% \leq w < 25\%$	Achtung	GHS07	H319 H315	1
Propan	Gefahr	GHS02 GHS04	H220	7

Gefahrstoff	Signalwort	Piktogramm-code	H-Sätze und EUH-Sätze	E-Sätze
Propanal	Gefahr	GHS02 GHS07	H225 H319 H335 H315	9-10-12-16
Propan-1-ol	Gefahr	GHS02 GHS05 GHS07	H225 H318 H336	10
Propan-2-ol	Gefahr	GHS02 GHS07	H225 H319 H336	10
Propanon s. Aceton				
Propansäure (Propionsäure) $10\% \leq w < 25\%$	Achtung	GHS07	H319 H315 H335	2
Resorcin (1,2-Di-hydroxybenzol)	Achtung	GHS07 GHS09	H302 H319 H315 H400	10
Rohöl (synthetisch)	Gefahr	GHS02 GHS08 GHS07 GHS09	H224 H304 H315 H336 H351 H411	10-12
Salpetersäure $w \geq 65\%$	Gefahr	GHS03 GHS05	H272 H314	2
$20\% \leq w < 65\%$	Gefahr	GHS05	H314	2
$5\% \leq w < 20\%$	Gefahr	GHS05	H314	2
Salzsäure $w \geq 25\%$	Gefahr	GHS05 GHS07	H314 H335	2
$10\% \leq w < 25\%$	Achtung	GHS07	H315 H319 H335	2
Sauerstoff	Gefahr	GHS03 GHS04	H270	
Schiffs Reagenz	Achtung	GHS07	H319 H335	2
Schwefel	Achtung	GHS07	H315	3
Schwefeldioxid	Gefahr	GHS04 GHS06 GHS05	H331 H314	7
Schwefelsäure $w \geq 15\%$	Gefahr	GHS05	H314	2
$5\% \leq w < 15\%$	Achtung	GHS07	H319 H315	2
Schwefelwasserstoff	Gefahr	GHS02 GHS04 GHS06 GHS09	H220 H330 H400	2-7
Schwefelwasserstofflösung $0,1\% \leq w \leq 1\%$	Achtung	GHS07	H332	2
Schweflige Säure $5\% \leq w \leq 10\%$	Achtung	GHS07	H319 H3159 H335	2
Silbernitrat	Gefahr	GHS03 GHS05 GHS09	H272 H314 H410	12-13-14
Silbernitratlösung $5\% \leq w \leq 10\%$	Achtung	GHS07	H319 H315	12-13-14
Silberoxid	Gefahr	GHS03 GHS05	H271 H318 EUH044	12-13-14
Stickstoffdioxid	Gefahr	GHS04 GHS03 GHS06 GHS05	H270 H330 H314	7
Stickstoffmonooxid	Gefahr	GHS04 GHS06	H280 H310 H330	7
Strontiumchlorid	Achtung	GHS07	H302	1-11
Styrol	Achtung	GHS02 GHS07	H226 H332 H319 H315	10-12
Wasserstoff	Gefahr	GHS02 GHS04	H220	7
Wasserstoffperoxidlösung $w \geq 70\%$	Gefahr	GHS03 GHS05 GHS07	H271 H332 H302 H314 H335	1-16
$50\% \leq w < 70\%$	Gefahr	GHS03 GHS05 GHS07	H272 H332 H302 H314 H335	1-16
$35\% \leq w < 50\%$	Gefahr	GHS05 GHS07	H332 H302 H315 H318 H335	1
$8\% \leq w < 35\%$	Gefahr	GHS05 GHS07	H332 H302 H318	1
$5\% \leq w < 8\%$	Achtung	GHS07	H332 H302 H319	1
Zink, Pulver, Staub (stabilisiert)	Achtung	GHS09	H410	3
Zinkbromid	Gefahr	GHS05 GHS09	H314 H400 H410	1-11
Zinkchlorid	Gefahr	GHS05 GHS07 GHS09	H302 H314 H410	1-11
Zinkchloridlösung $5\% \leq w \leq 10\%$	Achtung	GHS07	H319 H315	1-11
Zinkoxid	Achtung	GHS09	H410	3
Zinksulfat, wasserfrei	Gefahr	GHS05 GHS07 GHS09	H302 H318 H410	1-11
Zinn(II)-chlorid	Achtung	GHS07	H302 H315 H319 H335	1-11

Atombau der Elemente mit den Ordnungszahlen 1 bis 54

*Bei diesen Elementen bestehen Abweichungen in der Anordnung der Elektronen.

Periode	Protonenanzahl ≙ Ordnungszahl	Element Name	Symbol	Elektronenanzahl der Elektronenschale						
				1.	2.	3.	4.	5.	6.	7.
1	1	Wasserstoff	H	1						
	2	Helium	He	2						
2	3	Lithium	Li	2	1					
	4	Beryllium	Be	2	2					
	5	Bor	B	2	3					
	6	Kohlenstoff	C	2	4					
	7	Stickstoff	N	2	5					
	8	Sauerstoff	O	2	6					
	9	Fluor	F	2	7					
	10	Neon	Ne	2	8					
3	11	Natrium	Na	2	8	1				
	12	Magnesium	Mg	2	8	2				
	13	Aluminium	Al	2	8	3				
	14	Silicium	Si	2	8	4				
	15	Phosphor	P	2	8	5				
	16	Schwefel	S	2	8	6				
	17	Chlor	Cl	2	8	7				
	18	Argon	Ar	2	8	8				
4	19	Kalium	K	2	8	8	1			
	20	Calcium	Ca	2	8	8	2			
	21	Scandium	Sc	2	8	8+1	2			
	22	Titan	Ti	2	8	8+2	2			
	23	Vanadium	V	2	8	8+3	2			
	24	Chrom	Cr	2	8	8+4	2*			
	25	Mangan	Mn	2	8	8+5	2			
	26	Eisen	Fe	2	8	8+6	2			
	27	Cobalt	Co	2	8	8+7	2			
	28	Nickel	Ni	2	8	8+8	2			
	29	Kupfer	Cu	2	8	8+9	2*			
	30	Zink	Zn	2	8	8+10	2			
	31	Gallium	Ga	2	8	18	3			
	32	Germanium	Ge	2	8	18	4			
	33	Arsen	As	2	8	18	5			
	34	Selen	Se	2	8	18	6			
	35	Brom	Br	2	8	18	7			
	36	Krypton	Kr	2	8	18	8			
5	37	Rubidium	Rb	2	8	18	8	1		
	38	Strontium	Sr	2	8	18	8	2		
	39	Yttrium	Y	2	8	18	8+1	2		
	40	Zirconium	Zr	2	8	18	8+2	2		
	41	Niob	Nb	2	8	18	8+3	2*		
	42	Molybdän	Mo	2	8	18	8+4	2*		
	43	Technetium	Tc	2	8	18	8+5	2		
	44	Ruthenium	Ru	2	8	18	8+6	2*		
	45	Rhodium	Rh	2	8	18	8+7	2*		
	46	Palladium	Pd	2	8	18	8+8	2*		
	47	Silber	Ag	2	8	18	8+9	2*		
	48	Cadmium	Cd	2	8	18	8+10	2		
	49	Indium	In	2	8	18	18	3		
	50	Zinn	Sn	2	8	18	18	4		
	51	Antimon	Sb	2	8	18	18	5		
	52	Tellur	Te	2	8	18	18	6		
	53	Iod	I	2	8	18	18	7		
	54	Xenon	Xe	2	8	18	18	8		

Wichtige Größen in der Chemie

Größen in der Chemie

Größe	Formel-zeichen	Einheit	Größe	Formel-zeichen	Einheit
Masse	m	kg, g	Dichte	ϱ	kg/m^3, g/cm^3, g/ℓ
Volumen	V	m^3, ℓ	Massenanteil	w	1, %
Stoffmenge	n	mol	Volumenanteil	φ	1, %
molare Masse	M	g/mol	Massenkonzentration	β	g/ℓ
molares Volumen	V_m	ℓ/mol	Stoffmengenkonzentration	c	mol/ℓ
Teilchenanzahl	N	1	Temperatur	$T, \pm$	K, °C

Konstanten in der Chemie

Normdruck p_n	$p_n = 1013$ hPa
Normtemperatur T_n	$T_n = 273{,}15$ K
Molares Volumen eines idealen Gases im Normzustand $V_{m,n}$	$V_{m,n} = 22{,}4$ ℓ/mol
Avogadro-Konstante N_A	$N_A = 6{,}022\,1367 \cdot 10^{23}$ mol^{-1}

Größengleichungen in der Chemie

Dichte

$$\varrho = \frac{m}{V} \qquad\qquad \varrho = \frac{M}{V_m}$$

molare Masse

$$M = \frac{m}{n}$$

molares Volumen

$$V_m = \frac{V}{n}$$

Massenanteil

$$w(\text{Stoff}) = \frac{m(\text{Stoff})}{m(\text{Stoffgemisch})}$$

Volumenanteil

$$\varphi(\text{Stoff}) = \frac{m(\text{Stoff})}{m(\text{Stoffgemisch})}$$

Massenkonzentration

$$\beta(\text{Stoff}) = \frac{m(\text{Stoff})}{V(\text{Stoffgemisch})}$$

Stoffmengenkonzentration

$$c(\text{Stoff}) = \frac{n(\text{Stoff})}{V(\text{Stoffgemisch})}$$

Vorsätze von Einheiten (Auswahl)

Vorsatz	Kurzzeichen	Faktor, mit dem die Einheit multipliziert wird	
Giga	G	1 000 000 000	(10^9)
Mega	M	1 000 000	(10^6)
Kilo	k	1 000	(10^3)
Hekto	h	100	(10^2)
Dezi	d	0,1	(10^{-1})
Zenti	c	0,01	(10^{-2})
Milli	m	0,001	(10^{-3})
Mikro	μ	0,000 001	(10^{-6})
Nano	n	0,000 000 001	(10^{-9})

Einfache Laborgeräte

Brenner   Drahtnetz   Tiegelzange   Reagenz-glashalter   Verbrennungs-löffel   Spatel-löffel   Stativ

Messzylinder   Standzylinder   Tondreieck   Dreifuß   Stativ-muffe   Stativ-klemme

Trichter   Gaswaschflasche   Reagenzglas   Reagenzglas mit Ansatzrohr   U-Rohr   Becherglas

pneumatische Wanne   Mörser mit Pistill   Abdampfschale   Porzellantiegel   Porzellanschiffchen   Uhrglasschale

Register

Bildnachweis

Agentur Focus/SPL: 61/1 | akg-images: 18/5, 74/3 | ARCO Images/ Klindwort, M.: 50/1 | argum: 70/4 | argum/Lehsten, C: 54/2 | artvertise: 60/1 | Aventis Research & Technologies GmbH & Co KG: 8/5, 11/2 | Bao, Huiming, Baton Rouge: 125/2 | BASF: 117 (Patenturkunde), 125/3, 125/4 | Bellmann, Heiko: 86/1 | Bild-agentur-online: 43 (Schuh) | Bilder-Box: 43 (Sprühdose) | blickwinkel/Hecker/Sauer: 157/7 | blickwinkel/ Zoller, B.: 17/4 | Blomus.com: 90 (Kamin) | Blümel, H., Mücka: 100/1 (Johannisbeere) | Böhringer cc-by-sa-2.5: 93 (Ameise) | BP Oil Deutschland GmbH: 36 (Info) | Brand New Holland: 44/2 | Caro Foto-agentur/Stefan Trappe: 39/4 | Caro Fotoagentur/Sven Hoffmann: 20/2 | Corel-DB: 18/1, 19/7, 52/1, 55/3, 73 (Beeren), 93 (Obst) | Cornelsen Experimenta: 25/1 | Cornelsen Verlag, Berlin: 21/4, 33/4, 41/3, 44/3, 45/6, 70/3, 87/3, 98/2 (unten), 108/2 | Daber, R.: 31/2 | DaimlerChrysler AG, Stuttgart: 66/1, 82/1 | DANNY KURZ/Erdgas Mobil: 29 (Erdgastank-stelle) | Deutsches Lackinstitut, Frankfurt/M: 45/8 | Diamond Materials GmbH/www.cvd-diamant.de: 8/2 | Dietrich, V., Potsdam: 98/2 oben, 144/1 | Döring, V., Hohen Neuendorf: 8/1a, 8/1b, 18/3, 18/4, 20/1, 20/3, 26/2, 45/5, 45/7, 46 (Ex02), 48/1, 48/2, 51/4, 54/1, 56/1, 56/3, 57/5, 61/3, 70/1, 81/2, 84/1, 84 (Info), 85 (Info), 87/1, 87/5, 91/1, 91/3, 100/2, 103/3, 104/2, 104 (Kaugummi), 111/4, 119/4, 120/1, 120/3, 123/3, 123/4, 127 (Ex13), 145/2, 145/3, 145/4 | dpa-Bildarchiv: 126/1 | DRL, Berlin: 110/2 | Duales System Deutschland AG: 69/2 | Egbert, Martin: 87/6 | f1 online: 15/3, 16/1, 18/2 | f1 online/A. Bartel: 11/3 | FLORA PRESS: 98/1 | Fotolia/afphoto: 62/1a | Fotolia/AndreasEdelmann: 26/3 | Fotolia/ Cmon: 62/1b | Fotolia/Gerhard Seybert: 146/1 | Fotolia/Gino Santa Maria: 157/10 | Fotolia/Torsten Schon: 15/2 | Fotolis/Maier, A.: 156/1 | Gasometer Oberhausen GmbH: 23/2 | Getty Images: Einband | Greenpeace e.V: 33/5 | Helga Lade Fotoagentur: 16/2, 68/1, 69/1, 96/1, 120/2 | Hoechst AG: 41/2 | Hooge, H., Gleichen-Benniehausen: 121/5 | istockphoto/botaszolti: 10/1 | iStockphoto/Dr. Heinz Linke: 12/1 | Jahreszeiten Verlag: 80 (Weinkeller), 80 (Weinlese) | Jahreszeiten Verlag/ Schwarzwald, Oliver: 104/1 | Joel Sartore/National Geographic Society/ Corbis: 38/1 | Knopfe, M., Freiberg: 5, 16/3, 27 (Graphit), 142/1, 156/4 | Köhler, F., Bornheim: 59/3 | Kollektivfoto: 87/8 | Kulkafoto: 31 (Öl) | La Speranza, L., Wien: 9/8 | Lantelme, Jörg: 43 (Motorrad), 87/2 | Ludwig Preiß Industrie- und Pressebilddienst GmbH, Berlin: 12/2 | Malzahn, H., Berlin: 5, 8/3, 10/4, 27 (Diamant) | Mauritius/Mehlig: 5 | mauritius images/Phototake: 80/1 | mauritius images/Westend61: 55/1 | Messer Griesheim GmbH, Krefeld: 108/1 | Mitteldeutsche Erdöl-raffinerie ELFOIL: 34/1 | Nayhauß, D. v., Berlin: 127/2 | Neubacher-Riens, Th., Berlin: 99/3 | Niedersächsisches Staatsbad Pyrmont Betriebs-gesellschaft mbH: 26/1 | Nigel Cattlin/Holt Studios/OKAPIA: 44/4 | Nusko, Ulrich: 43 (Klappstuhl) | OKAPIA: 29 (Pipeline) | Opel AG, Rüsselsheim: 37/4 | Peuckert, Michael: 87/7 | Photo-Design/Bollen, Markus: 48/3 | photothek.net/Koehler, Th.: 99/4 | picture alliance/ Karl Thomas: 73 (Weinkeller) | picture alliance/ZB: 110/1 | picture NEWS Bildagentur, Frankfurt/M: 56/2 | Picture Press: 74/1 | Pixelio.de/ Sternschnuppe: 73 (Trauben), 73 (Weinberg) | Pixelio.de/Zuppinger: 73 (Maikäfer) | Project Photos: 40/4, 41/1, 44/1, 80 (Weinberg), 90 (Wein), 102/2 | Project Photos: 107 (Hintergrund), 107 (Sonnen-blumen) | Ralph Kleinhempel GmbH & Co: 87/4 | Rodger Klein/Water-Frame: 18 (Hintergrund) | Ruhmke, S., Berlin: 122/2 | Schuster, R. Greifswald: 100/1 (Eberesche) | Schwarz, J./www.photowind.de: 122/1 | Seilnacht, Th., Bern: 66/2 | Shell in Deutschland: 32/1, 36/1 | Simeon, R., Baden-Baden: 8/4, 100/3, 117/1 (Hintergrund) | SKW Stickstoffwerke Piesteritz GmbH: 114/1 | SONAX GmbH: 85/2, 91/2 | Stock Food Munich: 102/1 | Stock Food Munich/Rees, Peter: 78/1 | Trevira GmbH, Bobingen: 9/6 | Ullstein-Reuters AG: 33/6 | ullsteinbild: 117/2, 128/3 | va-rio images: 43 (Hintergrund) | VISUM/Sobotta, Stefan: 88/1 | Weinbau Dr. Lindicke: 81 (Tabelle) | Welke, F., Berlin: 70/2 | Wiechoczek, Dagmar: 32/3 | Wikipedia/Shaddack: 128/2 | Wikipedia/Wolfram Däumel: 115/4 | www.stefankiefer.de: 74/2